U0567547

我负丹青

吴冠中自传

〔珍藏纪念版〕

Wu
Guanzhong
and
His Art

丹青

人民文学出版社
PEOPLE'S LITERATURE PUBLISHING HOUSE

图书在版编目(CIP)数据

我负丹青:吴冠中自传:珍藏纪念版/吴冠中著.—北京:人民文学出版社,2021(2023.11重印)

ISBN 978-7-02-016755-5

Ⅰ.①我… Ⅱ.①吴… Ⅲ.①吴冠中(1919—2010)—自传Ⅳ.①K825.72

中国版本图书馆 CIP 数据核字(2020)第 253299 号

责任编辑　黄彦博　王昌改
责任印制　宋佳月

出版发行　**人民文学出版社**
社　　址　北京市朝内大街 166 号
邮政编码　100705

印　　刷　北京利丰雅高长城印刷有限公司
经　　销　全国新华书店等

字　　数　299 千字
开　　本　720 毫米×1020 毫米　1/16
印　　张　26　插页 1
印　　数　6001 — 9000
版　　次　2004 年 6 月北京第 1 版
印　　次　2023 年 11 月第 2 次印刷

书　　号　978-7-02-016755-5
定　　价　135.00 元

如有印装质量问题,请与本社图书销售中心调换。电话:010-65233595

自序

　　身后是非谁管得，其实，生前的是非也管不得。但生命之史都只有真实的一份，伪造或曲解都将被时间揭穿。

　　我一向反对写自己的传记，感到平凡人生何必传之记之，今年逾八旬，常见有长、短文章叙我生平故事与言行，善意恶意、或褒或贬，真伪混杂，我虽一目了然，也只能由其自由扩散。但促我反思，还是自己写一份真实的自己的材料，以备身后真有寻找我的人们参照。

　　书分三部分，第一部分叙"生命之流"，即随着岁月的流逝和生活的经历，记自己思想感情的成长、发展、转变与衰落。这生命之流如绘了一幅《清明上河图》，着力于长河的全貌与主要转折，而许多局部细节须用放大镜观察。第二部分"此情此景"，便全是局部放大图，包括有关生活的、文艺观的，其中不少文章都是当年针对现实而发，并引起过强烈反响和争议，今一字不改呈奉于新读者前，读者有最大的自由选择自己有兴趣的篇章。第三部分是年表，那是生命支付的账单，备查支付的误差。

吴冠中

2004 年春节

目录

三　吴冠中年表

壹

生命之流

年过八旬，生命所余毕竟日短，而童年犹如昨日，尚在眼前。

家贫·个人奋斗·误入艺途

年过八旬，生命所余毕竟日短，而童年犹如昨日，尚在眼前。哲人庄子对生命作出了最艺术的表达，这千古经典，这千古杰作，只四个字：方生方死。

江苏宜兴北渠村，一个教书兼务农的穷教员和一位大家庭破落户出身的文盲女子结婚后，生下一大堆儿女，我是长子。父亲和母亲的婚姻当然是媒妁之言，包办婚姻，爱情未曾显现，却经常吵架。他们共同生活一辈子，合力同心只为了养活一群子女，而且也怀有望子成龙的奢望。这虚幻的龙，显然就是我这个长子，因我入小学后学习成绩经常名列第一。我的老师，父亲的同事缪祖尧就常在父亲面前夸奖：爋北（父亲名），茅草窝里要出笋了。

文盲未必是美盲，母亲颇有审美天赋，她敏感，重感情，但性子急，与只求实实在在的父亲真有点水火不容。母亲年轻轻的就闹失眠，而父亲的头一碰到枕头便能入睡，他不了解也不同情失眠之苦，甚至嘲笑母亲的失眠。我从中年以后就患失眠，愈老症愈重，最是人生之大苦。我同情我那可怜的母亲，上天又偏不让我继承父亲健康的神经。谁也没有选择投胎的自由，苦瓜藤上结的是苦瓜子，我晚年作过一幅油画《苦瓜家园》。苦，永远缠绕着我，渗入心田。

苦与乐是相对而言，且彼此相转化。我童年认知的苦是穷。我家有十来亩水田，比之富户是穷户，但比之更穷之户又可勉强接近当时当地的小康之家，只因成群的孩子日渐长大，生活愈来愈困难。我家的牛、猪和茅厕挤在一起，上厕甚臭，我常常到田边去撒尿，父亲对此倒并不禁止，只是说尿要撒在自家田里，那是肥。我家也养着鸡，有五六只。天黑了，鸡们自己回家进入窝里。于是要提着灯去数鸡的数目，会不会少了一只。然后关上鸡窝的门，防黄鼠狼，这照例是我的活，我也乐意抢着做。

村里唯一的初级小学，是吴氏宗祠委托父亲在祠堂里创办的，名私立吴氏小学，连父亲三个教员，两个年级合用一个教室上课，学生是一群拖鼻涕的小伙伴。四年毕业后，我考入和桥镇上的鹅山小学高小，住到离家十里的和桥当寄宿生，小小年纪一切开始自理，这里该是我"个人奋斗"的起点了。一个学期下来，我这个乡下蹩脚私立小学来的穷学生便夺取了全班总分第一名，鹅山又是全县第一名校，这令父母欢喜异常。而我自己，靠考试，靠竞争，也做起了腾飞的梦，这就是父母望子成龙的梦吧。

虚幻的梦，梦的虚幻。高小毕业了，该上中学，江南的名牌中学我都敢投考，而且自信有把握，但家里没钱，上不起中学。父亲打听到洛社有所乡村师范，不要费用，四年毕业后当乡村初小的教师，但极难考，因穷学生多。我倒不怕难考，只不愿当初小的教员，不就是我们吴氏小学那样学校的教员吗！省立无锡师范是名校，毕业后当高小的教员，就如鹅山小学的老师。但读免费的高中师范之前要读三年需缴费的初中部。家里尽一切努力，砸锅卖铁，让我先读三年初中，我如愿考进了无锡师范。凭优异的成绩，我几乎每学期获得江苏省教育厅的清寒学生奖学金，奖金数十元，便仿佛公费了，大大减轻了家里的压力。"志气"，或者说"欲望"，随着年龄膨胀。读完初中，我不愿进入师范部了，因同学们自嘲师范生是"稀饭生"，没前途。我改而投考浙江大学代办省立工业职业学校的电机科，工业救国，出路有保障，但更加难考。我考上了，却不意将被命运之神引入迷茫的星空。

浙大高级工业职业学校读完一年，全国大学和高中一年级生须利用暑假集中军训三个月。我和国立杭州艺专预科的朱德群被编在同一个连队同一个班，从此朝朝暮暮生活在杭州南星桥军营里，年轻人无话不谈。一个星期天，他带我参观他们艺专。我看到了前所未见的图画和雕塑，强烈遭到异样世界的冲击，也许就像婴儿睁眼初见的光景。我开始面对美，美有如此魅力，她轻易就击中了一颗年轻的心，她捕获许多童贞的俘虏，心甘情愿为她奴役的俘虏。十七岁的我拜倒在她的脚下，一头扑向这神异的美之宇宙，完全忘记自己是一个农家穷孩子，为了日后谋生好不容易考进了浙大高工的电机科。

青春期的草木都开花，十七岁的青年感情如野马。野马，不肯归槽，我下决心，甚至拼命，要抛弃电机科，转学入艺专从头开始。朱德群影响了我的终生，是恩是怨，谁来评说。竭力反对的是我的父亲，他听说画家没有出路，他梦幻中的龙消逝了。我最最担心的就是父母的悲伤，然而悲伤竟挽回不了被美诱惑的儿子，一向听话而功课优良的儿子突然变成了浪子。

差异就如男性变成了女性，我到艺专后的学习与已往的学习要求完全不同。因转学换专业损失一年学历，我比德群低了一个年级，他成了我的小先生，课外我俩天天在一起作画，如无艺术，根本就不会有我们的友情。抗战爆发后，1937年冬杭州艺专奉命内迁，紧要时刻我自己的钱意外丢光，德群的钱由我们两人分用。后来当时的教育部为沦陷区学生每月发放五元贷金，这微薄的贷金养育了我的艺专生活，否则，我估计自己在艺专是念不完的，因没有经济来源。

林风眠奉蔡元培之旨在杭州创办国立艺术院，后改为国立杭州艺术专科学校。我1936年进校时，校里学习很正规，林风眠、吴大羽、蔡威廉、潘天授（后改为"寿"）、刘开渠、李超士、雷圭元等主要教授认真教学，学生们对他们很尊敬，甚至崇拜。中西结合是本校的教学方向，素描和油画是主体课程，同学们尤其热爱印象派及其后的现代西方艺术。喜爱中国传统绘画的学生相对少，虽然潘天寿的作品和人品深得同学尊崇，但有些人仍不爱上国画课，课时也比油画少得多。爱国画的同学往往晚上自己换亮灯泡学习，我和德群也总加夜班。图书馆里有很多西洋现代绘画画册，人人借阅，书无闲时，石涛和八大山人的画册也较多，这与潘老师的观点有关。

杭州艺专教学虽认真，但很少对社会展出，有点象牙之塔的情况。日军侵华摧毁了这所宁静的艺术之塔，师生们被迫投入了战乱和抗敌的大洪流。所谓抗敌，师生沿途作宣传画，也曾在昆明义卖作品捐献。更有进步的同学则悄悄去了延安，当时不知他们的去向。撤离杭州后，经诸暨、江西龙虎山、长沙、常德，一直到湖南沅陵停下来，在滨江荒坡上盖木屋上课，其时国立北平艺专从北方迁来，合并为国立艺专。合并后人事纠纷，闹学潮，于是教育部派滕固来任校长，林风眠辞职离去。

后长沙形势紧急，危及沅陵，又迁校。我一直跟着学校，从沅陵迁去昆明。从沅陵到昆明必经贵阳。在贵阳遇上一次特大的轰炸，毁了全城，便匆匆转昆明。在昆明借一小学暂住。在尚未开课之前，我发现翠湖图书馆藏有石涛、八大等人的画册，不能外借，便天天带着笔墨到里面去临摹。回忆在沅陵时在校图书馆临摹《南画大成》，警报来了都要上山躲避，其实警报虽多，从未来敌机，因此我请求管理员将我反锁在内，他自己去躲空袭，他同意了，我一人在馆内临摹真自在。昆明开课后，依旧画裸体，只模特儿不易找，我们在教室内不断谈到模特儿，一位模特儿提出抗议：什么木头木头，我们也是人嘛。我看常书鸿作油画示范，画到细部，他用法国带回的一根黑色的杖架在画框上部作为手的依附，我初次见到这种学院派的作画方式。其时吴大羽也正在昆明，我们恳请滕校长聘回吴老师，但他口是心非，只认为常书鸿便是当今第一流画家。

警报频频，昆明又非久留之地，学校迁到远郊呈贡县安江村上课。

01 小学时代（1931年）

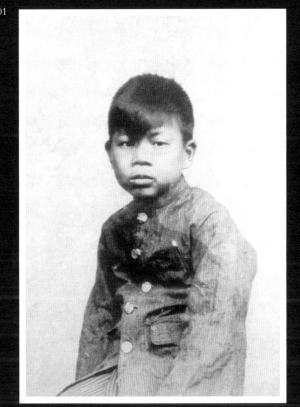

02 1942年在杭州国立艺
专毕业时的吴冠中

安江村很大，有好几个大庙，我们在大庙里用布帘将菩萨一遮，便又画起裸体来。七十年代我到昆明，专访了安江村，村里老人们还记得国立艺专的种种情况，指出滕固校长及潘天寿等教授的住址。有一位当年的女模特李嫂尚健在，我画过她，想找她聊聊，可惜当天她外出了。

滕固病逝，教育部委吕凤子任校长，但吕凤子在四川璧山办他的正则学校，因此艺专又迁到璧山去。吕凤子接任后的开学典礼上，他着一大袍，自称凤先生，讲演时总是凤先生说……他谈书法，举起一支大笔，说我这笔吸了墨有二斤重……我听了心里有些反感，感到林风眠的时代远去了。但吕先生却对我很好，他支持创新，赞扬个性，并同意我们的请求聘请远在上海的吴大羽，路费都汇去了，但吴老师因故未能成行，退回了路费。我即将毕业，吕先生欲留我任助教，但暑期时他卸任了，由陈之佛接任校长，吕先生写信将我推荐给陈校长，陈之佛像慈母般亲切，当即同意聘我为助教，我因决定去重庆大学任助教，衷心感谢了他的美意。

在璧山，常见到着红衣的姑娘和儿童，那红色分外亮丽，特别美。突发灵感，我自己应做一件大红袍，天天披在身上，仿佛古代的状元郎。我已是即将毕业的高年级学生，我们年级的同学大都爱狂妄，校领导惹不起我们。我向同班一位较富有的女同学借钱，她问我干什么，我说要做件大红袍，她问是紫红的吗？我说是朱红的，她笑了，立刻借给我足够的钱。我飞快到布店买了布，马上进裁缝铺量体裁衣。裁缝师傅惊讶了，男人能穿这样朱红的袍，他犹豫了，有点难色，不敢做，叫我去别家试试。我说我们下江人（四川人称长江下游上来的人为下江人或脚底下人）男人在家乡都穿红袍，女的只穿绿色，你尽管放心做。好说歹说加上谎言，师傅勉强答应收下了。

等到取衣的日期，我像看成绩单一样早早去取，衣已成，顺利地取回宿舍，速速穿上，同室同学赞不绝口，颇有点羡慕，问共花多少钱，似乎他们也想试试。正是晚饭时候了，大家一同到饭堂，满堂波动起来，欢迎红色英雄的出场，笑声掩盖了批评声，我自己觉得好看，全不在乎谁的褒贬，那借给我钱的女同学也很得意她成功的资助。

走到街上，情况大不相同，行人大都嗤之以鼻，骂太怪异，他们本来就讨厌下江人。一个星期后，训导长找我去谈话，说璧山警报亦多，你这红袍挤在跑警报的人群里，便成了日机的目标，警察必将你抓起来，所以万万穿不得，赶快染掉。我到洗染店将红袍染成黑袍，不知是洗染技术不高明呢还是那朱红色至死挣扎，竟染成了深褐，没有色彩倾向，显得邋遢，我只好穿着那邋遢的袍度过寒冬。

一天到市郊，看到一批朱红的布从高空泻向地面，衬着其后黑色的布群，红布似奔腾的火焰。这是一家染坊，正展晒洗染了的布。染坊能染掉各种颜色，我愿朱红不被他染黑。我为我的红袍哀伤，就在当时写了一首红袍诗祭，可惜没保留底稿，更谈不上发表。红袍只生存一周，见过它的同学们也都天各一方，垂垂老矣，它早已被岁月掩于虚无中。但据说"文革"时有大字报批我这件大红袍，此事怎能流传下来，我颇好奇，哪有电脑能储存。

璧山之后迁到青木关，利用附近松林岗上的一个大碉堡做宿舍，在山下平坡上盖一批草房做教室，于是同学们每天爬山下山无数趟，体力消耗大，饭量大，偏偏饭不够吃。为避免抢饭，便按桌定量配给。于是男同学拉女同学同桌，以为女的饭量小，其实未必。人饥荒，狗亦饥荒，食堂里总围着不少狗。有一位印尼华侨抓来一只小狗，弄死后利用模特儿烤火的炭盆晚上炖狗肉吃，大家吃得高兴，但教室里满是腥臭。翌晨，关良老师来上课，大家真担心，关老师却很谅解，并说广东人大都爱吃狗肉。

我早该毕业了，因中间进了一年国画系，再回西画系便须多补一年，其实没有什么可补的，我便到北碚附近的独石桥小学代几个月课，挣点钱。小学共六七个教师，女教师都希望我给画像，我却选了一个有特色的女生给画像，用点彩派手法，画得像而美，但她一看，"哇"地叫了，说画了个大麻子！于是谁也不要我画了。当时我笑她们外行，没水平，自己尚未意识到艺术与群众因缘的大问题。1943年我在青木关毕业了，毕业之后由于同学王挺琦的介绍，到沙坪坝重庆大学建筑系任助教，教素描和水彩，这是我莫大的幸运。因重庆大学和中央大学相邻，我教课之暇便到中央大学旁听文、史课程，主要是法文。我将工作之余所有的时间和精力全部投入学习法文，听大学里高、低各班法文，找个别老师补习，找天主教堂里的法国神父辅导，从旧书摊上买来破旧的法文小说，与各种译本对照着读。每读一页，不断查字典，生字之多，一如当时吃饭时捡不尽的沙子稗子。读法文，目的只一个，战后到法国去勤工俭学，没有钱，过浪子生活，最穷苦的生活，那么首先须通语言。

四年沙坪坝生活中主要是学习法文，并在青年宫办了第一次个展，还认识了朱碧琴，后来她成了我的妻子，今日白头偕老，共同携手于病的晚年。她毕业于国立女子师范学校，任教于中央大学和国立重庆大学附小。我觉得她平凡、善良、很美，而且是我偏爱的一种品位，令我一见钟情。我们间的感情成长缓慢，我们抛掷在鸳鸯路上的时间也不肯过分。但有一天，我向她谈了我的初恋，谈到忽然感悟到她仿佛像我初恋中女主角的形象，是偶合？是我永远着迷于一见倾心？她似乎没有表态。近晚年时我在香港《明报》月刊发表了《忆初恋》，情之纯真与那远逝的抗战之艰苦都令读者关怀。文章反响甚好，编者更希望我写续篇。大陆的一位编者将此文投《知音》转载，于是读者面扩大了，连初恋者本人及其家属也读到了，其女儿、女婿曾来北京相访。刚进门，其女儿一见朱碧琴，便说：真像我姨。可惜抗战期间我们都无自己的照片，逝者如斯夫不识自家面貌。我写过一篇《他和她》，详述了我们六十年来共同生活的甘苦。其中谈到我出国留学时没钱买手表，是她犹豫之后将母亲给她的金手镯卖了换的表。八十年代初我出访印度经曼谷返国，在曼谷跟随同机返国的使馆夫人们去金店选了一个老式手镯，预备还她。最近

03

03 1946年夏，吴冠中和朱碧琴在重庆合影

在龙潭湖公园里，遇到一对中老年夫妇礼貌地尊称我"吴老"，我茫然。那位夫人原来是当年在曼谷帮我选手镯者，她大概读到了《他和她》，今在园中白首相遇，能无感慨？她特别要认一认朱碧琴，因我这个美术家夸奖过她美，但谁又能留住自己的青春之美呢！

朱碧琴决定与我结婚之前，她有一个顾虑。她的一位高班同学是我的同乡，其父是我父的至交，都曾在乡里当过小学校长，因之其父久知我的功课出色等经历。这回战乱时邂逅于重庆，他有心示意其女与我联姻。而我，对艺术之爱是如此任性，在恋爱问题上的选择也是唯情主义，但我对他们父女及全家都甚尊重，且不无歉意。战后，妻到我老家分娩时，其时我在巴黎，她那位高班同学还来家祝贺并备了厚礼，我们深感她气量之大。八十年代我们住劲松，收到这位心存宽厚的同学的信，

家贫·个人奋斗·误入艺途

她出差住北京弟弟家，想来看望我们。其时没有私人电话，联系不便，我们立即回信欢迎，等她来，并说希望小住两天。信发出，我们天天在家等，但一直音信杳无。她犹豫了？她返东北了？竟不复一字！及许多年后，她病逝了，她弟弟家才发现我们寄去的信仍遗留在抽屉内，她没有读到。

重庆大学的一次全校助教会上，校长张洪沅说：助教不是职业，只是前进道路的中转站，如不前进，便将淘汰。确乎，没有白胡子的助教。助教宿舍行字斋和文字斋每晚熄灯很晚，成为嘉陵江岸上一道夜的风景线。这两个斋里的居民，战后大都到西方留学了。1946年暑期，教育部选送战后第一批留学生，在全国设九大考区，从北平到昆明，从西安到上海……同日同题考选一百数十名留欧、美公费生，其中居然有留法绘画两个名额。我在重庆考区参试，这对我而言是一次生死搏斗。限额，八年抗战聚集的考生又众，竞试很严峻。年终发榜，我被录取了，其时我已到南京。教育部通知1947年春在南京教育部举办留学生讲习班三周，然后办理出国手续。山盟海誓，我与朱碧琴在南京结了婚，我们品尝了洞房花烛夜、金榜题名时的传统欢乐。她很快怀了孕。我去法国，她住到我农村的老家等待分娩，我们分手攀登人生的新高地。她问生下的孩子取什么名，我说男孩叫可雨，女孩叫可叶，她都同意。

公费留学到巴黎·梦幻与现实·严峻的抉择

1947 年夏，我们几十名留学生搭乘美国邮轮"海眼"号漂洋过海。经意大利拿波里，留欧同学登陆换火车。离船时，头、二等舱的外国乘客纷纷给美国服务员小费，几十、上百美元不等，中国留学生急忙开了个会，每人凑几元，集中起来由一个代表交给美国人，美国人说不收你们四等舱里中国人的小费。

留拿波里四五日，主要参观了庞贝遗址及博物馆，便乘火车奔巴黎。车过米兰，大站，停的时间较久。我迫不及待偕王熙民叫出租车往返去圣·马利教堂看达·芬奇的《最后的晚餐》，教堂不开放，我们的法语又讲得很勉强，好不容易说明来意请求允许进去看一眼。教士开恩了，让我们见到了那举世闻名的模糊的壁画，教士解释那是被拿破仑的士兵用马粪打犹大打成这样子的。匆匆返回车厢，出租车费甚贵，以为人家敲竹杠，不是的，等待的时间也计价，我是生平第一次乘坐出租车。火车很快就启动，万幸没耽误时间。

我们的公费属中法文化交流项目，在法费用由法国外交部按月支付，不富裕。第一天到巴黎被安排在一家旅店里，那房间里卧床之侧及天花板上都镶着大镜子，看着别扭，原来这是以前的妓院改造的旅店，少见多怪。搬过几次旅店，最后我定居于大学城，寄寓比利时馆中。大学城是各国留学生的宿舍，法国提供地面，由各国自己出资建馆。当时的瑞士馆是勒·柯彪西（Le Corbusier）设计的新型建筑,是悬空的,像树上鸟窝。日本馆保持他们的民族风格。中国呢？没有馆,据说当年建馆经费被贪污了,因此中国留学生分散着寄人篱下。

如饥如渴,头几天便跑遍巴黎的博物馆。我们美术学院的学生凭学生证免票,随时过一座桥,便进卢浮宫。那时代参观博物馆的人不多,在卢浮宫有一次只我一人在看断臂（米洛）的维纳斯,一位管理员高傲地挖苦我：在你们国家没有这些珍宝吧？我立即反击,这是希腊的,是被强盗抢来的。你没有到过中国,你去吉美博物馆看看被强盗抢来的中国珍宝吧。这次,我的法语讲得意外流利。在国内时学了法语很想找机会应用,但在巴黎经常遭到歧视,我用法语与人吵,可恨不及人家讲得流畅,我感到不得不用对方的语言与对方争吵的羞耻。我曾千方百计为学法语而怀抱喜悦,而今付出的是羞耻的实践。但咬紧牙关,课余每晚仍去夜校补习口语。

对西方美术,在国内时大致已了解,尤其是印象派及其后的作品令我陶醉,陶醉中夹杂盲目崇拜。因是公费生,我必须进正规学校,即国立巴黎高级美术学校。油画系共四位教授,其中三位都属现代派,只一位最老的杜拜（J.Dupas）属学院派。在国内人们只信写实技巧,对现代艺术所表达的情和美极少人体会。作为职业画家,我们必须掌握写实能力,我赶末班车,就选杜拜的教室,摸传统院体派的家底。“白发”老师严于形与体,他用白纸片贴近模特儿的后面,上下左右移动着白纸,证明浑圆的人体在空间里不存在线。然而有一次他请几位学生到他家看他的作品,我也去了,播放的都是他大壁画的幻灯片,装饰风格的,都离不开线的表现,是体的线化或线化了的体。我不喜欢他的作品,因缺乏激情。他上课从不摆弄模特儿,让大家画呆呆站立着的男、女人体,自然空间,不用任何背景。从锻炼功力看,这确是高难度,但我对非艺术的功力无兴趣。老师对我的评价,说色的才华胜于形的把握,他总和蔼地称我:“我的小东西,我的小东西。”但“小东西”决定离开他,投入苏弗尔皮教授（J.M.Souverbie）

02

1947年底，吴冠中（右起第一人）与中国留学生在巴黎凯旋门前

苏弗尔皮教授（1891—1981）

的怀抱。苏弗尔皮老师观察对象强调感受，像饿虎扑食，咬透捕获物的灵与肉。他将艺术分为两路，说小路艺术娱人，而大路艺术撼人。他看对象或作品亦分两类：美（besu）与漂亮（joli）。如果他说学生的作品"漂亮呵"便是贬词，是警惕。有一回，课室里的模特儿是身材硕大上身偏高而头偏小的坐着的中年妇女，他先问全班同学：你们面对的对象是什么？大家睁着眼无言以对。他说：我看是巴黎圣母院！他赞许我对色的探索，但认为对局部体面的琐细塑造是无用的，是一种无谓的渲染，叫我去卢浮宫研究波堤切利。

苏弗尔皮是四五十年代前后威震巴黎的重要画家，法兰西学院院士，他的作风磅礴而沉重，主题大都是对人性的颂扬，如《母性》——庞大的母亲如泰山，怀抱着厚重的金矿似的孩子；《土地》——镇坐中央的是女娲似的人类之母，耕畜、劳动者们的形象既具古典之端庄，又属永恒的世态；《昼与夜》……我到现代艺术馆、夏依奥宫等处找他的展品及壁画，我确乎崇拜他，也是他启发了我对西方艺术品位、造型结构、色彩的力度等等学艺途中最基本的认识。巴黎的博物馆和画廊比比皆是，古今中外的作品铺天盖地，即便不懂法文，看图不识字，凭审美，眼力也能各取所需，但若无苏弗尔皮教授的关键性启蒙，我恐自己深入宝山空手回。世事沧桑，上世纪八十年代后重返巴黎，博物馆里已不见了苏弗尔皮的作品，他的同代人勃拉克依然光照观众，我不禁怅然。感谢一位法国友人送了我一期沙龙展目，封面是苏弗尔皮的作品《母性》，那一期是专门纪念他的，内有他的照片及简短介绍。历史的淘汰无情，而淘汰中又有遗忘后被重新发现的人和事。

我没有记日记，先是觉得没工夫，记了日记只是给自己将来看的，后来也就一直没记了，让生命白白流去未留踪影。现在追忆某一天的巴黎学生生活，当然并非天天如此，但基本如此。

大学城的宿舍一人一间，约三十平方米，包括小小卫生间、一床、

03　在法国留学时使用的学生证件

一桌一椅一书架。每层楼设公共淋浴室及煤气灶，可煮咖啡烤牛排。每晨有老年妇女服务员来打扫，她跪着抹地板，一直抹到床底下，抹得非常干净。干完活她换上整洁的时髦服饰，走在街上谁也辨不出是干什么工作的。大食堂容量大，学生们端着铝合金的食盘排队取菜，菜量限在饭票价格六十法郎（旧法郎）之内，如超限或加红酒则另补钱。食堂的饭是最便宜的，质量也可以，我们总尽量赶回来吃，如赶不及，便买条面包、一瓶奶、水果及生牛排，煎牛排五分钟，一顿饭就齐备了。蔬菜少而贵，水果代之，尤其葡萄多，法国人吃葡萄是连皮带籽一起吃，只见葡萄入口，没有东西吐出来，我也学着吃，可以。早点咖啡加新月形面包，吃完便匆匆赶地铁去美术学院上课，走在街上或钻进地铁，所有的人都一样匆匆。油画课室旧而乱，墙上地上画架上到处是颜料，我赶上学校三百周年纪念，我这课室虽古老，显然不到三百年。每天上午画裸女，男模特极少，因人工贵，男劳力缺，而女的求职难。有一次来了个青年女模特，大家称赞她体形美，但三天后她没有再来，后来听说她投塞纳河自杀了。同学中不少外国留学生，美国学生显得很阔气，带着照相机，日本人是没有的，我在街上往往被误认为是越南人或日本人。十二点下课，背着画箱就近在美术学院的学生食堂用餐，价格和质量与大学城差不多。学校下午没有我的课，除了到卢浮宫美术史学校听课，整个下午基本是参观博物馆、大型展览及大大小小的画廊，那么多画廊，每家不断在轮换展品，虽然我天天转，所见仍日日新。再就是书店及塞纳河岸的旧书摊，也吸引我翻个没完没了。晚上到法语学校补习，或到大茅屋画室画人体速写，时间排得紧，看看来不及回大学城晚餐时，便买面包夹巧克力，边跑边吃。大学城晚上常有舞会，我从未参与，没有时间，也因自己根本不会跳舞。晚上回到宿舍十点多了，再看一小时法文书，多半是美术史之类，那时不失眠，多晚睡也不在乎。

复活节放几天假，一位法国同学约我驾小舟，备个帐篷，顺塞纳河一路写生去。多美的安排！我跟他先到郊外他家乡间别墅，住一宿。翌日他扛个木条帆布构成的小舟，类似海水浴场玩儿用的，到了河岸，将帐篷、毛毯、画箱、罐头、面包塞进小舟，已满满的，他的弟妹和女佣都说危险，但我不敢说，怕他认为中国人胆小。舟至江中，千里江陵一日还，漂流迅速，但这位年轻法国同学感到尚不过瘾，又张起小布帆，舟飞不到一小时，便覆于江中，随波沉浮，我们两人抓住覆舟，犹豫着是否泅水登岸。他先冒险游到了岸，我不能游泳，且西装皮鞋行动十分困难，江面浩浩百来米，便只能嗷嗷待救。他呼救，四野无人，我不意竟淹死于印象派笔底美丽的塞纳河中，并立即想到口袋中尚有妻和新生儿可雨的照片。当我力尽将沉没之际，终于有一艘大货船经过，货船尾部携带的小艇将我救上沙岸。同学和我找到最近的村，撞入遇到的第一户人家，同学电话他父亲立即开车接回，其间主人先给我们烤火，那里的村民真善良。我在同学家乡间别墅住了好几天，有几幅水彩速写就是在那里画的，在我画集里尚可找见。回巴黎后，我在大学城游泳池学游泳，时间少，仍未学会。

　　每遇暑假，总要到国外参观，首选是意大利。战后欧洲供应困难，在巴黎，凡糖、肉、黄油等替代品均定量分配，凭票按月购买，仿佛我们的票证时代。我从来不进饭店吃饭，贵，都说蜗牛是法国名菜，我至今没有记住蜗牛的法文名称。去外国旅行，失去了大学城的学生大食堂，又进不起饭店，于是面包夹肠之类的三明治成了每天的主食，只是总需找个偏僻处吃，躲避人们的眼光。罗马、佛罗伦萨、米兰、威尼斯、拿波里等名城的博物馆及教堂都跑遍了，像乌菲栖博物馆更去过多次。文艺复兴早期壁画分散在一些小城市的教堂中，为看乔托、息马彪等人的壁画，我到过一些偏僻的小城，印象最深的是西乙那。我走在西乙那的街巷中，遇一妇女，她一见我便大惊失色，呼叫起来。那大概是个节日，乡下人进城的不少，原来这是个偏远乡村妇女，很少进城，更从未见过黄种人。如果中国乡村妇女第一次见到白的或黑的洋人，同样会大惊失色的。地球上多少差异的神秘已消逝，看来还正在消逝中，我们只等待外星人了。在伦敦住了一个月，除看博物馆外，补习英文，在中学时学的英文全忘了，因不用。在伦敦遇到一件小事却像一把尖刀刺入心脏，永远拔不出来。我坐在伦敦红色的双层公共汽车中，售票员胸前挂个皮袋，内装车票和钱币，依次给乘客售票。到我跟前，我用硬币买了票，她撕给我票后，硬币仍捏在手中，便向我邻座的一位"绅士"售票。那"绅士"给的是纸币，须找他钱，售票员顺手将捏在手中的我付的那个硬币找给"绅士"，"绅士"大为生气，不接受，因他明明看到这是出自中国人中的钱。售票员于是在皮袋中换另一枚硬币找他。

　　四五十年代的巴黎大建筑物外表都已发黑，称之为黑色巴黎也合适，后来费大力全洗白了。但瑞士一向显得明亮而洁净，车站售票处的售票员手不摸钱币，用夹子夹钱，其实那些钱看来都还整洁，根本不见国内那种烂票子。"非典"期间，我们对钱币好像没有注意把关。干干净净的瑞士，雪山、绿树、泉水都像人工安排的，艺术意味少。水太清，鱼就不来，这鱼指艺术灵感倒很贴切。

我们这些留学生大都不问政治。国内内战日趋激烈，改朝换代的大事岂能不波及每个中国人，我们持的是国民党中华民国的护照，而国民党将被赶出大陆，宋美龄频频飞美国求救，秦庭之哭已徒然。国民党的腐败我们早痛恨，对共产党则无接触，不了解，但共产党在长江中炮打英国军舰的消息真令我们兴奋，受尽歧视的中国留学生渴望祖国的富强。中共派陆璀和区棠亮二位女同志到巴黎参加世界和平大会，大会是露天的，我也去旁听了，在那里见到与会的毕加索。陆、区二位在一家咖啡店里邀请部分留学生叙谈，介绍解放战争的形势和解放区对留学生的政策，希望大家学成归国建设新中国。每个人面临着去、留的选择，其间关键是各人的专业与回国后如何发挥的问题，对生活待遇等等很少人考虑。

到巴黎前，我是打算不回国了，因国内搞美术没有出路，美术界的当权人物观点又极保守，视西方现代艺术如毒蛇猛兽。因之我想在巴黎扬名，飞黄腾达。当时有人劝我不要进学校，不要学生身份，要以画家姿态出现。我想来日方长，先学透，一面也参展春季、秋季等沙龙，慢慢创造自己独特的风格。看了那么多当代画，未被征服，感到自己怀着胎，可能是异样的中西结合之胎，但这胎十个月是远远不能成熟的，不渴求早产。我陶醉在五光十色的现代作品中，但我的父老乡亲同胞们都不了解这些艺术，我自己日后创作出来的作品也将与祖国人民绝缘吗？回忆起在独石桥小学给女生画的那幅麻子像，感到落寞、茫然。可能是怀乡情结，故而特别重视梵·高的书信中语：你是麦子，你的位置在麦田里，种到故乡的土里去，将于此生根发芽，别在巴黎人行道上枯萎掉。似乎感到我将在故土长成大树，在巴黎亦可能开花，但绝非松柏，松柏只卫护故国。当苏弗尔皮教授预备为我签署延长公费时，我吐露了我的想法，他完全同意这观点，并主张上溯到十七世纪以前的中国传统。离开巴黎，仍舍不得，但梁园毕竟不是久留之地。矛盾不易解决，或去或留的决定经过多次反复，与熊秉明等研讨无数回，最后我于1950年暑假离开了巴黎，投向吸引海外游子的新中国，自己心目中的新中国，我们这些先行者们当时似乎是探险者。这之前一年，我曾给吴大羽老师一封信，倾诉我的心情。大羽师保留了这信，"文革"中此信被抄走，最后得以退还，数年前，感谢大羽师之女崇力给我寄来了复印件，今录下：

羽师：

我试验着更深度的沉默。但是国内紊乱接着紊乱，使我日益关怀着你们的行止和安危。

在欧洲留了一年多以来，我考验了自己，照见了自己。往日的想法完全是糊涂的，在绘艺的学习上，因为自己的寡陋，总有意无意崇拜着西洋。今天，我对西洋现代美术的爱好与崇拜之心念全动摇了。我不愿以我的生命来选一朵花的职业。诚如我师所说：茶酒咖啡尝腻了，便继之以臭水毒药。何况茶酒咖啡尚非祖国人民当前之渴求。如果绘画再只是仅求一点视觉的清快，装点了一角室壁的空虚，它应该更千倍地被人轻视！因为园里的一株绿树，盆里的一朵鲜花，也能给以同样的效果，它有什么伟大崇高的地方？何必糟蹋如许人力物力？我绝不是说要用绘画来作文学的注脚、一个事件的图解。但它应该能够真真切切，一针一滴血，一鞭一道痕地深印当时当地人们的心底，令本来想掉眼泪而掉不下的人们掉下了眼泪。我总觉得只有鲁迅先生一人是在文字里做到了这功能。颜色和声音的传递感情，是否不及文字的简快易喻？

十年，盲目地，我一步步追，一步步爬，在寻找一个连自己也不太清楚的目标，付出了多少艰苦！一个穷僻农村里的孩子，爬到了这个西洋寻求欢乐的社会的中心地巴黎，到处看、听。一年半来，我知道这个社会、这个人群与我不相干，这些快活发亮的人面于我很隔膜。灯红酒绿的狂舞对我太生疏。我的心，生活在真空里。阴雨于我无妨，因即使美丽的阳光照到我身上，我也感觉不到丝毫温暖。这里的所谓画人制造欢乐，花添到锦上。我一天比一天不愿学这种快乐的伪造术了。为共同生活的人们不懂的语言，不是外国语便是死的语言。我不愿自己的工作与共同生活的人们漠不相关。祖国的苦难憔悴的人面都伸到我的桌前！我的父母、师友、邻居、成千上万的同胞都在睁着眼睛看我！我一想起自己在学习这类近乎变态性欲发泄的西洋现代艺术，今天这样的一个我，应该更懂得补鞋匠工作的意义，因他的工作尚且与周围的人们发生关联。踏破铁鞋无觅处，艺术的学习不在欧洲，不在巴黎，不在大师们的画室；在祖国，在故乡，在家园，在自己的心底。赶快回去，从头做起。先时，犹如别人的想法，我要在这里学上好几年，三年之内决不回国。觉迷途其未远，今年暑假二年期满我是决定回国了。原已向法政府进行延长第三年的公费手续也中止了（注：后来还是延长至第三年）。因为再留下去只是生命的浪费。我的心非常波动，似乎有什么东西将生下来。苦日子已过了半世，再苦的生活也不会在乎了。总得要以我们的生命来铸造出一些什么！无论被驱在祖国的哪一角落，我将爱惜那卑微的一份，步步真诚地做，不会再憧憬于巴黎的画坛了。暑假后即使国内情况更糟，我仍愿回来。火坑大家一齐跳。我似乎尝到了当年鲁迅先生抛弃医学的学习，决心回国从事文艺工作的勇气。……

生 冠中谨上

2月15日

我负丹青·生命之流

04

05

04　05　在巴黎（1947年）

06　在米勒故居（1949年）

06

我并非最勇敢的先行者，同学中更有先行人。1949 年 10 月中华人民共和国成立，巴黎学生会立刻挂出了五星红旗，驻法使馆来干涉，扬言要押送我们去台湾，威胁扣发旅费。我们四十名公费生索性全部住进使馆大厅，请愿红旗要挂，路费要发，使馆里乱成一团。使馆请正在出访的陈源教授来劝说，而我们根本瞧不起这位被鲁迅讽为"写闲话的西滢"的陈西滢。学生胜利了，有些人拿到路费便提前回国了。巴黎的华侨开庆祝大会，使馆的官员们识大局，也起义与会，钱泰成了光杆的国民党末代大使。

　　1950 年暑假，我买了从马赛到香港的法国"马赛曲"号船票，自己提前从巴黎出发，到阿尔（Arle）访梵·高的黄房子及其附近写生过的风物，并在小旅店的小房间住了几宿。那房间的简陋，颇似梵·高作品的原型。接着又到埃克斯访塞尚故居。维多利亚山是塞尚永远的模特儿，我绕山行，移步换形探索老画家的视野与构想。在此遇到同学左景权，便同宿相叙，惜别依依。他是历史学家，左宗棠的后代，当时不回国，至今仍在巴黎。久无联系，垂垂老矣，据说孤寂晚景，令人感伤。

　　中国学生往返买的都是四等舱。四等舱，肮脏，塞在船头尖顶，风浪来时这里颠得最疯狂，那些吊住上、下床的铁链条摇晃得哐当哐当响。白天，我们都爬上甲板，在甲板上租一把躺椅，舒舒服服躺着看海洋，江山卧游，每经各国码头港口时，泊二三日，均可登岸观光，这样神往的行程，现在当属于豪华旅游了，一般人恐已不易享受到。舟行一月，闲着，我作过一些速写和诗，诗见于《望尽天涯路》。

故园·炼狱·独木桥

　　"马赛曲"号去东京，抵香港，我们登陆，住九龙。应邀访李流丹家，他出示他的木刻作品，印象不错，表现了人民的苦难。在饭店吃到了炒菠菜，味美，在巴黎无炒蔬菜，只有生菜或菜泥。北上，先到广州，无亲切感，因听不懂广东话，如初到外国，反不如在巴黎自由。乘火车去北京报到，路经无锡，下车，宿店。店主见我持护照，西装革履，是外国来的，悄悄问要不要姑娘，我摇头。他加一句：有好的。翌晨搭去宜兴的轮船，船经家乡码头楝树港，下船，走回家只一华里，这是我少年时代频频往返的老路，路边的树、草和稻，若是有情当相抱。父亲和妻竟没有来接，别人似乎也不相识，我默默回家。途中见小田埂上远处一矮小老人，夹两把雨伞前来，那确是我父亲。他说昨天碧琴抱着可雨也来接过，今天小雨未来，无电话，他们只知就这几天到家，但不知确期，今天听到轮船叫（鸣汽笛）才又赶来接接试试。他有点遗憾昨天碧琴和可雨没有接到我。转眼抵家，妻抱着三岁的可雨被弟妹们围着，都站在门前打谷场上冒着微雨等待远行人的归来。首先他们让可雨给我抱，没有见过面的孩子，他不怕生，高高兴兴投入我怀中。因平时他们经常训练他：爸爸呢？法不（法国）。我的归来对老父、老母、妻及全家都是极大的喜事，但我感觉到父母们心底有黑洞。

　　是夏天，妻穿着薄薄的衣裤，同一般农村少妇仿佛，但她朴实中不失自己的品位，委屈了她三年，她还是她，她不怨这三年有多苦，似乎站

01 20世纪40年代董
希文初到北平艺
专时与女儿合影

在流水中并未被打湿衣衫。纸包不住火，家里虽不对我说，原来土改降临，我们家被划为地主。十亩之家算地主？有说是父亲当过吴氏宗祠的会计，吴氏宗祠田多，但又不是我家的。我完全不了解地主、富农、贫农等等的界别及后果，只知家里粮食已不够吃，我想将带回的不多美元先买粮食，父亲连连摇手：千万买不得！夜晚，我和妻相叙，她平静地谈解放前后的情况，她因难产而到常州医院全身麻醉用产钳的惊险，家里经济的艰难，父母的可怜，土改的严峻……我们相抱而哭，我暂未谈塞纳河之溺及返国与否的矛盾。她倒说父亲主张我暂不回来，我不禁问："那你呢？""一切随你。"我只住了几天，便匆匆赴京，报到要紧，估计到了北京将可感受到在巴黎时听到进步派宣扬的新中国新貌。

我是第一次到北京，故宫、老城、狭窄街道上华丽的牌坊，这吻合了我想象中的故国旧貌，所谓传统。街上行人如蚁，一律青、灰衣衫，与黄瓦红墙不属于同一个时代。教育部归国留学生接待处设在西单旧刑部街，我办完报到手续住下后，第一件事是到东安市场买一套蓝布制服，换下西装革履，才可自在地进入人群。

接待处的工作主要是联系分配留学生的工作岗位，等待分配期间安排政治学习及政治报告。各行各业的留学生大都与其本专业系统有联系，有的很快就被聘走了，甚至几处抢。也有没处要的，等久了的便分配到革命大学学习，学习一年政治再看。我是打算回杭州母校，刘开渠老师在当院长，已有人开始为我与他联系，妻也曾表示她愿定居杭州，风光气候均宜人。离开巴黎时，有人托我带点东西给滑田友，我找到大雅宝胡同中央美术学院的宿舍滑田友家。不意在院中遇见杭州老同学董希文，他显得十分热情，邀我到他家小叙，问及巴黎艺坛种种情况，最后提出想到我招待所看我的作品，我很欢迎。好像只隔一两天他真的去了旧刑部街，我出示手头的一捆油画人体，他一幅幅看得很仔细，说想借几幅带回去细看后再送回，当然可以，就由他挑选了带走。大约过了一星期或十来天，他将画送回，并说中央美术学院已决定聘我任教，叫我留在北京，不必回杭州去。当时徐悲鸿任中央美术学院院长，徐一味主张写实，与林风眠兼容甚至偏爱西方现代艺术的观点水火不容，故杭州的学生也与徐系的学生观点相悖。因之我对董希文说，徐悲鸿怎能容纳我的观点与作风？董答：老实告诉你，徐先生有政治地位，没有政治质量，今天是党掌握方针和政策，不再是个人当权独揽。董希文一向慎重严谨，他借我的画其实是拿到党委通过决定聘请后才送回的，用心良苦，我就这样进入了中央美术学院。

一经决定留京不去杭州，我立即动身回故乡接碧琴和可雨。我们三人带了简陋的行李坐小船到棣树港赶汽轮去无锡。小船从老家前的埠头起行，父母弟妹们送到船边，是远行，是久别，除了小可雨兴奋，人人感到别是一番滋味在心头。在无锡搭上火车，是夜晚，可雨问，车上有床睡觉吗？我们买的是硬座，幸有一节母子车厢，照顾了碧琴和可雨，可雨美美地睡觉了。碧琴自三年前到我老家后，这是第一回坐火车，也是生平第一回过长江北上，过长江要轮渡，极费时费事。

中央美术学院的宿舍很紧张，一时无空房，我们先租魏家胡同一家四合院的两小间南房，无阳光。购买一张够三人睡的大床、煤球炉、水缸、桌、凳……碧琴买菜做饭都带着可雨，我觉得她比子君辛苦。

土改形势愈来愈烈，父亲来信诉苦，他最担心的是几个妹妹渐成大姑娘了，困在村里怎么办，要我设法。我和碧琴商量，先将大妹妹蕖芳接来北京，再慢慢寻找出路。蕖芳同住在我们的小屋里，借房东家的旧木板架成床，用布帘遮掩，便是她的卧室了。我们正打听任何工厂有否招考练习生之类的广告，抗美援朝保家卫国开始征兵了。参军是美好而光荣的出路，在农村，地主家庭出身的子女对此无缘。我与美院人事处商量，他们很照顾，用学院推荐的名义蕖芳居然参上了军，而且后来被分配做军医，苦难中等待的妹妹终于遇到了生机，她于是走上以医为人民服务的人生。

徐悲鸿虽不掌握独聘教师的特权，但他为人处事仍不失解放前的规格，新教师来，他出面请客。董希文陪着我到东授禄街徐家赴宴。除必不可少的礼貌话外，徐先生和我没有共同语言，虽然我们是宜兴同乡，彼此乡音均较重。幸而徐先生请了另一位客人赵望云，他们像是有事商讨，这就缓解了董希文的尴尬。席间，菜肴很新鲜，女主人廖静文指着清蒸鱼介绍：这是松花江的白鱼，刚送来的。此后，我很少见到徐院长，我到院只在自己的课室里与同学交流。我教的是一年级某班的素描，一年级一百多学生，是全院实力最强的重点班，学生中今日知名者如靳尚谊、詹建俊、朱乃正、闻立鹏、蔡亮、刘勃舒、邵晶坤、权正环、赵友萍、张德蒂、张守义等等，这一百多学生分成七个班，教师分别是董希文、艾中信、蒋兆和、李宗津、李斛、韦启美和我。我觉得同学们作画小处着眼，画得碎，只描物之形，不识造型之体面与结构，尤其面对石膏像，无情无意，一味理性地"写实"。我竭力赋予大刀阔斧，引发各人的敏感，鼓励差异，甚至错觉，这其实是将苏弗尔皮的观点咀嚼后再喂给孩子们。同学们觉得我讲得新颖，可能还不甚理解，但也试着转换观察角度和表现方式。其中有的同学并不接受，明显的如蔡亮，当我要去参观土改，派董希文来代课时，蔡亮特别高兴。同学们认为蔡亮是这班最出色的尖子，但我觉得他的作业缺乏灵气，倒表扬汪志杰感觉好，后来我被戴上天才教育的帽子。一位刘姓同学画得好，他却要参军，我很惋惜，劝他不去。荒谬，这样的教师早晚该被赶出课堂。

我从巴黎带回三铁箱画册，每次上课给同学们看一二本，他们兴奋极了，难得看到这么印刷精美的名画。结合名作，我讲解绘画的多样性，尤其重要的是古今观念的转变，扩大他们的眼界。令我惊讶的是，他们从未听说过波堤切利、尤特利罗和莫迪良尼等名家。有同学提出，有列宾的画册吗？没有，不仅没有，我也未听说过列宾之名。课后我问董希文，列宾是谁，董说这是俄罗斯十九世纪大画家，是今日国内最推崇的大师。我回家翻法文美术史，翻到十九世纪的俄罗斯，是有列宾之名，但只短短几行文字介绍。几个月后，我在王府井外文书店偶然碰见一份法文的《法兰西文艺报》，这报我在巴黎时常看，必看的。虽是过期报纸，我也买了，好了解巴黎艺坛近况。打开报纸，头版头条，整版图文介绍列宾，作者是进步诗人阿拉贡（Aragon）。我迫不及待在书店门口先粗略浏览，开头第一句：提起列宾，我们法国画家谁也不知道他是谁。原来法国画家和我一样孤陋寡闻。

我被编入高校教师土改参观团，团长是南开大学历史系主任郑天挺，团员有清华大学土木系主任张维、北京大学历史系杨人教授、美术学院王式廓、冯法祀及我等等，地点是湖南一带。我读过孙中山的民权主义，了解他主张平均地权及耕者有其田，但没有读过马列主义，不了解阶级斗争的实质内涵。这回在土改中才知道地主、富农、贫农的界别，怎样划分阶级。看到各种斗地主的场面，被剥削的农民气愤时不免动手打地主，政策上不许打，打了，这叫"偏差"。"偏差"和"照顾"是我经常听到的新名词。地主和地主不一样，有的残暴，有的看来善良，甚至可怜相，但剥削是他们的共性，而他们往往并不认为自己是剥削者。他们还有另一个共性：吝啬。有一家地主将银子铸成一个大整块，藏在地窖里，每有银子便都烧熔了浇进去，子孙也不易偷窃花费。巴尔扎克笔下葛朗台家也没有这么大块的"不动产"吧。剥削将被消灭，愚昧与落后可厌，物不尽其用，阻止了社会发展。西方资产阶级利用一切物力创造新事物，中国的地主阶级使社会倒退。分到了田的农民欢天喜地，接着动员参军，抗美援朝，保家卫国。成分好的农民，分到了地的农民，这些红光满面的青年农民戴着大红花气昂昂地去保家卫国了，保卫真正是属于自己的家园。参观了大风大浪的社会改革，是教育我们这些旧社会来的知识分子认识当前的形势，便于自己的工作配合国家前进的方向，王式廓就在这次土改返京后，创作了反映土改斗争场面的《血衣》。

返国途中，我在船上经常考虑创作题材。我构思过一幅《渡船》，渡船上集中了老乡们：白发老伯、缺牙大婶、黄毛丫头，猪、鸡、菜筐、扁担纵横，苦难挤着苦难，同舟共济，都是我的父老乡亲，被早晨的阳光照射着，他们在笑。或者风雨黄昏，几把黄布雨伞遮不住畏缩的人们。我从幼年到少年、青年，外出和回家，必经这渡船，这渡船美，这美是立体的，它积淀了几代人的肖像和背影。另一幅《送葬》，祠堂的大白墙前一群白衣人送葬，白衣白墙间凸出一口黑棺材，代代苦难，永远的苦难凝固在这黑色的棺材上、棺材中。还有几幅，但参观土改后，看了今天的农村现状，政治斗争的火热，这些构思中的作品便不能诞生，成为死胎，胎死腹中的母亲永远感到难言的沉痛。

在北京街头遇到一位北方农民，一身靛蓝衣服，形象特别好，入画，便出钱请到我家。其时我已搬入美院大雅宝胡同宿舍，我将最大的一间开了天窗，作画室，但夏天日晒热得不得了，妻忍着，未吐怨言。我将这位北方老乡画在南方农家小屋里，给他戴上大红花，一个孩子伏在他身上，题目是"爸爸的胸花"，这是看到土改后农村参军的启示吧。但我的画反应不好，被认为是形式主义的，改来改去都不行。后来又试画别的题材，总说是丑化了工农兵，如果苏弗尔皮老师看到这些画，他大概会说：哼，漂亮呵！我夹在东西方中找不到路，与领导及群众隔着河，找不到桥，连独木小桥也没有。妻怀了第二个孩子，我们到处找打胎的，有人介绍有个日本医生肯做，找到他的诊所，已被封门了。当妻躺在床上闹阵痛时，我正在画布前拼搏，没有放下画笔到床前安慰她，我无法掩饰自己的自私。然而，画仍遭排斥。逼上梁山，改行作风景画的念头开始萌芽了。

回国后，我一直没给秉明写信，他等我总无音信，石沉大海，但聪明的他是读得懂无字碑的。我终于给他写了一短简：我们此生已不可能再见，连纸上的长谈也无可能。人生短，艺术长，由我们的作品日后相互倾诉吧！

搬进美院宿舍，住处略微宽了些，又送走了妹妹，我们预备接父母来京住一时期。但父亲被划为地主，根本不许他离开家门。好不容易母亲被批准到了北京，我们陪她各处参观，她对皇帝家（故宫）最感兴趣。但她住不惯北京，用水不便，远不如在家到小河洗刷自由。五十年代北京的风沙令南方人难以忍受，她勉强住了一时期，坚决要求回去了，明知回去面对的是灾难。我的月薪是七百斤小米，维持三口之家已不易，还必须支援饥饿线上的父母妹妹们，我寄的钱真是杯水车薪，救不了望子成龙的老两口，而他们最发愁的还是妹妹们。妻设法工作。她找到大佛寺小学重操旧业，买了一辆旧自行车，每天往返于家和学校间。家里找保姆，做饭带可雨。晚上碧琴带回一大堆作业批改，而我正迷失于艺术的苦海中，心情郁闷，显然这不属于幸福的家庭。第二个孩子有宏出生后，我们真是手足无措了，请母亲再来北京将幼儿带回老家托给一位乡间奶妈抚养。

我在美院教了两年，前后两个班，第二个班上的李克瑜、王恤珠、尹戎生等还记得分明。刚教了两年，开始文艺整风，整资产阶级文艺思想，落实到美术学院，便是整形式主义。有一个干部班，学员都是各地普及美术工作而立场坚定的优秀党员，有一位学员在图书馆看到了印象派的作品，大为惊喜，说这才是彻彻底底的艺术，当然他遭到了批判。但印象派像瘟疫一样传染开来，整风是及时的了。我曾经给同学们看过远比印象派毒素更烈的现代作品，我原意是将采来的果实倒筐般地倒个满地，让比我更年轻的同学们自由选取。但在整风中我成了放毒者，整风小组会中不断有人递给我条子，都是学生们状告我放毒的言行，大都批我是资产阶级文艺观，是形式主义。更直截了当的，要我学了无产阶级的艺术再来教。当然条子都是匿名的，上课时学生们对我都很热情，对我所谈很感兴趣，怎么忽然转了一百八十度？有一次全院教师大会，是集中各小组整风情况的总结，党委领导王朝闻就方针政策讲了话，徐悲鸿也讲了话，徐讲得比较具体，很激动，说自然主义是懒汉，应打倒；而形式主义是恶棍，必须消灭。我非常孤立，只滑田友在无人处拍拍我臂膀：我保护你。其实他自己是泥菩萨，未必过得了河。

　　整风后不久，人事科长丁井文一个电话打到大雅宝胡同宿舍，通知我清华大学建筑系聘我去教课，让我办理调职手续，手续简便至极。到清华后住在北院六号，北院原是朱自清等名教授的住宅，很讲究，但年久失修，已十分破旧，属清华次等宿舍了。比之大雅宝胡同则显得阔气，跟去的保姆恭喜我升官了，她便提出要加工资。妻已生了第三个孩子，命名乙丁，其时批我的个人英雄主义，还是当个普通一丁好。据清华的人说，他们到美院遇到丁井文，丁曾问到吴冠中仍是"老子天下第一"吗？去年在清华美术学院新楼设计图的评选会中，吴良镛向清华美院新领导及评委们说：我透露一个秘密，当年到美院调吴先生（即我）是我去点的将。因美院以教员互调的条件要调清华的李宗津和李斛到美院专任，吴良镛知我在重庆

02 20世纪50年代偕
　　三子

03 吴冠中夫妇（前
　　排中）偕同事、
　　同学1964年摄于
　　北京艺术学院撤
　　销之际

大学建筑系任过四年助教，建筑设计要讲形式，不怕"形式主义"，而美院正愿送瘟神，谈判正合拍，我披上昭君之装出塞了。

我说出塞，是出了文艺圈子。离开了美院这个擂台，这个左的比武场，在清华感到心情舒畅多了，教课之余，在无干扰中探寻自己的独木桥。教课并不费劲，教素描和水彩。已往只重视油画，瞧不起水彩，为了教好课，便在水彩上下了功夫，我将水彩与已往学过的水墨结合，颇受好评，群众最先是从水彩认识我的，我被认为是一个水彩画家。建筑师必须掌握画树的能力，我便在树上钻研，我爱上了树，它是人，尤其冬天落了叶的树，如裸体之人，并具喜怒哀乐生态。郭熙、李唐、倪瓒们的树严谨，富人情味，西方画家少有达此高度者。用素描或水墨表现树可达淋漓尽致，但黏糊糊的油彩难刻画树的枝杈之精微。风景画中如树不精彩，等于人物构图中的人物蹩脚。任何工具都有优点和局限，工具和技法永远是思想感情的奴才，作者使用它们，虐待它们。从古希腊的陶罐到马蒂斯的油画，都在浓厚底色上用工具刮出流畅的线条，这予我启发。我在浓厚的油画底色上用调刀刮出底色的线，在很粗的线状素底上再镶以色彩，这色便不致和底色混成糊涂一团。如画树梢，用刀尖，可刮出缠绵曲折的亮线，无须再染色，我常用这手法表现丛林及弯弯曲曲的细枝，油画笔极难达到这种效果。

当时几乎没有人画风景，认为不能为政治服务，不务正业，甚至会遭到批判。后来文艺界领导人周扬说风景画无害，有益无害。无害论一出，我感到放心，可以继续探索前进，至于不鼓励，不发表，都与我无关，与艺术无关，我只需一条羊肠小道，途中有独木桥，让我奔向自己的目标，那里是天堂，是地狱，谁知！建筑系像一把伞，庇护了我这个风雨独行人。

我废寝忘食地工作令妻不满，说教课已不成问题，何苦再这样辛劳。其时她已调在清华附小任教，工作仍忙，乙丁尚躺在摇篮里，须人照料，保姆有点顾不过来。有宏已断奶，能独立行走，于是母亲再度进京，送回有宏，照料乙丁。因住房有了改进，生活较方便，母亲这回住得较久，并从老家找来一个远亲当保姆，家里的生活安排较妥，只是更穷，孩子多了，负担加重，我们曾领过多子女津贴，甚内疚。碧琴与我结婚前，他父亲反对，只一个理由，艺术家将来都穷，碧琴勇敢地嫁了我，今日品尝她不听父亲当年劝告的苦果。

我觉得建筑系的学生审美水平较高，一是文化水平较高，能看外文杂志，再是设计中离不开形式的推敲，同他们谈点、线、面构成，谈节奏呼应，实际已跨入抽象美领域，也正是他们专业的课题。故我有些建筑师朋友往往比一般画家同事更相知，向他们学了不少东西。学习绘画，必然涉及造型，涉及雕塑与建筑，巴黎的建筑系就设在美术学院中，我天天看到建筑系学生们扛着裱着设计图的大板在院内出出进进。清华大学建筑系有一次讨论绘画，教师们都展出作品，梁思成和林徽因也展出作品参加讨论，梁思成展的是水彩罗马古建筑，好像是斗兽场，林徽因的作品也是水彩，带点印象派的效果。她身体很弱，仍谈了关于色彩的问题，结合舞台设计，她说大幕要沉着，宜用暗红，内幕可用粉红，好比新娘子的内外服装配套。

梁思成留给我一个最难忘的举动，那是他讲中国建筑史的第一堂课，我在旁听，未开讲前他从上衣口袋摸出一个小红本高高举给大家看，得意地说："这是工会会员证，我是工人阶级了！"那年月，知识分子入工会标志一个大转变，不容易。

北京师范大学有个最不起眼的系，图画制图系，系主任是卫天霖。卫天霖是油画家，早年留学日本，作品受印象派影响而融进民间色彩，华丽绚烂，质朴厚重。印象派捕捉瞬间，作画迅速，而卫天霖作一幅画往往累月之工。随着教育形势的发展，图画制图系改为美术系，于是须加聘绘画教师。教研室主任张安治竭力希望调我，劝我回归文艺领域。我与卫老素不相识，与张也只在伦敦和巴黎有过几次过从，并非老友或知己。因当时"双百"方针的气氛已渐浓，我很快被调去了，李瑞年比我早一步也从美院调到了师大美术系，我们又同事了。形势发展喜人，师大的美术系和音乐系独立成艺术师范学院，后又改为北京艺术学院，并增加了戏剧系，聘焦菊隐兼任教授，但我竟未有机会与焦先生相叙，感谢他在沙坪坝时辅导我法文之恩。卫天霖任副院长，主管美术系，他全身心投入教学工作。解放前，卫老支持共产党的地下工作者，他家曾做过地下工作者的联络处，最后他携家带眷直接去了解放区，任教于华北大学。但美术方面的领导们认为他是印象派，属资产阶级，并不重用他。解放后，主要的党员画家们进北京接收，进入美术学院，而卫天霖被安排到师大这个不起眼的图画制图系。今成立艺术学院，卫老有用武之地了，我深深感到他办好学院的决心和热忱。他对徐悲鸿体系的师生有戒心，因他是被排斥者。我是张安治介绍去的，张安治曾是徐的学生，因对张有点戒心，也就戒心我是否是张的羽翼，惊弓之鸟，在旧社会他历尽人际倾轧。共同工作半年后，卫老认识到我并非谁的羽翼，而且学术观点与他相近，他从信任到宠爱我，引为心腹，力劝我任绘画教研室主任，又将我妻从清华附小调来美术系任资料员，在极困难的条件下解决我们的住房。反右前他有职有权，聘教员的大事往往交我定夺，我推荐的，他不须考核。士为知己者死，何况办好艺术学院是彼此的共同心愿，我视卫老为长辈、老师，竭尽忠诚。美术学院如强邻压境，促进了艺术学院的师生们团结一致，多难兴邦。

鉴于美术学院一花独放，卫老、李瑞年、张安治和我一致主张多样化，聘请了罗尔纯、吴静波、邵晶坤、俞致贞、白雪石、高冠华……反右后，政治挂帅，卫老也就没有了决定聘任教员的权力，改由党内专家赵域掌握教学方向，阿老、彦涵、张松鹤等均调来了，教师阵容日益强大。艺术学院办了八年，后期成绩蒸蒸日上，渐引起社会关注，我们心底都有与美院分庭抗礼的追求，但突然，它夭折了。文化部以我们的音乐系为基础成立中国音乐学院，戏剧系并入戏剧学院，美术系分别并入美术学院和中央工艺美术学院，留下的及附中教师到师院成立美术系。在撤销艺术学院的大会上，苏灵扬院长虽在台上鼓励大家向前看，但台下师生多半泣不成声，我没有敢看卫老，这位最辛劳的创业者谅必欲哭无泪。母校的消逝，毕业生们将品尝孤儿的滋味。卫老、阿老、俞致贞、张秋海、陈缘督及我调至中央工艺美术学院，嫁鸡随鸡，我们将为工艺专业服务。

在艺术学院这八年，我面对人体，教油画专业，竭力捏塑我心目中的艺术青年，发挥在美院遭批判的观点，更进一步谈形色美，谈油画民族化。我带油画专业的学生至故宫看国画，用西方的构成法则分析讲解虚谷、八大、金农、石涛、渐江……的造型特色。在教研组教师进修会上，我从荣宝斋借来高级水印周昉的《簪花仕女图》，请国画和油画教师从各自的观点来品评、分析作品的优缺点，希望引出争论，可惜争论不起来。

在自己班上，我给学生看西方画册，讲艺术品位、激情，甚至错觉。同学们非常兴奋，但不让外班同学旁听，画册也只限本班看，怕扩散影响大了，会出严重后果。不讲真谛，于心有愧，误人子弟，虽然我明知普罗米修斯的命运。终于我误人子弟了。我偏爱班上学生李付元，他色感好，作品品位不错，我总是鼓励他勇猛前进，心有灵犀，但他确有自己的好恶，不迁就。毕业创作了，李付元的构思是画易水送别，白衣丧服，黑的马车，最初的小稿中黑与白营造了壮士一去兮不复还的悲剧气氛。但不行，刺秦皇这样的历史题材绝对通不过，终于被扼死在摇篮里。李付元很难找到他想画的新题材，审稿日期又步步逼近。最后他画了两头大黑牛，背景是农家院，血红的辣椒之类什物，画面以形的量感与色的对照凸显形式美。这画他曾画过，并被选入北京市美展，现在时间紧迫便在这基础上放大重画作为毕业创作。我作为主导教师，觉得效果不错，评了5分（当时学苏联的5分制，5分是最高）。但院领导认为这样无主题的牛不能作为毕业创作，决定由系里组织评委会集体投票评分，结果《牛》只得了2分，不及格。李付元因此不能毕业，最后以让他补修半年的方式结束了事件。

在艺术学院除带领学生外出体验生活、写生实习外，教师每年有创作假，加上寒暑假，所以我每学期总有外出写生的机会。五十年代好像还没有画家去井冈山，我摸石头过河，探听着交通上了井冈山。我爱崇山峻岭，茂林修竹，井冈山是革命圣地，今画革命圣地的峻岭与修竹，当非一般风景，便名正言顺，大大方方去画了。到达心脏茨坪已颇费力，而各大哨口尚很遥远，且只能步行，别无交通工具。我背着画箱、画架、两块三合板、水壶、干粮、油布（南方随时下雨）、雨伞上路，类似一个运货人。油画画在三合板上，干不了，用同一尺寸的另一块板盖上，四周用隔离钉隔开，画面与盖板不接触，所以每次必须带两块板。油布是大张的，作画中遇阵雨，用以遮画面防雨，我的身体便是撑开油布的支柱。而且，完成了的画与盖板钉合后，四周是宽缝，须防灰沙或雨点进入，大油布将其全部包严，并用带子捆牢，夹在画架上提着才能稳走数十里山路。有一次在双马石写生，四野森森，羊肠小道无行人，有点担心猛兽来袭。有响声，一老人提着空口袋前来看我干什么，我刚开始，画面尚无形，老人看一眼就走了，赶他的路。下午四点来钟，老人背着满满一袋什物从茨坪方向回来了，他又来看画，这回松、石、山等风光一目了然，他喜形于色，忽然，他放下口袋，从中摸出一块灰褐色的东西让我吃，那是白薯干，他看我站着画了一天，谅来无处吃饭，其实我带了干粮，工作中吃不下，要到回去的路途中才能吃。老乡之情感人，但我们语言不通，心有灵犀，我出示自己的干粮，谢了他的赠品。日未出而作，日已入尚不能息，因每作一幅画须赶数十里山路，故天天摸黑出门，摸黑回招待所。最远的一个点是朱砂冲哨口，当天绝不可能回来，便先住到中途一个农家，翌晨一早赶去哨口。哨口虽是军事险境，并不入画，倒是途中峭壁、急流，郁郁葱葱，入画处不少。

　　在井冈山共作了十余幅风景画，加上瑞金所作，都是革命圣地，人民美术出版社为此出版了一套革命圣地风景画明信片，有些刊物也发表了几幅，较常见的是《井冈山杜鹃花》那幅。井冈山管理处（今日之井冈山博物馆）派人来京找我，希望我复制这套风景画赠他们馆里陈列。

我乐意复制了，他们取走作品，回赠了几个竹制笔筒。许多年后，我翻看这批尝试油画民族化的作品，觉得太幼稚，便全部毁掉了，只个别的已送了人。再后来，我的作品竟成为市场宠儿，值钱了，我在一些拍卖目录中陆续发现井冈山博物馆那套油画被出卖。七十年代我再上井冈山，已有公路通各哨口，我在哨口附近作画，下午没有赶上返茨坪的末班车，慢慢步行返回，恐须夜半十二点才能到达，一路留心过路车，拦住一辆载木头的卡车，但车上木头堆得高高的，无法加人，只好挤进驾驶舱，但未干的油画未及包装，没法安置，便伸臂窗外捏着那张画坏了的画——病儿，病儿不能丢。这样捏着奔驰四五十分钟，抵茨坪时手与臂全麻木了，再看画，很蹩脚，不是滋味。我探问五十年代赠画的下落，无人说得清，推说人员都调动了。九十年代全国政协组团视察京九路，中途宿井冈山，我以政协常委的身份询问博物馆领导关于那十几幅油画的下落，他先说大概只剩一二幅了，我要看，他们寻找后答复说一幅也没有了，也说人员都调动了，只能向我道歉。

1960年暑假，我要自费去海南岛作画，妻有难色，因家中经济实在困难。我写了一本小册子介绍波堤切利，寄上海某出版社，一直等稿费，想用这笔稿费去海南岛，但却退稿了。假期不可失，我还是去了海南岛。到兴隆农场招待所，所里一看我的介绍信是北京艺术学院副教授，便安排我住最高级的房间，我一看那些讲究的沙发衣柜之类，怎能住得起，便说我作油画，油色会弄脏房间，只须住职工宿舍，最后总算住入上下双人铺的房间，每天几角钱，住一月也不担忧。我钻进椰子林作画，奇热无比，连油色的锡管都烫手。忘了在何处，林中小虫特多，咬得紧，着长裤、长袖衬衣，且将袖口和衣领都包得严严实实，但回到宿店才知满身都是红块块，奇痒难忍，店主颇可怜我，说:珉！珉！我听不懂当地话，她用笔写，原来是蚊。我的写生架是从法国带回的五十年代的木质制品，多功能，极方便，其中两个铜钩长二寸余，缺一不可，我对画架上的任何零件倍加注意，像战士爱护自己的枪。但有一天晚上解开画架与作品时，却发现丢失了一个铜钩，这对我几乎是五雷轰顶，因从此无法工作。一夜难眠，翌晨顺着昨天作画后的路线一路仔细寻找，在一望无际的青绿大海中捞针，或只是抚痛的招魂。感动了苍天，那铜钩上染有红色，万绿丛中一点红，居然给我找回了这远比珠宝珍贵的铜钩，我捧起染着颜料和朝露的铜钩吻了又吻。这样辛苦月余作来的画自然很珍惜，但广东返北京的火车很挤，虽是起站，什物架上早已堆得满满的，我有一包画是用隔离钉隔开的，中空，压不得，无可奈何，只好安置在自己的座位上，我自己站着，也许中途有人下车会有空位，然而竟没有，站到北京，双腿肿了，作品平安到家。

西藏平叛后，为了反映平叛后西藏的和平美好，美协组织画家入藏写生，首选是董希文。董希文不忘旧谊，推荐我同行，我甚喜，如得彩票。我们一行三人（后又增加了邵晶坤）先坐火车到兰州，然后乘公共汽车经格尔木去拉萨。经唐古拉山，海拔五六千公尺，氧气稀薄，心脏弱者过不了关，需备氧气。坐长途汽车、远洋海轮，我从无反应，至此，汽车行驶时尚无感觉，停车脚踏土地，便感头晕恶心，有人难受得哭了，泪珠落地成冰，这冰珠千年万世永不消融。早晨汽车水箱冻了打不着火，用木柴烧烤一个多小时才能开车，因此司机不愿憩夜，通宵连日地赶，眼睛熬得满是血丝，所以总要配两套司机。到了拉萨，配给我们专车，很阔气。在西藏四五个月，我们先分工分路找题材。我主要画风景，目标康藏公路的札木，道路极难走，多塌方及泥石流。一路住兵站，也只能住兵站，兵站的解放军十分热情。有一处兵站我忘记了地名，将到此站前风景别具魅力，雪山、飞瀑、高树、野花，构成新颖奇特之画境。抵站后我立即与一路陪护我的青年解放军商定，明天大早先去画今日途中所见之景。翌晨提前吃早饭，青年战士和我分背着画箱什物上路，因海拔高，缺氧，步履有些吃力，何况是曲曲弯弯的山路。我心切，走得快，但总不见昨日之景，汽车不过二十来分钟，我们走了四个小时才略约感到近乎昨日所见之方位，反复比较，我恍然大悟：是速度改变了空间，不同方位和地点的雪山、飞瀑、高树、野花等等被速度搬动，在我的错觉中构成异常的景象。从此，我经常运用这移花接木与移山倒海的组织法创作画面，最明显的例子如七十年代的《桂林山村》。藏民很美，造型之美，即便脸上涂了血色，仍美，我在西藏画了不少藏民。但西藏作品中最有新颖感的是扎什伦布寺，这扎什伦布寺也属于移花接木之产品，主要是山、庙、树木、喇嘛等对象的远近与左右间的安置作了极大的调度。我着力构思构图的创意，而具体物象之表现则仍追求真实感，为此，我经常的创作方式是现场搬家写生。

中学时代，我爱好文学，当代作家中尤其崇拜鲁迅，我想从事文学，追踪他的人生道路。但不可能，因文学家要饿饭，为了来日生计，我只能走"正"道学工程。爱，有多大的魅力！她甚至操纵生死。爱文学而失恋，后来这恋情悄悄转入了美术。但文学，尤其是鲁迅的作品，影响我的终生。鲁迅笔下的人物，都是我最熟悉的故乡人，但在今天的形势下，我的艺术观和造型追求已不可能在人物中体现。我想起鲁迅的《故乡》，他回到相隔两千余里、别了二十余年的故乡去，见到的却是苍黄的天底下的萧条的江南村落。我想我可以从故乡的风光入手，于此我有较大的空间，感情的、思维的及形式的空间。我坚定了从江南故乡的小桥步入自己未知的造型世界。六十年代起我不断往绍兴跑，绍兴和宜兴非常类似，但比宜兴更入画，离鲁迅更近。我第一次到绍兴时，找不到招待所，被安置住在鲁迅故居里，夜，寂无人声，我想听到鲁迅的咳嗽！走遍了市区和郊区的大街小巷，又坐船去安桥头、皇甫庄，爬上那演社戏的戏台。白墙黛瓦、小桥流水、湖泊池塘，水乡水乡，白亮亮的水多。黑、白、灰是江南主调，也是我自己作品银灰主调的基石，我艺术道路的起步。而苏联专家说，江南不适宜作油画。银灰调多呈现于阴天，我最爱江南的春阴，我画面中基本排斥阳光与投影，若表现晴日的光亮，也像是云朵遮日那瞬间。我一辈子断断续续总在画江南，在众多江南题材的作品中，甚至在我的全部作品中，我认为最突出、最具代表性的是《双燕》。

八十年代初我任教工艺美院期间，带领学生到苏州写生实习，我的研究生钟蜀珩同行，边教边学，协助我辅导。在苏州留园，学生们在太湖石中联系到人体的结构与运动，在不起眼的墙上爬山虎中提炼出感人的画面，确是体现了我对造型观察的启示，并发展了我的思路，予我启示。往往，前班同学的实践收获，丰富了我对后班同学的教学。钟蜀珩先忙于辅导，抽空才自己作画，有一次傍晚静园时，人们没有发现躲在僻处的她，她被锁在了园中，最后当她转了一个小时还找不到出路，爬到假山高处呼喊，才救出了自己。后来她对我说，当只她一人在园里东寻西找时，才真正体会到了园林设计之美。我们在教学中，重于培养慧眼，轻于训练技术，尤其反对灌输技术，技为下，艺为上。眼睛是手的老师，"眼高手低"不应是贬词，手技随眼力之高低而千变万化。在苏州上完课，学生们返京去了，钟蜀珩随我去舟山群岛写生，没有课务，我们自由作画，疯狂作画，我不考虑钟蜀珩能否跟上我近乎废寝忘食的步伐，她却跟上了。她着蓝衣男装，一身颜料斑斑，显得邋遢，黑黑的脸被草帽半掩，路人大概不辨是男是女。一次我们一同在普陀海滨作画，我照例不吃中饭。不知钟蜀珩自己饿了还是为了保护我的健康，去附近买来几个包子叫我吃，她说看在朱先生（我妻）的面上吃了吧，否则只好抛入海里了。我吃了，但还是感到损失了要紧时刻。无论多大太阳，即便在西双版纳的烈日下写生，我从不戴草帽，习惯了，钟蜀珩见我额头一道道白色皱纹颇有感触，那是写生中不时皱眉，太阳射不进皱纹的必然结果。我们离开舟山回宁波，到宁波火车站，离开车尚有富余时间，我们便到附近观察，我被浜河几家民居吸引，激动了，匆匆画速写，钟蜀珩看看将近开车时间，催我急急奔回车站，路人见我们一男一女一老一少在猛追，以为出了什么事故，我们踏进车厢，车也就慢慢启动了。这民居，就是《双燕》的母体，谅来这母体存活不会太久了。

《双燕》着力于平面分割，几何形组合，横向的长线及白块与纵向的短黑块之间形成强对照。蒙德里安（Mondrien）画面的几何组合追求简约、单纯之美，但其情意之透露过于含糊，甚至等于零。《双燕》明确地表达了东方情思，即使双燕飞去，乡情依然。横与直、黑与白的对比美在《双燕》中获得成功后，便成为长留我心头的艺术眼目。如 1988 年的《秋瑾故居》（画外话：忠魂何处，故居似黑漆棺材，生生燕语明如剪），再至 1996 年作《忆江南》，只剩了几条横线与几个黑点（往事渐杳，双燕飞了），都属《双燕》的嫡系。

专家鼓掌，群众点头。我意识到自己有这样的意向，后来归纳为风筝不断线。风筝，指作品。作品无灵气，像扎了只放不上天空的废物。风筝放得愈高愈有意思，但不能断线，这线，指千里姻缘一线牵之线，线的另一端联系的是启发作品灵感的母体，亦即人民大众之情意。我作过一幅《苏州狮子林》，画面五分之四以上的面积表现的是石头，亦即点、线、面之抽象构成，是抽象画。我在石群之下引入水与游鱼，石群高处嵌入廊与亭，一目了然，便是园林了。但将观众引入园林后，他们迷失于抽象世界，愿他们步入抽象美的欣赏领域。这近乎我的惯用手法。苏州拙政园里的文徵明手植紫藤，苏州郊外光复镇的汉柏（所谓清、奇、古、怪），均缠绵曲折，吸引我多次写生，可说是我走向《情结》《春如线》等抽象作品的上马石。我在油画中引进线，煞费苦心，遭遇到无数次失败，有一次特别难堪。大概是七十年代末，我到厦门鼓浪屿写生，住在工艺美校招待所，因此师生们想看我写生，我总躲。一次用大块油画布在海滨画大榕树，目标明显，一经被人发现，围观的人越来越多。我从早晨一直画到下午，画面彻底失败，而且有不少美校的老师也一直认真在看，天寒有风，后听说一位老师因此感冒了。一年后，我这心病犹未愈，便改用水墨重画这题材，相对说是成功了。技奴役于艺，而技又受限于工具材料，我在实践中探索石涛"一画之法"的真谛。因此油彩难于解决的问题，用水墨往往迎刃而解，反之亦然，有感于此，写了篇短文《水陆兼程》：

从我家出门，有一条小道，一条小河，小道和小河几乎并行着通向远方，那远方很遥远，永远吸引我前往。我开始从小道上走出去，走一段又从小河里游一段，感到走比游方便、快捷。

我说的小河是水墨画之河流，那小道是油彩之道。四十年代以后我一直走那陆路上的小道，坎坎坷坷，路不平，往往还要攀悬崖，爬峰峦。往哪里去呵，前面又是什么光景，问回来的过客，他们也说不清。有的在什么地方停步了，有的返回来了，谁知前面到底有没有通途。岁月流逝，人渐老，我在峰回路转处见那条小河又曲曲弯弯地流向眼前来，而且水流湍急，河面更宽阔了，我索性入水，随流穿行，似乎比总在岸上迂回更易越过路障，于是我下海了，以主要精力走水路，那是八十年代。

艺术起源于求共鸣，我追求全世界的共鸣，更重视十几亿中华儿女的共鸣，这是我探索油画民族化和中国画现代化的初衷，这初衷至死不改了。在油画中结合中国情意和人民的审美情趣，便不自觉吸取了线造型和人民喜闻乐见的色调。我的油画渐趋向强调黑白，追求单纯和韵味，这就更接近水墨画的门庭了，因此索性就运用水墨工具来挥写胸中块垒。七十年代中期我本已开始同时运用水墨作画，那水墨显然已大异于跟潘天寿老师学传统技法的面貌，不过数量少，只作为油画之辅。到八十年代，水墨成了我创作的主要手段，数量和质量颇有压过油画之趋势。自己剖析自己，四十余年的油画功力倒作了水墨画的垫脚石。我曾将油画和水墨比作一把剪刀的双刃，用以剪裁自己的新装，而这双刃并不等长，使用时着力也随时有偏重。

044

感到油画山穷时换用水墨，然而水墨又有面临水尽时，便回头再爬油彩之坡。七十年代前基本走陆地，八十年代以水路为主，到九十年代，油画的分量又渐加重，水路陆路还得交替前进。水陆兼程，辛辛苦苦赶什么路，往哪里去？愿作品能诉说赶路人的苦难与欢乐！

无论是"搬家写生"、引线条入油画或引块面入水墨，都缘于风筝不断线的思想感情，其效果也必然是中西融合的面貌。白居易是通俗的，接受者众，李商隐的艺术境界更迷人，但曲高和寡，能吸取两者之优吗，我都想要，走着瞧。八十年代后我的作品多次在海外展出，在西方我听到一种反映，认可作品，但说如割断"风筝不断线"的线，当更纯，境界更高。我认真考虑过这严峻的问题，如断了线，便断了与江东父老的交流，但线应改细，更隐，今天可用遥控了，但这情，是万万断不得的。

艺术学院的情况没有说完。再说卫老之真情实意。艺术学院诞生于北师大，我调去时正筹备艺术学院，暂在和平门旧址上课，我住单身宿舍，卫天霖也住单身宿舍。我们第一次见面是在公共盥洗室里，发色已苍的老画家正在洗油画笔，我们彼此打量对方，彼此自我介绍，这是系主任与新教师最简朴的见面礼节吧，而且卫老没说一句欢迎之类的客气话，倒是诉说了一阵作油画之艰苦，我对他感到肃然敬意。很自然，他没有邀请，我没有要求，我们一同上楼到他房里看他正在创作中的作品。那是一幅粉红色的芍药，画未完成，已感苍凉老辣，红粉娇艳全无媚色。十余年后"文革"，卫老被迫在椅子胡同一号家中一幅一幅涂刷他的作品。他那整个东屋是作品仓库，木架上井井有条堆满着他的全部心血结晶，曾经，他亲手，一幅一幅翻出来给我看了个饱，将画搬回原位时也不让我帮忙，他心中的秩序不容他人打乱。我眼看着老人用白色涂料涂刷有血有肉有魂有胆的一幅幅作品时，不禁湿泪盈眶。我说，我代你保存一幅试试，其实我对如何保存自己的作品还全无把握。卫老说，在全部作品中你任选一幅吧！我就选了我们初次相识，我看着他洗笔和作画过程的那幅芍药。改革开放后卫老的画在美术馆和日本展出时，人们总来借这幅芍药，最后我将这幅作品赠给了师院美术系（今首都师大美术系），那是这幅作品诞生的家园，盼后生青年们珍惜她，奠祭卫老。

善良的卫老具强烈的爱憎感，他偏护我，除了艺术观点外，他观察我每晨极早骑车外出写生一幅水彩画，画北京一条街，回来整八点不误上课。每周六下午骑车返清华，因家仍留在清华。艺术学院在前海北沿恭王府旧址成立后，卫老竭力为我寻找住房，并将我妻调至美术系资料室工作，我似乎是他心目中的萧何或韩信，他要永远留住我，因为我从美院而清华，清华而师大，怕我总是不安定。

卫老将妻调到美术系资料室，他绝未意识到这对我们家庭具有扭转乾坤的重要性。我认识朱碧琴出于偶然，我的爱情是炽烈的，但她性格平稳，并不欣赏艺术的浪漫，似乎由于我的真诚与执着，被我拉入了爱河。是一对青年男女的情爱，她并不了解我对艺术的追求，更不了解艺术的实质，其时我专注攻法文，几乎不作画，她没有看过我的画，不了解画家，却将终身托付给了画家，今日追忆，我为这个纯情的少女担忧，如果我是她父亲，不仅怕她日后会贫穷，该担忧的问题太多了，我的女儿不嫁画家。当我从法国回来，不久调入清华后，我废寝忘食投入艺术探索，她才开始看到这样工作的画家，画家是这样工作的，一个家庭容得下画家吗？她的不满与怨言多起来，甚至说：下辈子再也不会嫁你。除了我，谁也不会同你过下去。确乎，她委屈了，她错选了婚姻之路，我无法诉说自己的委屈，似乎我骗了她，但我从未骗她。是她当年走路不细心，不精明。她的善良却换来了后悔与不幸。我们从纯净的情侣走向柴米夫妻，走向同床异梦，感情显然有了裂缝，裂缝在自然扩大，是危险的信号！天使卫老将她调入美术系资料室，专管画集、图片、美术理论著作……她被迫嫁给了美术之家。她从面对小学生到面对大学生，是有些惇恐的，她努力学习钻研，便必然成为

04

04 卫天霖（右）和齐白石
（20世纪50年代）

我的学生，我陪她去看所有的重要画展。我从巴黎带回的马蒂斯等人的裸体画册，她原是很反感，从不翻阅。只有在潜移默化中，"美"才显出其改造审美、品位、人格的巨大威力。年复一年，后来她竟能在马约尔、雷诺阿、莫迪良尼等人的裸体中辨别出质感、量感及神韵之迥异。她看多了名作、师生们的作品，也重视分析我的作品了。她退休后，经常跟我到外地写生，她不画，她看，偶或也画她所看到的意象，甚至帮我选对象。青春远去，如今我们老了，每日相依着在龙潭湖公园散步，时常追忆六十年前在重庆沙坪坝鸳鸯路上的华年。

卫老带着工作人员在恭王府附近为我找住房，总找不到，便安排我暂住学院内。房虽小，是地板，窗明几净，我们很满意，但只是暂住。五八年我们搬入附近的会贤堂大杂院，大、杂、脏、乱，几十户住家，只两个公共水管，一个厕所，尤其厕所脏得无法跨入。我家无法接待外宾，怕伤国体，也有非接待不可的时候，我便带他们参观银锭桥一带的老北京风光，他们看到水之污浊，就不敢吃餐桌上的鱼虾了。我家五六口人，住两间半屋，作画极不便，作了画常常须到窗外远看效果，或者直接在庭院作画。我自认为的代表性作品《双燕》就诞生于此。今日破烂的会贤堂，昔日曾是有名的豪华饭庄，蔡锷和小凤仙曾相叙于此，卫天霖也是在此举办的婚礼，门外什刹海，春风杨柳，红莲歌伎，赏心乐事谁家院！

住得虽差，但上班上课近，步行一刻钟便到校了，尤其对于妻，工作与家务一肩挑，予她不少方便。一辆飞鸽牌自行车是我的宝马。我的工作调去了中央工艺美术学院，但宿舍没有调，从会贤堂到光华路学院骑车四十多分钟，我骑着宝马朝朝暮暮挤在北京自行车的洪流里，成为真正北京市的子民。我称之为宝马，绝非虚褒，它驮过煤饼、烟筒、过冬白菜，也接送孩子……但它最为重要的服役是驮我到郊外作画。在近郊写生，我都用布，画面也较大，作品完成后绑在后座便似平板三轮车，油色未干，画面朝天，穿人群，走僻巷，一路小心翼翼怕人碰，我的骑车技术也愈来愈有特色。我在会贤堂陋室住了二十五年，冬天烧炉子，白天室温在十度左右，夜晚，尿盆盖被冻住，要使劲才能揭开。宝马不怕冻，不需侍候，却忠心耿耿。有一次我忽然想去香山画白皮松林，宝马飞快不须两小时便赶到，但我对松林感到失望，立即回头，宝马也便无喘息时机。宝马不吃草，终于渐渐衰老多病，不行了，被换了另一辆"飞鸽"，当这只替代的"飞鸽"又飞不动时，已是八十年代初了。艺术学院时代，离校太近，学生和同事们串门的不少，因此每当星期天或假日，妻领着孩子们上街或走外婆家，锁上房门，放下窗帘，我被锁在屋里作画，虽然光线暗，也抓住了点点滴滴的青春时光。

因为没有下水道，住户们都将脏水直接泼在院子里，潮湿、恶臭，但倒成了花木的沃土。我爱花，但从无工夫侍候娇嫩的花，所以不栽。但孩子们随便种的向日葵、野菊、木槿、葫芦等却疯长。有一株木槿长得高过屋檐，满身绿叶素花，花心略施玫红，这丛浓郁的木槿遮盖了我家的破败门庭，并吸引我作了一大幅油画，此画已流落海外，几度被拍卖，常见图录但画的母体却早已枯死了，愿艺术长寿。

我和卫老一同调入工艺美院后，我们卸去了办好艺术学院的重担，只教点基础绘画，倒也轻松，将全部生命注入自己的创作。但悠闲的日子并不久，全校师生便下乡"四清"，用知识分子来清理农村干部的四不清问题。我随队去河北任县农村朱家屯，那是穷透了的北方乡村，我们于此与农民真正同吃同住。我住的房东家的日子比较好过，因他家只一个孩子。有一天那孩子兴奋地说朱家屯演戏了，他爬上房顶瞭望，但失望了，并未演戏。原来我们一个同志的半导体中在唱戏，他们颇为惊讶。当地吃白薯干粉蒸的窝窝头，其色灰褐如鸡粪。颜色难看恶心，饿了便顾不得，但每咬一口都牙碜，真难下咽。房东看了也同情我们，拿出玉米窝窝头来，但纪律规定，不许吃房东家玉米窝窝头。夜晚，房东家炒他们自己种的花生吃，也分给我们，我们照例不敢碰。那孩子说，你们咋不吃，这花生真香。日子久了，房东对我们的防线放松了，才敢取出藏在草垛里的自行车。

　　我从来不怕吃苦，却怕牙碜，几乎顿顿吃不饱，逐渐逐渐不想吃了，不到半年，一点食欲也没有了。有学生给我寄来胃病药，无效，病了！回北京朝阳医院抽血检查，看验血结果那天，妻焦急地等在家门口，问我怎样，我说：肝炎。她脸色顿时煞白。医生嘱我卧床休息一月。我从无卧床休息的习惯与经验，感到十分痛苦。妻远去珠市口买到一张竹制的躺椅，我每天便躺在廊下看那破败的杂院，精神已沉在死海中，我绝不善于养病，也从未得过病，人到中年，生命大概就此结束了。一个月继一个月，验血指标始终不降，也找过名中医，均无效。我肯定医学在肝炎面前尚束手无策，我开始严重失眠。如无妻儿，我将选择自杀了结苦难。

严寒·酷暑·土地

　　"文化大革命"爆发了。我因病不能参加。在我的历史上，绝无政治污点，我很坦然。但众目睽睽，我的资产阶级文艺观毒害了青年。由学生写大字报来"揭"老师的毒与丑，其实大部分学生是被迫的，上面有压力，不揭者自己必将被揭。我到工艺美院后授课不久便下乡"四清"，放毒有限，而以往艺术学院的学生毕业后已分配各地，他们不会赶来工艺美院揭我的毒。何况，是毒还是营养，如鱼饮水，冷暖自知。所以妻冷眼看：若不是撤销了艺术学院，我的性命难保。妻随资料室并入美术研究所，研究所设在中央美院内，暂由美院代管。在工艺美院，攻我的大字报相对少，内容也空无实证，结果我被归靠边站一类，我们几个同代的教师，必须每天上午九点至十一点在系办公室坐以待命，讥称"911战斗队"。我抱病天天坐在911队部，一天一天送走明媚的阳光。至于院内贴满的红色大字报，我基本不看，在读谎言与闲送光阴间，我选择了后者。

　　抄家，红卫兵必来抄家，孩子们帮我毁灭油画裸体、素描、速写，这一次，毁尽了我在巴黎的所有作品，用剪刀剪，用火烧。好在风景画属无害，留下了，卫老那幅芍药也保住了。犹如所有的年轻学生，我家三个孩子插队到内蒙古、山西及建筑工地流动劳动。接着妻随她的单位美术研究所去邯郸农村劳改，我一个一个送走他们后，最后一个离开会贤堂，随工艺美院师生到河北获鹿县李村劳动，继续接受批斗。当我锁房门时，想起一家五口五处，房也是一处，且里面堆着我大量油画，不无关心，所以实际上是一家五口六处。

我们在李村也分散住老乡家，但吃饭自己开伙，吃得不错，所以老乡们的评语是：穿得破，吃得好，一人一只大手表。劳动要走到很远的干涸了的河滩开垦，解放军领着，列队前进时个个扛着铁锹，唱着歌，孩子们观看这一队破衣烂衫的兵，指指点点，没什么好看，也就散去了。我的痔疮严重了，脱肛大如一只红柿子，痛得不能走路。我用布和棉花做了一条厚厚的似妇女月经时使用的带子，宽阔结实，像背带裤背在双肩，使劲挺腰将带子托住痔疮，这是一种托肛刑吧，我在服刑中种地。解放军领导照顾老弱病残，便将我调到种菜组，我心存感激。我管的一群小绒鸭有一只忽然翻身死了，于是有拍马屁的小丑报告指导员，说我阶级报复，打死了无产阶级的鸭子。指导员叫我到连部，要我坦白，我说绝非打死，是它自己死的，我感谢领导调我到种菜组，我是兢兢业业的。这事很快在地头传开了，有人问我，我说真是《十五贯》冤案，有几个同学也评说《十五贯》。指导员第二次叫我到连部，我以为他会缓和语气了，哪知他大发雷霆，拍着桌子吼："老子上了《水浒传》了，《十五贯》不是《水浒传》吗？你以为我没有看过，我要发动全连批判你！"

大约过了两年，连队里严峻的气氛松弛下来，节假日也允许作画了。我的肝炎一直没有痊愈，只是不治而已，后来情况严重才让我去白求恩医院治一时期，也不见效，绝望中我索性投入作画中逃避或自杀。我买地头写毛主席语录的小黑板制作画板，用老乡的高把粪筐作画架，同学们笑称粪筐画家。仿的人多起来，诞生了粪筐画派。粪筐画派主要画玉米、高粱、棉花、野花、冬瓜、南瓜……我这一批粪筐作品均已流落海外，是藏家们寻找的对象了。

每次在庄稼地里作了画，回到房东家，孩子们围拢来看，便索性在场院展开，于是大娘、大伯们都来观赏、评议。在他们的赞扬声中，我发

01

01　下放劳动。左三为吴冠中（1970年）

现了严肃的大问题：文盲不等于美盲。我的画是具象的，老乡看得明白，何况画的大都是庄稼。当我画糟了，失败了，他们仍说很像、很好，我感到似乎欺骗了他们，感到内疚；当我画成功了，自己很满意，老乡们一见画，便叫起来：真美呵！他们不懂理论，却感到"像"与"美"的区别。我的画都是从生活中剪裁重组的，东家后门的石榴树移植到西家门前盛开了。有一次画的正是石榴庭院，许多老乡来看，他们爱看开满红彤彤石榴花的家园，接着他们辨认这画的是谁家，有说张家，有说李家，有说赵家，猜了十几家都不完全对，因为总有人否定，最后要我揭谜：就是我现在所在的房东家。大家哈哈大笑，说：老吴你能叫树搬家！后来我便取名此画为《房东家》。

政治气氛松弛了，军队的头头们要我们作画了。能书法的、画画的被召去连部给军人们写和画。我也被召去。我还是学生时代跟潘天寿学过传统国画，大量临摹过石涛、板桥的兰竹。画兰竹最方便，便画了一批兰竹，也有同学要，随便画了就给。那是七十年代初，传来潘天寿逝世的噩耗，我利用现成的笔墨，作了一小幅仿潘老师的山水，并题了一篇抒发哀痛之词，由一位同学收藏了。

下放劳动的地址也曾转移。妻的单位美研所跟美术学院走，最后他们搬到前东壁，离我们李村只十里之遥。美院和工艺美院的教工间不少是亲属，领导格外开恩，在节假日允许相互探亲。我和妻每次相叙后，彼此总要相送，送到中途才分手，分手处那是我们的十里长亭，恰好有两三家农户，照壁前挂一架葡萄，我曾于此作过一幅极小的油画，并飞进一双燕子。

有一时期我被调到邢台师部指导文艺兵作画，条件比连里好多了，也自由多了，上街买一包牛肉干寄给妻，但包裹单上不敢写牛肉干，怕妻挨批判，便写是药。妻因插秧，双手泡在水里太久，后来竟完全麻木了，连扣子都不能扣，她哭过多次，先没有告诉我。有一次收到她的信，我正在地里劳动，不禁想写一首诗，刚想了开头：接信，泪盈眶，家破人未亡……指导员在叫我，我一惊，再也续不成下文了。

岳母在贵阳病危，我和妻好不容易请到了假同去贵阳。途经桂林，我们下车，我太想画桂林了，并到了阳朔。抵阳朔已傍晚，住定后天将黑，我是首次到阳朔，必须先了解全貌，构思，第二天才能作画，这是我一贯的作风。妻只能在旅店等候。我跑步夜巡阳朔，路灯幽暗，道路不平，上下坡多，当我略约观光后回到旅店时，一个黑影在门口已等了很久很久，那是妻，她哭了，其时社会秩序混乱，人地生疏，确是相当冒险。翌晨先到江边作画，无奈天下细雨，雨不停，妻打伞遮住画面，我们自己淋雨。当我要迁到山上画时，雨倒停了，却刮起大风，画架支不住，我哭了，妻用双手扶住画板代替画架，我听到了她没有出口的语言：还画什么画！到贵阳时我的食欲渐渐好转，因肝炎食欲长期不好，食欲好转意味着肝炎好转。后来检查果然指标正常了，有人认为我作画时是发气功，艺术之气功治愈了病，也许！

　　昆曲《十五贯》中，况钟等官员启封油葫芦的旧居，打开门东看看，西望望，用手指敲一下门、墙，便急忙张开纸扇遮、挥尘埃与落土，表演入微，美而真实。1973 年，我被提前调回北京，参加为北京饭店绘制巨幅壁画《长江万里图》。我到家，启开未贴封条的门，跨进门，立即联想到油葫芦凶宅。耗子大胆地窥我，不知谁是这屋的主人。房无人住，必成阴宅，我之归来，阴宅又转阳宅，我应在门前种些花，祝贺这户人家的复活。

　　大学均未开学，学院乃空城，我的全部时光可投入绘画，且无人干扰。饥饿的眼，觅食于院内院外，枣树与垂柳，并骑车去远郊寻寻觅觅，有好景色就住几天。画架支在荒坡上，空山无人，心境宁静，画里乾坤，忘却人间烦恼，一站八小时，不吃不喝，这旺盛的精力，这样的幸福，太难得。我一批七十年代的京郊油画，大都作于这一阶段。待妻返回北京，我们的家有了主持，才真的恢复了家庭。不久可雨也从内蒙古被招考返京任中学教师，一直到大学恢复招生时，他考取第一批大学生，进北京师范学院重新当学生，但他最美好的年华已留给了草原牧区。他带回一双硕大的牧羊毡靴，妻为我将那双毡靴剪开，缝制成一块平整的毡子，我用以作水墨画之垫。我七十年代中开始兼作水墨画，就作这样小幅的，大胆试探，完全背叛了当年潘老师所教的传统规范。一张三屉桌是全家唯一共用的写字台，因屋里放不下第二张桌子，这桌主要是我用，其次是妻，孩子们基本用不上。除了写稿、写信、写材料，现在要用它作水墨，它兼当画案了，妻要找写字的时机都困难。我改用一块大板作水墨，大板立着，我的水墨也只能立着画，像作油画一般，宜于远看效果。

　　山雨欲来风满楼，文艺界的温度表又直往上升。1975 年，青岛四方机械厂奉命制造坦桑尼亚至赞比亚铁路的总统车厢，邀我前去绘乞力马扎罗雪山和维多利亚瀑布，然后根据油画织锦装饰车厢。我不爱画没有感受过的题材，何况又是任务，本无兴趣，但为了躲开北京的文艺高温，便接受了青岛的避暑邀请。四方机械厂中有几位酷爱美术的建筑师和工程师，成了我的新朋友，尤其邹德侬更成了知音，他毕业于天津大学建筑系，绘画的基础本来就好。我的任务一完，他们便安排我们四人一同去崂山写生，我们住在山中解放军连部一间小屋内，很挤，仅能容身，好在我们白天都在山中写生，云深不知处。第一天车到目的地后，放下行装当即随车返回，因中途曾见一处景色迷人，我们到北九水下车，然后步行爬山返回宿处，一路跋山涉水，享受了一个无比开心的下午。但夕阳西斜，我们估计的方向却愈走愈不对头，山中渺无人烟，无处问路，爬过一岭又一岭，路消失了，攀着松树高一脚低一脚心里开始慌乱，因山里有毒蛇和狼，我们虽四五人，赤手空拳的人救不了自己。天将黑，终于看见了海，但还是不知身处何地。大约八九点钟，有人听到遥远的广播，急匆匆朝救命之音奔去，确是逃命，但大家都不敢吐露自己的惶恐。月光亮起来，广播声渐近，望山跑死马，我们终于到了平地，进了村子，夜半敲开了老乡家的门，歪歪斜斜挤在柴屋里待天明。此地已不属于我们所住连队的那个县，而是另一个县。翌日吃了老乡捕的活鱼，大队里派了一辆拖拉机送我们回宿营地。我后来捡回拳头大的一块山石，青岛一位同学王进家便在上面刻了"误入崂山"四字，此石今日仍在我案头，天天见。在崂山住的日子不短，管他春夏与秋冬，大家画了不少画，邹德侬作了一小幅油画，写生在写生中的我，形神兼备，我为之趣了首诗，现只记得两句：山高海深人瘦，饮食无时学走兽……

　　我提前从农村调回北京，为了创作北京饭店的壁画《长江万里图》，那图由设计师奚小彭总负责，绘制者有袁运甫、祝大年、黄永玉和我，袁运甫联系各方面的工作，稿子酝酿很久，待到需去长江收集资料，我们从上海溯江上重庆，一路写生，真是美差。在黄山住的日子较久，日晒风吹，只顾作画，衣履邋遢，下山来就像一群要饭的。我们去苏州刺绣厂参观，

02

02　在晋北写生（1986年）

在会客室听介绍后便去车间现场观察，离去时发现祝大年的一个小包遗忘在会客室，便回头去找，正好一位刺绣女工将之送来，她十指尖尖，用两个手指捏着那肮脏的包在空中，包里包外都染满颜料，她不敢触摸。我们一路陶醉在山水间，与外界隔绝，但到重庆时，情况不妙，才知北京已展开批黑画，催我们速返参加运动，壁画就此夭折。我利用自己的写生素材为中国历史博物馆创作了巨幅油画《长江三峡》，效果不错，人民大会堂要求移植成横幅，我照办了，效果也不错。但挂过一时期后，多年来电视上不见了，不知下落。

人民大会堂内全国各省市均占一厅，并负责装潢各自的厅。湖南厅设计张挂巨幅湘绣《韶山》，省委邀我去长沙绘巨幅油画《韶山》作绣稿。画幅五米多宽，高约二米，湖南宾馆的一个最大的厅让给我作工作室。画成，照例审稿，我最怕审稿。米开朗琪罗作完大卫像，教皇的代表去审稿，他欣赏之余，显示自己的眼力，说鼻子边略宽了一点。米氏于是拿着锤和凿，并暗暗抓了一把石粉，爬上梯子，在大卫鼻子边当当敲打，同时徐徐撒下手中石粉，当审稿者说正合适了，米氏便下梯。《韶山》审稿那天，大小官员及工作人员来了不少，他们将一把椅子安置在靠近画面的正中央，然后簇拥着主审进来坐进椅子，其他人均围在其背后，屋子里满是人。这位主审无官僚气，很朴实，像是一位老红军出身的高级领导。他左看右看，往上看时，问是否是船，谅是松枝某处像船形，微蓝的天空也可误认为水。大家一言不发，他当即拍板：行。当他站起来走出门时，回头看画，不禁高声赞扬：伟大！伟大！这时他真的看到了画的全貌。

省委同我商量稿酬，我说不要。问有什么事要协助，我略一思索，答：能否借辆车，在贵省境内跑半月，我要画风景。太简单了，他们立即答应，并另找两位青年画家一路陪同照顾，他们是陈汗青和邓平祥。我们快活得如出笼之鸟，振翅高飞，先到湘西凤凰、界首，听老乡说：这里风景有啥好，大庸的张家界那才叫好。听人说好，结果大失所望，这样的经验不少，

我负丹青·生命之流

不过现在有车，不妨试试，于是兵发张家界。车到大庸县，已近下班时刻，但是省委的介绍信、省委的车，县里岂敢怠慢，晚餐像是急促中制作的阔气。但他们尚无正式招待所，将几间办公室作为我们的临时卧房。

翌日直奔张家界，那是条为伐木护林的简易公路，一路坑坑洼洼，散布着大小石块，是运木材的大卡车摇摇晃晃的通道，我们的小车不时要停下来搬开石头，走得很慢，且一路荒秃而已，我心已凉。傍晚，车转入山谷，凸现茂林、峰峦，郁郁葱葱，景色大变，我想是张家界了，必然是张家界了。停车伐木工人的工棚前，工棚本很挤，又要挤进四个人，颇费调度安排。山中夜来天寒，工人们烧木柴取暖，围火聊天，给我们介绍山之高险，野兽稀禽，风云幻变。翌晨我们匆匆入山，陡峰林立，直插云霄，溪流穿行，曲折多拐，野、奇、深远，无人迹。我借工人们擀面的大案，厚且重，几个人帮我抬入山间，作了两大幅水墨，再作速写，但时日匆匆，已到返程期限。到长沙时已近年终，我写了一篇短文《养在深闺人未识——一颗失落的风景明珠》发表于1980年元旦的《湖南日报》。后来张家界扬名了，我那篇短文曾成为导游册子的首篇，据说有一处石门还被命名为闺门。张家界的领导多次热情邀我回去看看新貌，虽想去，总是忙，何日得重游。

工艺美院的课程是按单元进行，当进行专业设计课时，绘画教师便有时间外出写生创作。除了江南，我去胶东一带的渔村如大鱼岛、石岛、龙须岛等次数甚多。为了防雨，那里的房顶斜坡度大，厚厚的草顶，大块石头砌成不规则几何形的墙，这样的原始建筑形式极大方，寓美于朴。今日这些草房量已少见，但令我惊讶的是，1992年我到英国南方，见到许多乡村别墅与大鱼岛的渔家院的构成样式如兄弟姐妹，只是规模较大，质量讲究，在我的作品中可找见其真容。我画过不少渔家院，都带鱼腥，有一人画之院却无晾晒之鱼，我便将别家之鱼迁入，且甚丰满。我提着油画在村头走，一些老乡围拢来看，人们一看就知是谁家，于是有人惊叫，他家原来还有那么多鱼，因都知道这家早没有剩鱼了。

随渔船出海最美，打上来的鱼虾最新鲜，船上都备有锅灶，煮吃活蹦乱跳的虾，自然鲜美至极，但渔民们不备盐巴，我吃不惯，很遗憾。日晒风吹，我像渔民一般黑，渔民们不再称老师，改口叫老吴了，真感无比欣慰。老吴到食堂打饭时，往往不吃主食，专买鱼虾，人生走一回，这鱼腥的青春永不再来。

我向往西双版纳，1978年终于成行。听说有传统画家到版纳后大失所望，认为一无可画。确乎，版纳远远近近皆植物花木，是线构成的世界，天气总晴朗，百里见秋毫，没有烟树朦胧和一抹云山。竹楼虽美，楼下牲口粪便恶臭难当，少数民族节日才穿戴的华衣繁饰跟不上现实生活的发展。我2002年访瑞丽，竟没有了竹楼，便关心地探问版纳今日，据说也大变了。变，是必然，应鼓掌，但如何寓故情怀于新形式确是横贯于中西的大问题、大学问，但却被人们轻视了，或者说人们还没有解决难题的能力。竹楼与大屋顶，难兄难弟，将被消灭，或保留几个旧样板示众，没有血统后裔了。正如版纳妇女的优美线条代代相继，我们难于估计聪明的人们对未来生活的创造。

离了版纳，我经大理、丽江，从危险的林场道上搭乘运木材的卡车直奔玉龙山。我由一位青年画家小杨陪着，住到黑、白水地方的工人窝棚里，床板下的草和细竹一直伸到床外，吃的是馒头和辣酱，菜是没有的。都无妨，就是玉龙山一直藏在云雾里，不露面。你不露面，我不走。小雨、中雨、阴天、风夹微雨，我就在这阴沉沉的天气中作油画。大地湿了就像衣裳湿了，色彩更浓重，树木更苍翠，白练更白。就这样连续一个多星期，我天天冒雨写生，画面和调色板上积了水珠，便用嘴吹去。美丽的玉龙山下，湿漉漉的玉龙山下，都被捕入了我的油画中，我珍爱这些诞生于雨天的作品。我们的窝棚有一小窗，我就睡在窗口，随时观察窗外。一个夜晚，忽然月明天蓝，玉龙山露面了，通身洁白，仿佛苏珊出浴，我立即叫醒小杨，便冲出去就地展开笔墨写生，小杨搬出桌子，我说不用了，激动的心情恐类似作案犯的紧张。果然，只半个多小时，云层又卷走了一丝不挂的裸女，她再也没有露面。一面之缘，已属大幸，我破例在画上题了诗："崎岖千里访玉龙，不见真容誓不还，趁月三更悄露面，长缨在手缚名山。"太兴奋了，但我不喜欢将诗题在画面上，局限了画境，后来还是将诗裁去了。

艺海沉浮，深海浅海几巡回

　　1979 年，中国美术馆举办我的个展，这是我的一件大喜事，但开幕时我并不在北京，在重庆北碚。我是应重庆西南师范学院美术系的邀请前去讲学的。讲学之余偕美术系的老师们去大巴山写生，我们一直深入到巴山脚下的穷山沟。时值天寒，记得用木炭或木柴烤火，但也可能是春寒，因忽然一场大雪，满山皆白，雪止，又很快消融，消融处，一块块浓绿与乌黑凸显出来，迅速扩展，变形，于是白与黑之间在相搏相咬，真是无比华丽的黑白抽象画，我一直观望这抽象艺术的演奏，实在心醉，我的多幅春雪作品大都孕育于此，或最早孕育于此。

　　在西南师范学院美术系所作讲学的内容是关于形式美问题。新中国建立以来，一向是主题先行，绘画成了讲述内容的图解，完全丧失了其作为造型艺术的欣赏本质。绘画的美主要依靠形式构成，我也极讨厌工作中的形式主义，但在绘画中讲形式，应大讲特讲，否则便不务正业了。我多次参加全国美展等大型美展的评选，深深感到那么多有才华又肯下功夫的优秀青年，功夫下错，全不知形式美的根本作用及其科学规律、视觉的科学规律。经常有人在其作品前向我解释其意图如何如何，我说我是聋子，听不见，但我不瞎，我自己看。凡视觉不能感人的，语言决改变不了画面，绘画本身就是语言，形式的语言。当时的情况，一般人对形式美一无所知，须要像幼儿园一样开始学 A、B、C。我在西南师范的讲学满场沸腾，掌声不绝，他们觉得太新鲜了，而且能理解，似乎恨相知之晚。他们学院的学报要发表，我便整理成文稿：《绘画的形式美》。但后来并未见发表，我估计主编者有顾虑，害怕了。但《美术》杂志却来约了这篇稿，约稿人是吴步乃，并立即作为重点稿件发出。出刊后，掀起了波澜，当然有鼓掌的，但毕竟攻击者众，我成了众矢之的，我清楚地知道自己步了普罗米修斯的后尘。

中国美术馆主办的我的个展被不少省市邀去巡展，我也被邀去作讲学。我重点揭露极"左"思潮对美术的危害，甚至毁灭。我讲的全是现身说法，不引经据典。我竭诚推崇"实践是检验真理的唯一标准"。这些讲学的观点大致归纳在《内容决定形式？》、《关于抽象美》等文章中，陆续在《美术》杂志上发表了。须知，当时的《美术》可说是唯一的美术权威刊物，学美术者必读，影响极广泛，攻击我的文章也大都在《美术》上发表，我自知是落入是非之海了，沉浮由之，问心无愧而已。改革开放后的第一次文代会上，我被选为美协理事，接着被选为常务理事，我从未担任过任何社会职务，这回像坐了直升机了。在第一次常务理事会上，我提出对政治标准第一和艺术标准第二的质疑，满座默然。有人推一位权威发表意见，权威考虑一番后缓缓说：政治标准第一还是对的。我虽坚信自己的观点，但心里还是害怕了。后来看到作家协会的报道，他们也提出了第一第二分法不妥的问题，我才放了心。

工艺美院在新疆办了个班，教师轮流去上课。我上完课便去吐鲁番，刘永明做伴同行。目标是高昌遗址和交河故城。两个废墟里均高温四十摄氏度以上，旅游转一圈无妨，我要留在里面构图、写生、东跑西奔，汗流浃背。我备的是整张大高丽纸，一米多见方，垫的板子很小，不断挪动板子随着画面移位。纸上滴了不少汗珠，我所以用高丽纸，因它比宣纸结实，早期墨彩画在野外写生中完成的，基本都用高丽纸，这糊窗户的纸在我的艺术之道中立了汗马功劳。大约画了一个来小时吧，构建了大局及关键性的局部，实在受不了暑之酷，便不得不回到宿处继续凭印象和想象加工。宿处是地下室，舒适了，我慢慢琢磨，并将火焰山移来作高昌的背景，现实中她们永不相见，但人们心目中她们长相伴，在灼热中共存亡。我想表现亡于灼热天宇的高昌，从高昌念及玄奘，从干裂的遗址中窥探玄奘时代繁华的故国高昌。这幅画后来在中国香港、新加坡等处展出后，几经转手，最后苏富比以一百八十七万港币创在世中国画家的拍卖纪录。当香港友人来电话报这一喜讯时，我并不激动，画早已非我所属，倒令我立即回忆起在高昌的日子，想写信告诉高昌人民这一消息，无奈高昌断了邮路，信无法投递。

　　我与刘永明又一同去了阿尔泰，此行目标主要是白桦林。新疆方面给我们配了专车，有两三天路程。一路荒漠，天高云淡，天地之分一线而已。忽而风狂雨暴，冰珠击车，雷电交织，天地一片乌黑，颇为恐怖。道路已隐，草短花碎，吉普车在原野奔驰，四周色调有变而不见具象之物，我们在抽象之境中静听宇宙节律。那年月，车少，司机俏，我们竭力同司机搞好关系，一路同吃同住，平起平坐。这位司机年岁较大，朴朴实实，并不骄横，他背后问刘永明：老吴真是教授吗？我们住定阿尔泰，翌晨便奔白桦林，白桦，素白的身段，那乌黑的斑点，其实都是疮疤或被人撕去皮后留下的血红伤残，但却偏偏形成了色彩美的搭配。且树身高处又长着许多眼睛，这眼，只有上眼帘，没有下眼帘，仿佛窥人的秋波。白桦都生长在寒地，西藏、东北、北京百花山高处，我偏爱，但少见，今进入白桦之林，森林，且悄无人影，是我多年梦想之画境。从住处到白桦林，吉普车要爬四十多分钟，一路乱石乱坑，车既爬又跳，东倒西歪，加足马力，就像一头受伤的猛兽，狂怒地冲撞，我真心疼这位半老司机，深感歉意。我们刚到阿尔泰，便已有当地的青年美工们在等待，说久仰大名，表达学习的诚意后，便事事帮忙，做各方面的向导。他们提出要跟我们一同去白桦林，我无法拒绝，但车挤。早上装车待发时，他们能干，不让我插手，装完所有的画具后他们歪斜站着居然全部塞进了车。到白桦林后又是他们抢着卸车，卸完车，司机驾车返城里加油，我告诉他傍晚来接我们回去。我先欣赏一番新娘——白桦林，正预备作画，悲剧发生了：不见了我的画箱。我个人的悲剧变成了大家的悲剧，他们主要是来看我作画的。有人立刻将自己的画箱让我作画，我无奈，就打开这不习惯的工具动手作画。忽然村口桥头发出隆隆之声，儿童们叫：车又回来了。司机在加油时发现我的画箱遗忘在角落里，几天来的接触，他已明白我的工作和画箱的重要，半老之人的心地多善良呵，他冒着道路的艰难，立即将画箱送到了白桦林。我泪湿，想拥抱他。最后，到乌鲁木齐分手时，我送了他一幅自己的小画，他也许认为是鹅毛，但确是感受到人意之重的。

返国三十年，1981 年中国美术家协会派我、詹建俊及刘焕章三人访西非三国，我作为团长，另配英文翻译兼女秘书一人。先到尼日利亚首都拉各斯（1991 年 12 月迁到阿布贾）。我在黄土地上、原始森林中封闭了三十年，重见高楼大厦，现代生活，感到节奏频率的加速。其实，拉各斯的一切新建设都是西方国家的投资，我们不懂外交与资金及权力的关系，但恰恰遇到外交部大楼被整个焚烧，全部外交档案均消灭，据说是内部原因，自焚。残垣犹堵路，车辆绕道。我们同时带着各自的作品，每到一国须展示，属文化交流。布置草草，观众寥寥，倒是别国使馆来买了少量作品，款由我国使馆转交文联。我们感兴趣的是非洲人，他们的生活状况与木雕艺术。特别乡间，那才是非洲，藤树缠绵，黑色的居民懒懒地躺在林荫里，身上披一块布，伸手便采来香蕉，衣食简便。塞拉利昂小，马里穷。从马里转巴黎返北京，转巴黎停留三天，这是我们的焦点时刻。航班误点，抵巴黎已傍晚，我国驻法使馆派人在机场接。同时我也通知了朱德群。我注意接机的人群，先见到德群，后见到使馆人员，其中居然有我留法时的老同学董宁川。大家见面握手，自我介绍，使馆已安排好先到招待所住宿，但招待所远，参观博物馆不便，大家愿

01

01　与朱德群交谈（1997年）

住市内小旅馆，获得同意。德群约我住他家，但使馆有规定，不能住私人家，因此接我们的工作人员有难色，幸而董宁川已是参赞，他拍板同意了。于是德群帮大家联系了便宜的旅店后（我们的公款极可怜），说定明晨一早我们到旅店陪他们去卢浮宫。于是我如脱笼之鸟，跟着德群飞向高空，四十年的别离，我们今日又共飞，不知是欢乐，是哀伤。我们的老师吴大羽在庄华岳同学的纪念册上题词：怀有同样心愿的人无别离。

我 1947 年离南京赴巴黎，德群不久随单位离南京赴台湾，从此断了音讯。他 1955 年从台湾到巴黎，首先找我，而我已返国。他偕在台湾任教时的女学生董景昭两人在巴黎奋斗，那民族歧视尚很刺激的岁月，中国画家要在巴黎立足占一席之地，真是生存维艰。德群在巴黎艺海里终于

我负丹青·生命之流

游出了水面，日益引人瞩目了。他当时住在公寓楼里一个复式单元，楼下生活，楼上作画室，堆满了画，画幅均较大。他的写实功力很强，所作景昭像在春季沙龙获奖，但他很快转向抽象表现。特别是斯丹埃尔（N. Stael）的回顾展予他极大的启迪，那种大块、强对比中隐现生活形态的作风正适合了德群北方人的口味。抽象形式，仍不过是作者具象风格的演变和进展，因作品的动律永远缘于作者心脏的搏动。我们谈四十年来彼此的路，路崎岖，路曲折，甘苦有异同，而艺术中的探索却异曲同工。看了作品，毋须解释，正如我们讲的是母语，不用翻译。别后四十年来的生活谈得极少，没有工夫，也无从谈起，长歌当哭，不愿再歌再哭。我和景昭是初见面，当着她的面，我们的谈话令她更深一层了解德群。他们客厅里的沙发拉平便是我的卧床，这一夜，床其实是没有必要的。翌晨，早点后，景昭已准备好一大袋吃的和喝的，是考虑詹建俊他们在卢浮宫可参观一整天，不必为午餐费时间。待我和德群到达小旅店，詹建俊和刘焕章等早已下楼等在店门前，刘焕章心切，已显得不耐烦，待他们见到德群为他们带的食物，心头当别是一番滋味了。我们到卢浮宫后，德群说明路线等问题，交给了食物，看他们进门后，便和我去看一些新画廊，卢浮宫老样，我们不看了。我们跑了不少地方，德群介绍我近十年来巴黎美术的新动向，而我却感到并无多大新意，装腔作势者多，美术岂已山穷水尽，将被人们唾弃！

熊秉明陪我到大书店参观，我选了几本画册，付款时秉明准备了支票，但我有钱，自己付了。他有点惊异，我说在非洲卖了些画，款都交使馆转国内文联，大使感到不很合理，因我们太穷，便先支给我们少量外币，秉明听了点头有喜色。我们在母校附近往昔常常去的一家老咖啡店里长谈，额头的皱纹对着额头的皱纹，两个年轻人在这咖啡店里老了三十年。秉明讲一个故事，几个白俄每隔一时期便相叙于某咖啡店，坐下后先打开一包俄国的黑土，大家对着黑土默默喝黑色的咖啡（不加糖的咖啡谓黑咖啡），我这回没给他带来一包黄土。他提了一个尖锐的问题：如果你当年不回去，必然亦走在无极和德群的道路上，今日后悔吗？我摇头，我今日所感知的巴黎与三十年前的巴黎依旧依旧，三十年前的失落感也依旧依旧，这失落感恐来自故国农村，我的出生地，苦瓜家园。

三天黄金的时光匆匆流去，我们这个微型代表团又到了戴高乐机场，德群赶到机场送别，夹了一幅他的作品送我，包得很严实，何日得再见，泪滴胸前，詹建俊等亦显得黯然。

我在那令人诅咒的前海大杂院住了二十余年，孩子们一个个长大将结婚，住房的问题比天大，燃眉之急，走投无路。忘掉那艰难的过程吧，终于在劲松分得两个小单元房。我和妻及乙丁夫妇、小孙吴吉搬入了新居。因新楼无存车处，每日扛自行车上下楼极不便，家人也一致反对我再骑车，说年岁大了反应慢怕出事。秦琼卖马，我卖掉了劳苦功高的宝马，时值八十年代初。妻下厨虽用上了自来水、煤气，但她上班可远了，每天一早出门，从劲松到前海美研所至少一小时，傍晚回家已十分疲惫。她天天挤公共汽车，有一天回家，她并不愉快地说：今天车上有人叫我老太太，让我座位。她惊讶别人说她老了。是的，她开始老了。她索性提前退休了。于是她有机会跟我下乡写生，她工作以来，除了下放劳动的岁月，几乎没有离开过北京，今随夫君走江湖，换了人生。我们到巫山县住下。我每次船过长江青石洞与孔明碑之间，看到华丽的石壁，缘于石纹、石洞、壁上附生的灌木、藤萝……组成曲折缠绵的华章，苦于船速太快，难于捕获其美其魂。故这次先住巫山，从巫山坐小船到不太远的青石洞山村住下。青石洞是个荒村，村中仅一家农民客店，只两间客房，一间住男，一间住女，当时并无客人，只我夫妇二人，女老板坚持我们各住一间，颇不便。女老板以其家面对神女峰为骄傲，坐在家门口便可画神女峰，并确有不少画家来过，签名本上还有我的熟人。她夸夸其谈，摆开八仙桌，招待十六方，真是一个江上阿庆嫂。她奇怪我并不画神女峰，似乎有点失望。从她家走到沿江看石壁还有较长一段路，待我到江边坐下画那庞大的石壁时，妻也

我负丹青 · 生命之流

试着画，画不成，她沿江观赏去了。许久许久没回来，我意识到隐忧，小径极窄，悬崖万丈，一失足成千古恨。我放下画具沿江找她，只此独径别无歧途，我连叫带跑不见人影，真着急了，这时候，我感受到不要艺术只要人了，几乎要哭,哭我这个已被人视为老太太的妻为了我的工作而失足！很远很远处终于发现了她，她却悠闲地同一位农妇聊天，重温年轻时她那一口地道的湖南腔。返京后这篇峭壁华章我始终没有画好，最大的一幅丈二匹也不理想，题名巫峡魂，在台湾历史博物馆展出时被馆方要求留给他们，就留下了。离了青石洞，我们进小三峡，直至古镇大昌，妻非娇妻，她也同样能吃苦，她感到我外出写生真苦，事事相助，其实我这时的写生条件比之七十年代已优裕多多了。

我们到山西芮城看永乐宫，芮城穷极，人们吃不饱，愿永乐宫的艺术引来游客，救救守着传统的苦百姓。过潼关，下洛阳，我的目标是南阳汉画像石。偌大一个洛阳城，却找不到我们二人的下榻处。因临近牡丹节，将有七十余个会议要在洛阳举行，大小旅店已被包一空。我们坐在马路上等，等一位热心青年，美术爱好者，他终于帮我们找到过夜的处所，还是美术救了美术家。

牡丹我是不看的，看龙门，看满身窟窿的龙，看早已定居海外的佛像的旧巢，旧巢空空，应标明其主人今在何国何城何处享福、落难！我们继续赶路，到了此行终点南阳，刘秀的故乡，皇亲国戚大墓多，墓葬画像石多，已建之汉画馆虽不宏伟，但藏品甚是宏伟，几日徘徊其间不忍离去。一日，忽遇大群儿童，举红旗，由老师领着奔进馆来，马不停蹄，又匆匆出馆，扬起满馆尘埃。原来那日是清明，老师领学生往烈士陵园扫墓，扫墓毕，归途经汉画馆，顺便参观学习。我忆及初到巴黎时，上美术史课只能听懂十之五六，自己法语听力太差。某日在卢浮宫希腊雕刻展品前，遇一小学女教师，极年轻，正对学生们讲解一件件展品，讲其时代背景，分析其造型特色，字字清晰，我跟着听，句句听懂了，这是我到巴黎后第一次享受到听课的满足。我们的孩子们面对传统珍宝，毋须满足？老师们无能给予他们满足！就在这次旅程中，我写了一篇短文《美盲要比文盲多》，发表于《北京晚报》。

再上黄山，妻偕行，宿北海宾馆多日。下山前日天雨，我作速写，妻为我撑伞，此情况被刚上山的一位法国人看到。北海仅一家宾馆，夜晚那法国人托翻译来访，知我能法语，便亲自来叙。我们谈到巴黎，谈到我的学习，谈到熟人，他看了我的速写本。最后他要求我明天让他照一张我写生的相片。但我们先已决定明日一早下山。他是一位较有名的摄影师，名马克·里布（Marc Ribout），多次到过中国，摄取中国的山水人物，曾在中国美术馆举办过个人摄影展，应该说是国际友人吧。便约定明日一早拍摄，照完我即下山，奉赠给他两个小时，我对时间从来是吝啬的。翌晨微雨，我在微雨中写生，妻照例为我打伞，估计这作品将是真实感人的，他说会寄给我，我们便告别。别后杳无音信，德群却无意中在一本时事杂志（Actualit）中发现了碧琴为我打伞的那张黄山照片，便剪下寄到北京。作品无任何说明，在作者眼中，我们是他猎取的妇女小脚或男人长辫，他骗取了创作资料。正如我之估计，照片是真实而感人的，是极难遇见的黄山神韵，亦收入了他的个人大本影集中。后来出版我画集的多家出版社采用了这照片，问我有无版权问题，我说侵权的是这位法国佬。多年以后，我的知名度不断扩展，一日，一位自称是皮尔·卡丹的代理人找到了我的电话，说有二十来位法国文化名人来访中国，其中一位摄影师马克·里布想采访我，我断然拒绝。

画不尽江南村镇，都缘乡情。我到过的村镇不少，写过一篇短文《水乡四镇》，即柯桥、直、乌镇、朱家角。后来听说有周庄，1985年我偕妻从苏州搭轮船到了周庄，住进唯一的一家旅店，房临街，一早便看楼下的早市，鱼虾新鲜而便宜，我们常买了拿到搭伙的干部食堂请厨娘加工。早市过后，人散尽，颇有寻寻觅觅冷冷清清之美。我画小桥流水人家，画窄

02

02 吴冠中夫妇在黄山
写生（1983年）

巷通进深深庭院，画断垣残壁。我对周庄的赞语：黄山集中国山川之美，周庄集中国水乡之美。有一处老墙全系砖砌成，倾斜将塌，其上却长着肥硕的仙人掌，返京后作了幅水墨《老墙》，颇有特色。有一座桥上改成平台，台上架了个铁皮小商店，堵住了视野，破坏了水乡之优美身段，我为此写了篇《周庄眼中钉》发表于《中国旅游报》。人微言轻，这种文章发表了也就完事了，不意引起了旅游局和周庄所属昆山市的关注，启迪他们对周庄的旅游开发。赚钱，发财，力大无穷，谁也挡不住。今日周庄，人山人海，真如聊斋故事荒家一夜成豪宅，因之我又写了篇《周庄——魂兮不归》。

1987年酷暑，中国油画展在印度国家美术馆展出，中国方面只派我一人前去参加开幕。其时中印关系处于低谷，大概由于早签订的文化交流协议，这个油画展只是应景而已。我为了看印度的风情与艺术，在四十余度的酷热中煎熬。接待很冷淡，住一个宾馆的地下室里，使馆给我送来热水器，馆方看这条件也会估计这是印方有意刁难。我要求参观的地区往往受到限制，他们以各种理由推辞，我知道我是误入政治外交之途了。展览开幕前，由使馆人员陪我去拜访了一些他们当代的主要画家，这些画家家里都阔绰，大宅院里花木繁茂，豢养着大狼狗。介绍后都客客气气，我们送上请柬，都表示欣喜，但开幕时一个也没出席。开幕那种冷落气氛，令人尴尬，这是中国油画展，时间是印度最热的六月天。因只我一人代表中国，既是团长又兼走卒，我天天守在展厅，要听听反应，但几乎没有观众，画展给谁看，展给我这个中国代表看。

印度人很美，深褐的肤色，瘦的精悍，肥的丰满，天热，几乎近似裸体，妇女披轻纱，风韵翩翩。旧德里老街五彩缤纷，十分好看，虽气味不佳，恰好我嗅觉先天不灵。坐过一次某县地区的公共汽车，是铁皮车，已生锈，窗极小，仿佛押犯人的车，谅来今已大变。印度不仅人美，鸟也美——孔雀。印度的女翻译临别时送我一把孔雀尾羽织成的团扇，极美，惜今已灰暗破损矣。

03　1987年9月，吴冠中拜访林风眠老师于香港林先生家中

　　世界七奇之一的泰姬陵当属印度的骄傲，游人必至。然而我不喜欢这种珠光宝气之美，非美也，只是世俗的漂亮。如果杨贵妃不死于马嵬坡，李隆基为其建豪华之陵，也很难说是怎样的艺术形态。离陵入口尚远处便必须脱鞋赤足前行，烈日照晒的大理石地面烫足，痛如行刑。人们忍痛要去看宝，我是深入宝陵空手回，什么也没有印象了。出得门来被小贩紧紧包围，强卖纪念品，我不买，他们不放，便买了一本小册子，谅系旅游胜地介绍之类，后来一看，原是各式姿态的性交石刻，刻得极好，虽残破，形神兼备，神胜于形，是有名的神庙石雕，庙因性雕刻而扬名，此真春宫也。可惜我已无时日前去，庙名太长，记不住，曰：KHAJURAHO。

　　1987年9月，香港艺术中心为我举办回顾展，妻同行。一朝被蛇咬，十年怕井绳。妻最怕坐飞机，因抗战胜利从重庆返南京时，轮船、飞机紧张，都须排队等候，我先到了南京，在卫生署找了临时绘图工作等待出国，妻的航班排在后期，她单位知她等结婚，照顾她，将她与另一女同志对换，提前赴宁，后来那女同志的航班失事，替代妻遭了殃。妻内疚，从此视坐飞机为险途。今同我共乘一航班，生死共命，畏惧心情大大放宽，但她又担心此去香港首次个展，忧喜不卜。她虽第一次去香港，倒并不羡慕花花世界，同我一样关注于展厅。开幕在晚间，已记不清主持的领导官员们，我一味等待林风眠老师，我们说好去接他，他说有人送他来，其实他是坐出租车来的。我一直紧跟他看每一幅作品，同行们也一直围着，笑眯眯的林老师却一言不发，最后他只说了一句评语："基本功不错呵！"躲开了一切媒体的炒作和是非争论，老师只看了学生的作业，题写了画册和展览的标题。他离开展厅后，我才陪同一些重要人物，答复媒体的提问。翌日英文版《虎报》以"顶峰"评价我的作品，其时内地对我早已争议纷纷，港报却一片好评，新华社驻港分社社长许家屯看了一个小时展品，认为我正如日中天。

我和妻去访林风眠老师，他先在电话中问有无别人，我说没有。本来是有几个人想乘机跟去的，但林老师总是闭门谢客，他极少出门，偶尔在街上被人认出："你是林风眠先生吗？""不是，不是。"找到他的寓所，按铃，他亲自来开门。倒茶，他说义女冯叶去巴黎了。家室空空，老师如深山老道，无发无须，自谦打扫佛堂的小和尚。我想看画室，他说没有什么好看的，乱七八糟，看来画室不大，反正他经常作四尺对开的画幅。幸他身体健康，后几天冯叶回来，他安排我们到最新建的大厦用自助餐，我和妻注意到他喝啤酒和吃肉都比我多，甚感欣慰。在他家照了许多照片，都是妻用傻瓜相机拍的，却拍得很好，都早已发表于各类画集和文集，有心的读者谅已见过。许家屯先生为贺我画展宴请少数宾客，他很高兴终于请到了林风眠。席间大家对林老师最感兴趣，因难得一见。林老师也很高兴，说话不少，说他本名凤鸣，自己改为风眠，不叫了，在风里睡觉了。别人问他每天什么时候作画，他说多半在夜里，大家叹息无法看到他作画了！我插话：作画像鸡下蛋，你看着它下不出来。满席大笑，林老师也咯咯地笑，像个孩子。其实，真正画家下的蛋是带血的，林老师夜半所下的带血的蛋往往被美展拒绝。

　　第一次香港个展后，我每年为海外个展奔忙，新加坡、日本、美国、英国、法国……妻偕行。1988年日本西武百货店举办中国博览会，店里展销的商品全是中国货，在店的心脏展出中国的文化，有楼兰遗址图片及黄山摄影，再就是我的水墨画展。那是荣宝斋中介的商业性画展，卖得很好，西武很满意。西武老板同我商量，说他们明年搞巴黎博览会，全部展销巴黎商品，想邀我去巴黎写生一月，我的巴黎作品展就作为巴黎商品展的心脏，并邀我妻同行，全部费用与手续办理由西武负责。回巴黎写生一月！我同意了，全不考虑他们商业上的企图，妻也很乐意，是意外之喜。自从香港第一次回顾展后，我的作品在商品市场颇受青睐，香港一家美国人开的画廊万玉堂多方收集作品，举行我的个展，开幕请柬发出，想预先订画的人太多，只能按号先后进门抢订，晚上开幕，早上便已排队取号，当然是家里的用人去排队，香港报纸评介，说买楼房排队的事有，为买画排队的事属首例。后我在日本见到万玉堂老板，他说店门的玻璃都被挤破了。其时画价不高，西武着眼于价廉物美及我曾留学法国的条件吧。我不问市价，一味想重画巴黎。

　　1989年，春寒料峭，我与妻住入凯旋门附近的一家三星级饭店，离西武驻巴黎办事处甚近，是他们选订的房。我先买一本地铁手册，重温学生时代的交通路线，路线基本依旧，这样，地铁加步行，我们看遍了巴黎的大街小巷与方方面面，今天我以中国画家的眼光来剖析学生时代的洋巴黎。我只通知了德群和秉明，不与外界及使馆联系，一心一意，全神贯注追捕既是故乡又属异邦的巴黎，要解开我的巴黎情结。

　　从五六十年代起，我背着画箱在野外创作，边构思边构图，然后移动画架写生局部，整体意境是主观营造，而局部的真实保证了浪漫的虚构都在情理中。这样的创作过程在风雨烈日中进行了近三十年，八十年代后，我逐渐只用速写在当地构思构图，怀孕，然后回到北京制作油画或墨彩，体力消损少，分娩条件好多了。画面也就日益趋向写意、意象，油彩与水墨间的疆界更模糊了。这回巴黎写生，时间紧，当然采用速写，同时用傻瓜相机摄取一些局部形象，补充记忆。风雨无阻，我们每天早点后即带着画具和雨伞下地铁，根据我计划的日程穿透巴黎，猎取巴黎的旧貌新颜。妻也看尽了巴黎的繁华与凄怆，从红磨坊的裸舞到断垣残藤及广告板下的露宿者。我学生时代的两地书里谈到的巴黎种种，一一给她印证，尤其我那母校美术学院，她当年想象是遥远的天国，今天看到的却是古老而并不气派的普通院落，只点缀着许多雕像和壁画。我写生期间，无须打伞时，她便在附近观光，不通语言，不敢走远，有时在一旁小公园的长椅上休息，常有牵着狗的老太太来同她聊天，用手作聋哑语，相视而笑。午餐无定时定点，总在各处小咖啡店喝饮料吃面包夹火腿。夜，不能再工作，找中国饭店吃中餐，我们都不爱西餐。

　　二十余天的紧张工作，我感到资料已搜集得差不多了，两大本厚厚的速写，封面已很邋遢，便是这次收获的全部珍宝，谁要偷走这两个本，那是逼我上吊。我开始带她参观博物馆、大商场，并和德群及秉明约定活动日程。秉明夫人丙安及秉明侄女开车去访梵·高墓，学生时代我没有到过奥弗，当时也未探听梵·高墓在何处公墓中。凄风苦雨，两兄弟的墓碑立在墙脚的常春藤间，我们伏在墓碑上照了相，其时无有麦浪，无有乌鸦，而许多大墓上的塑料花经雨淋后显得分外鲜艳凸出。我只画了梵·高所画的教堂，自己名之曰"梵·高教堂"。另一日德群夫妇开车到齐凡尼莫奈故园，在远郊，路不近。池塘、垂柳、睡莲、日本桥，风物依旧，鲜花盛开，可能较莫奈当时更茂盛。工作室甚大，如厂房，谅晚年才能建此规模之大画室。我在巴黎书摊上买到一张明信片，是一位

04

05

04　在巴黎蒙马特（1989年）

05　在巴黎协和广场（1989年）

06　重访巴黎国立高等美术学
　　院原教室庭院（1989年）

白须黑衣的老头闲坐在园林的椅子上，一看说明，就是晚年莫奈坐在他的家园，正是我们此刻脚踏着的这个家园。莫奈给我最深的感受是：印象派一直不被官方艺坛认可，待名满环球，法兰西学院给晚年的莫奈提供一把交椅，他谢绝了。返京后，趁印象犹新，立即动手作巴黎的油画及墨彩画。画幅不大，有的甚小，是西武提供的尺寸与画布画框，他们是依据日本家庭居室小，挂不了大画的实际需要。作品完成后待秋季运往东京展出，此次仍由荣宝斋中介。展出时我和乙丁去了东京，开幕四十分钟，作品被订出十之八九，大部分是香港藏家和画廊闻讯赶来抢购的，日本藏家及喜爱者反而近水楼台未得月。西武负责人对我说：你是成功了，但我们失败了，我们本意是培养你在日本的市场。我们想邀请你到京都、奈良作画，在东京展销，希望你合作。我婉谢了。

这一年真忙，当完成巴黎作品，交给荣宝斋后，我便偕妻飞旧金山。两年前旧金山中华文化中心与我订约，于今年六月起我的个展在他们中心及伯明翰博物馆、康萨斯大学艺术馆、纽约州圣约翰博物馆、底特律艺术馆五处巡展，为时约近两年。我抵旧金山时正在布展，我们便应朋友之邀先去大峡谷观光，佳士得鉴定专家黄君实偕行。未见纽约，先看西部荒漠；未见画廊，先看赌场。大峡谷大而无当，远不如云贵高原崇山峻岭之气势。评论家高居翰及李铸晋等参加展览的开幕与晚宴。参观展览的洋人较多，遇到几个专门赶来展厅的洋人，目的是找我鉴定他带来的我的作品，水墨画，是中国买的，有香港买的，有真的，有的是荣宝斋的木版水印。

有友人劝我们留下不归，可代为安排一切。当我年轻时，通语言，熟悉巴黎，尚未恋其梁园，如今大半身已埋入故国黄土中，更拔不出来了。

我们飞往东岸纽约、华盛顿、波士顿，主要是看博物馆，欲阅尽天下名画。波士顿博物馆以藏中国古代书画著名，藏品虽多，但展出的不多。负责人吴同介绍，日本人投资正在扩展装修日本馆。明治维新时，许多古老的日本画被抛掷出来，颇似打倒孔家店，因此波士顿获藏不少。今日日本人悔矣，故出资在西方保护其国宝。而我在东京博物馆曾见当宝贝珍藏的西方绘画，不过是些二三流以下的东西，托崇洋之福高踞东土。纽约大都会博物馆有一件庞大的中国展品，曰《明轩》，那是美国人自己出钱克隆的苏州拙政园一角殿春簃。殿春簃无水，无水则失江南园林之魂，不知是谁拍板选定了这无水的园林一角。而在美国的不少日本式园林据说是日本人自己建造的，他们将日本式园林建设在美国土地上，让人欣赏日本风光。唐人街虽有点像中国租界，熙熙攘攘都是中国人，但其地位远不同于昔日上海的外国租界，甚至相反。

美国画画幅均大，出了博物馆便难找归宿。今日世界上似乎大画成风，大都为了展出时凸显身手，这些画件除博物馆收藏外，展毕便成废物。而博物馆里这类废物亦多，建多少博物馆亦容不下太多的废物，应建一个超大的废物博物馆，容雄心勃勃的画作进去一展，然后归入废物处理场。蓬皮杜博物馆的展品不断更换，淘汰，必然需要无穷大的仓库——废物处理场。作品之优劣不决定于幅面之大小，弗尔美的作品最小，其价值重量非高个儿大汉能超越。无论卢浮宫、大都会、伦敦国家画廊，观众最密集的还是印象派及其后的并非以大惊人的作品。我国媒体爱宣传最大、最长、最……的作品，我对"最"很反感，华君武作过一幅漫画，以晾晒的长长的老太婆的裹脚布比之某些自夸最长的画作。有出息的年轻画家，力求艺术质量之提高，丢掉以大占位的包袱，人们大都习惯于在平易合适的距离欣赏造型艺术，日本画小幅多，是适合其居家生活环境的，艺术的最大出路是结合人民的生活与感情。

我只在美国逗留两个多月，便匆匆去东京赶巴黎博览会的开幕。在美国的展览巡回需一年半以上，由作品去巡回，我走了。

戎马倥偬，不断在国际上的花花世界奔忙，不无厌倦感。于是偕王秦生去晋北河曲，由他向导，找黄土荒漠之典型地区，石鲁确曾表达了这里的特色。山土被雨水冲刷，满山皆沟壑，颇似老虎斑纹。若那山形似巨大动物，或伏或卧或昂首或回顾，沟壑随之，便活生生绘出了虎之群。我到黄土高原的第一感受便是面对了壮观的虎群。千万年来虎群孕育了炎黄子孙。我看过黄土高原，引起了画老虎的欲望，画过老虎，再画高原，我称之谓老虎高原。回忆在昆明滇池看西山，都说那山岭像卧美人，头、胸、腿、脚，身段优美。有一次在课室中，我将模特儿卧倒近乎山岭之起伏，同学作业中的腿写实模特儿，大都感觉短，不舒畅。我以西山卧美人为例谈错觉，说他们作业中的腿短了五百公里，他们很快领悟绘画中的气势与神韵。因之后来到苏州园林画太湖石时，石之形中隐隐体现着人体之伸展与蜷缩。

我和王秦生在贫穷的山沟赵家沟睡同一土炕，朝暮相处，似又回到了下放李村的劳动岁月，那时我们也曾睡同一房东家的土炕。俱往矣，未往也。我们晚间访老乡家，此处老乡比彼处老乡穷多了，只有十块钱的积蓄便将之藏在壁洞里，表面糊上泥巴。乡里干部为我们的到来宰了一只羊，当地有名的柏子羊，因吃了柏叶之故，味美，我吃了，甚内疚。

人，穿戴衣冠，士、农、工、商、兵与官，我都不敢画，怕丑化。自从画了那个"麻子"女生，便连自己的家人也不敢画。但画过不少藏民，他们美，他们的形象具特色，别人也不辨我画中人物的美丑了。此外，画过一幅岳父的像，很成功，既像又具造型美，全家满意。这因他本人浓眉、大眼、厚唇，是理想的老人风度，激发了我的画意。我这幅唯一优秀的油画肖像，却被我岳母在"文革"中毁了，因岳父系地主成分，岳母怕留着地主丈夫的遗像贻害子孙。脱尽衣冠，赤裸裸的人，没有了社会属性的人，属于造型领域中的模特儿，我半辈子在赤裸裸的人体中探寻造型规律，神韵与节奏。一部西洋美术史几乎是人们对人体审美的发展史。跨入九十年代，回顾四五十年代的课业，苏弗尔皮老师的教益，但作品却一件也没有了，包括人体速写都在"文革"中毁尽。于是借工艺美院一间教室，我自己雇模特儿，由钟蜀珩陪着画了一个月人体。我是想梦游学生时代的巴黎课室，看看当年自己作业的面貌。然而生命不能逆流而返，我今日的人体中已融入了风景意味，难见旧时的原型了。后来将这些人体作品印集，题"夕照看人体，谁看白首起舞！"

香港在不断拆旧街改建新楼，1990年香港土地发展公司邀我去绘将拆除的旧街，妻偕行，为时一月余。我成长于旧社会，惯看旧房旧街，日久生情，常爱画古宅老街。土地发展公司老板也爱惜这些老街，但任务在身，不能不拆。他半开玩笑说：画下这些将消失的美丽老街，为我赎罪吧！如果说香港的中西结合的特色引起我作画的兴趣，则探索表达这一特色的语言却煞费心机。屋漏痕的笔墨、中锋或侧锋的苔点，已与今日香江无缘；莫奈的大街，马尔盖（Marguet）的码头，也都套不上二十世纪九十年代的东方闹市；香港老街的狭窄与密集似乎有些邻近尤特利罗的小街小巷，但又全非那种淡淡的哀愁的情调。现代建筑的直线、大弧线、素净的面、穿凿的道、锋刃的顶……是交响乐、是龙虎斗、是杂乱的篇章……由画家自己去组织自己所见的斑斓人间。人间，不爱高楼爱人间，我作了幅油画《尖沙咀》，画外话：红灯区、绿灯区、人间甘苦，都市之夜入画图。我爱通俗，通俗与庸俗之间往往只一步之遥，琼楼玉宇的香港充满着庸俗与通俗。最入画的是即将拆除的鸟街（康乐街）、李节街和花布街，亦即土地发展公司老板同样认为布满了时代烙印的历史遗迹。他一面惋惜，一面故请我用艺术来表现她们永恒的风采！香港弹丸之地，因争夺空间，成了全世界最大的建筑博览会。老巴黎保住了，新巴黎拉·台芳斯从老巴黎延长出去，造型的发展与历史的延伸同步，得天独厚。我国的问题大，保护文物建筑或力主发展都是硬道理，但两者必然矛盾。无奈我们的砖木结构建筑不争气，经不住岁月的考验，自己不断坍塌，未老先衰。

年龄飞升，看寰宇块垒

　　妻自从在公共汽车上被人叫老太太后，我们无疑已进入老伴阶段。她退休离开办公室后，伴我走江湖，参观世界上的著名城市，开了眼界。居家自己做饭，孩子们都已成家分居，平时只我们两人生活，做饭也简单。1991 年早春，有一天她买菜回来，半途头晕，在路边坐着休息，回家后仍不好转，晕且呕吐。第二天乙丁回来帮忙送三〇一医院，因该院一位名大夫是相识，凭这点关系留院观察。无病房，临时在楼梯下架一床，时病人已感天旋地转，不能吃喝。我以我背支持她坐起来喝水，喝一口水便满身是汗，看来形势严重。CT 检查尚未血栓，但显然是脑血栓症状。用维脑路通等药物点滴几天后，病情缓解，能起床走几步，考虑等床位住入神经内科病房治疗。但那位年高的名大夫认为可出院回家了，他是好意，是感到住院条件太差呢，或他其实对此非内行，我们当然信他这位相识的大夫，他应是为我们着想的。回家后两天，病情急剧恶化，名大夫也着急了，他带着他昔日的学生，今日神经内科真正的专家曹起龙大夫一同来家诊视，曹大夫一看，说立即返院急诊。再用 CT 检查，脑血栓已形成，且栓在要害部位，有生命危险。从此我们家陷入恐慌中，儿子、儿媳轮班去三〇一医院守护。小孙孙也闹着去，不让去，因奶奶的脸和嘴都歪了，孩子见了会惊哭的。用了不同的药物，只知有从毒蛇提炼的酶。也请了名中医来诊治，他背后对我说这属三大恶症之一，摇头表示难治。请了女护士整日守护，我奔走于劲松与三〇一医院之间，此情此景见《他和她》，我不再回忆。经过几个月的治疗，老伴一天天好转，上天知道我们相伴的岁月不够，补她年寿。

她回家了，女护士也跟来我家当保姆。其时法国文化部授予我文艺最高勋位，我将勋章给她看，她淡然。小孙孙先抢去看，她只说：你也真不容易。

老伴的病情在逐步康复，开始在室内练习走步，我将画室里的大案拆除，腾出地方让她学步，我只在室之一角用小画架作小幅油画。一日，我正作画中，她居然倒了一杯热茶颤巍巍地送到我面前，我感到喜悦与悲凉，回忆遥远的往事，追溯梁鸿与孟光。大夫说脑血栓治愈后第一年内的复发率有百分之六十，以后逐年减少，我们分外小心，一直未复发，但仍有后遗症，左眼总不舒服，睁不开。中学时代的她，眼睛是全校最美最亮的，如今老用手按抚那只病眼。不是眼有病，是由于微血管不畅，供氧不足。当她睡倒，地心引力减弱，便舒服多了。反正，她生活得不完美了。她常自慰，在病前已看到了外面的世界。十二年后她病复发，住院昏迷一个星期，医院发了病危通知，但竟又奇迹般复活了。当她昏迷期间，同室的病友评议她：这老太太年轻时一定很漂亮，看她那双大眼睛和双眼皮。

我的知名度渐渐被人利用。我有些老学生，辛辛苦苦在艺术中拼搏，少数已在美术界立住脚跟，大都默默无闻，生存维艰。我想为他们举行一次师生画展，利用自己的知名度，嫁出自己抚育过的老闺女。在艺术学院任教时的学生，老伴全认识，甚至比我更熟悉，因都要向她借画册，她的善良和耐心博得全系同学的赞誉和尊敬。她一向认为多一事不如少一事，但这回她却竭力催促我举办师生展，并为参展人选问题提意见。后来师生展在历史博物馆开幕时，她已病倒住院，参展和参观展览的同学们要到医院去看她，我不让，地址保密，但钟蜀珩还是一人独自前去找到了病房，在窗外偷看了情况，哭着离开了。

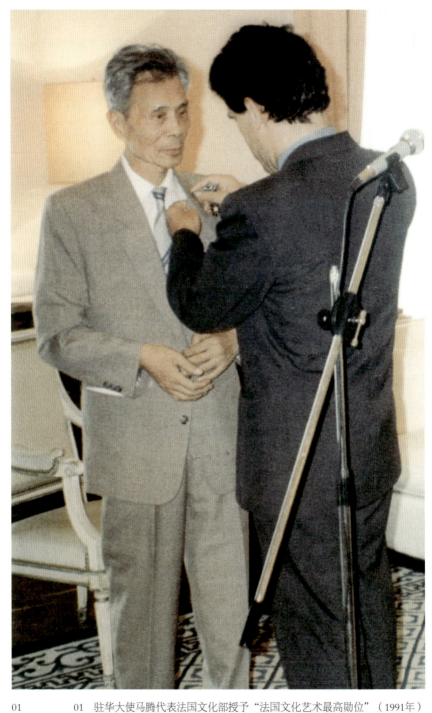

01　　　01　驻华大使马腾代表法国文化部授予"法国文化艺术最高勋位"（1991年）

我负丹青·生命之流

02

02　返故乡宜兴（1991年）

年龄飞升，看寰宇块垒

同学们对她比对我更亲，她总批评我对同学对同事太严肃。也许她有理，但在艺术上，我永远是严肃的。我原意将展览定名为"叛徒画展"，学生在艺术上对老师不可亦步亦趋，可以，应该，鼓励有背叛老师的思想和胆量。开始大家为"叛徒画展"的命名鼓掌，但后来冷静下来，"叛徒"这个可怕的名词将引起麻烦，为免惹是非，平安展出，妥协了，套用了毫无内涵和性格的"师生画展"。吴大羽老师说：贼（害）人者常是师，信人亦足以自误。教过我的老师为数不少，我能全信他们吗？ 1993年，香港艺术馆举办"二十世纪中国绘画展览"及研讨会，包括主题展"二十世纪中国绘画——传统与创新"及两个专题展"澄怀古道——黄宾虹"和"叛逆的师承——吴冠中"，我衷心感谢赐我这顶桂冠：叛逆的师承。

记得1979年中国美术馆举办我的首次个展，中央电视台录了像，我很高兴，后来他们提出要求我作什么画，我没答应，因此录像就不播，录像带洗掉了，从此我对电视台的活动不参加，很反感，太丑了。九十年代初，几个老学生劝我上太行写生，我乐意前去。临出发在北京站集合时，才知他们预约了中央电视台的摄制组随行，我很不高兴，他们一再解释，是电视台主动要求的。你不通知，人家怎能知晓，须知，我作画是不愿人看的，何况我早对电视台有成见。他们一再保证摄制组决不干扰我的工作，这种保证是废话，但事已至此，老伴常劝我做人不要太过分，只好勉强对付了。但这次行程中，我发现孙曾田是有智慧，且是为艺术而忘我的工作狂，我们有了共同语言，在环境艰苦的太行山中，彼此看清了对方。后来孙曾田随着我地面的脚印，想超越空间，追向时间，一直追到我的童年去。有志事成，终于我们到宜兴我农村的老家去拍摄半壁残墙犹存的旧居。游子归来，父母早亡的现场被老乡们围观，观众中有人为我父母之死叫屈。我们去竹海，去周庄，孙曾田竭力在镜里招魂，虽毕竟不易再现我笔底的故土风貌，但他追捕了最接近原型的记录，我也愿与他协力寻觅消逝了的岁月，消逝了的生命。

1991 年华东空前大水灾，呼救声急。其时我的画价相对较高，且市上难求，在大家捐款、捐物、捐画的热潮中，我考虑到捐画。我曾为修长城及拯救威尼斯、协助残疾人协会、扩大潘天寿奖学金……义卖作品捐款，但次数并不多，因要求捐画的方面太多太多了，既怕款并不能落到真正需求者手中，更怕画卖不掉，等于骗人。这回我向组织这项活动的新华社说明，画未卖掉前不要发消息。我选了那幅源于周庄的水墨画《老墙》捐出，画很快被一位香港人士以五十万港币买走，款直接公开交民政部副部长接受。媒体报道这是个人捐款的最高额。后来我到周庄，周庄也知道这破墙卖了五十万之事，并告诉我那破墙早拆掉了。捐画后，我不断收到一封封挂号信要求赐款救济：有家里失火的、有病危的、有负债将自杀的……

　　人间灾难本来永无止境。

　　钱引人堕落，画居然也推人入狱。《北京周报》××周年纪念，索画祝贺，我贺了，贺画发表在当期刊物上。若干年后我在海外看到此画，画上贺《北京周报》××周年的题词犹在，真是有失《北京周报》之体面。返京后我直接与《北京周报》领导联系，他们查出此画由美编借出，美编说是吴冠中本人借去出版了，则应请吴先生留下收条，美编说吴先生已去香港定居，无法联系。弥天大谎，破案在即，美编改口说画已找回，他依照印刷品复制了一幅伪作，领导给我出示伪作，不知后来他们如何发落这位年轻的美编，我却为给公安局填表、签名等等花了不少工夫。这是一幅小画，另有一幅大画的故事。住在湖南宾馆作巨幅油画《韶山》期间，宾馆要求为他们大厅画一幅水墨《南岳松》，大于一丈二尺。十余年后湖南省政协会议在湖南宾馆召开，一位有眼力的政协委员发现那幅《南岳松》是伪作，于是宾馆领导查案，是内部一位能画的职工仿了同样尺寸的伪作，于夜间换下了原作，竟无人知晓。画尚未脱手，于这位职工家搜出了原作，人们估价一百万元，作案者入狱了，湖南的报纸、电台均作了大量新闻报道。作案者的律师、家属，均来京找我求救，我未接见。后作案者在牢里

写来一封信，说他如何如何爱我的作品，又将如何改悔，但愿他说了真话。

　　八十年代住劲松时，一日，不速之客敲门，说他代表几位对越反击战的战士给我一封信，交了信便匆匆离去。信的内容是这几位前线归来的战士，要我为他们画数件精品，否则小心我及家人的安全。我立即请学院保安处向公安局报案。公安人员来家详细讯问后，便认真工作，做了模拟图像让我辨认。不久后的一天，公安局来电话，说他们立即要到我家蹲点。接着几个公安人员进来，说今天作案者可能光临我家，叫我们一切照常生活，不要怕，但我家小阿姨早已发抖了。公安人员不时用大哥大与外面联系，那时大哥大是新事物，个儿大，不称手机。过了大约两小时，公安人员听完大哥大，高兴地说，好了，盗贼已在中途被捕，于是他们急急撤离。后来才知钱绍武收到的恐吓信及子弹，原是同一人所为，此人早有血案，这次落网被枪毙了。

偷画、盗画令人犯法，则以画送人总是美意吧！"文革"在李村下放劳动期间，那位指导员蛮横无理，满嘴脏话，谁都讨厌他。相对地说，连长就和蔼多了，有困难和意见愿向连长反映，大家有意高唱好连长！好连长！其实是反衬指导员之可恶。连长有闲还同我们拉家常，同情我们妻离子散的境况。下放结束，我们返京，连长也复员到江南某县城被服厂当了书记，并给我们来过信。我立即给他复了信，并附了一小幅我的江南题材水墨画作为留念。连长回信说收到了画，是千里鹅毛，以后他要到北京找我们玩。很久以后，我在香港的拍卖目录上见到了这幅所谓千里鹅毛的画，我估计别人以极低廉之价收购了这幅画，甚至只用某种电器便换走了。再之后呢，一日，连长突然到了北京，敲我劲松住家的门，背了一个麻袋般大的包裹，满头大汗。事先全无联系，居然能找到我家，如果我外出了呢，我真为他委屈，赶快请他进屋休息，沏茶慰问。互道了近况，一番虚话之后，文化不高的连长直截了当说要一幅油画，同时显示大袋里装的全是床单、毛巾被之类。我连忙推辞，他说是自己厂里的产品，小意思。待他确知我无意再赠他油画后，他只得告辞，便听我的话将大袋背了回去，还得出一头大汗。我以千里鹅毛拂掉了心目中的好连长！我写了一篇《点石成金》，谈的就是以画毁掉友情的苦涩故事。

1992年3月至5月，大英博物馆举办"吴冠中——一个二十世纪的中国画家"展。大英博物馆有一个中国展厅，展的都是古代书画、雕塑和文物，为展一个现代中国画家的面貌，这些珍贵的古代艺术暂时让位给子孙。我学生时代利用暑假到大英博物馆参观，特别细看了顾恺之的《女史箴图》，陈列这手卷的位置今天展示我的一幅半抽象的长卷《汉柏》。德群夫妇从巴黎赶来伦敦参加我画展的开幕，我们都想再看《女史箴图》，馆方同意让我们看，那国宝作品暂安置在图书馆内的一个高台上，我们爬几级台阶上去看画，因后退余地甚狭窄，要看画之下部时，我和德群自然而然就跪下细读了，这个子孙跪拜祖先的真实场面，有人想拍照，但此处禁止摄影。

我的展厅的对面，正展伦勃朗的素描回顾展，沾他的光吧，两边观众甚多。但我注意到，也有少数观众看过伦勃朗后，见这边是中国画家之展，头也不回就离去了。当我们在馆门外的大横标前照相时，聚了些人，一位牵着狗的老太太前来看究竟，当她知道为这位中国画家照相时，她特别热情地与我握手，说她看过展览，太喜欢我的作品了！我想她听懂了下里巴人。开幕后两天，下午，雨，馆方通知我不要离开展厅，说有一位重要的评论家将从巴黎赶来。他就是国际《先锋论坛报》艺术主管梅利柯恩（S. Melikian），他披着雨衣赶到我的展厅，馆方的负责人等都十分重视他，但彼此没有什么客套，他两眼直射画面，英语翻译紧跟着他，他偶然发现我讲了法语，立即不用翻译，要直接用法语同我谈，我说法语已生疏，他说无妨，坚持要直接谈。于是他劈面便问：你离开欧洲数十年，首次回来展出，伦敦是你的首选之地吗？我答不是，是巴黎，他点头首肯。我接触到的西方著名评论家如苏立文（Sullivan）、高居翰（Cahill）、巴哈（Barn-hart）等等，都是专门研究东方艺术尤其是中国艺术的专家，梅利柯恩似乎并不迁就中国特点论中国艺术，他站在国际论坛上一视同仁地对待各路艺术，后来读到他的评论文章，他敢于肯定和否定，毫不掩饰自己的观点，正如他谈吐时鲜明的态度。不久，他在1992年4月4日至5日的《先锋论坛报》上发表了题为《开辟通往中国新航道的画家》的文章。我有点惊讶他开头便说：

> 发现一位大师，其作品可能成为绘画艺术巨变的标志，且能打开通往世界最古老文化的大道。这是一项不平凡的工作，也许为此才促使东方文物部的负责人罕见地打破大英博物馆只展文物的不成

04

05

04　在大英博物馆与馆长等交谈（1992年）

05　与英国著名艺术评论家苏立文交谈（1992年）

文规例。

凝视着吴冠中一幅幅的画作，人们必须承认这位中国大师的作品是近数十年来现代画坛上最令人惊喜的不寻常的发现……

其他《泰晤士报》等虽也不少评介，但梅利柯恩的旗帜最鲜明，且因其本人地位的重要性，使我的这次欧洲之展无疑引起了关注，BBC 也作了电视报道。我将牵狗的老太太与大评论家联系起来，将下里巴人与阳春白雪联系起来，又回归到风筝不断线的思考。伦敦之展受欢迎，英国王储来剪彩等礼遇，并没有抹净我 1949 年在伦敦公共汽车上受辱的烙印，潜意识中仍有雪耻的心态，但我们的现代文化还未能超越人家。我最爱看第八展厅，那是陈列希腊帕提侬神庙精华的专厅，全世界崇敬的古代艺术的专厅。希腊外交部一直与英国交涉要索回他们的国宝。索回国宝有理，何况是祖先的家庙。但从宣扬艺术品的价值讲，大英博物馆对这些人类珍宝的卫护与传播是有功的，我们的《女史箴图》等等也一直处于养尊处优的位置。如果只能到原地去看原物，则能看到原物的人群必然大大减少了，因而珍宝长期展出于重要的世界性博物馆，对发挥珍宝的作用当是积极的。大英博物馆不收门票，大、中、小学生、学者专家们随时出入研究，那是一所独特的大学，如收门票，门票高了，这大学的功能便也随之减退。至于原物主要求退还原物，是否可考虑以文物交换作补偿，同时起到文化交流的作用，我们那么多兵马俑，用少量去换一些西方重要艺术品，不算卖国吧！美国人来参观苏州园林的有，但少，而进大都会博物馆看《明轩》的多，可惜那《明轩》不理想，不足以显示中国园林之精粹。梧桐树高凤凰来，当我们北京等大城市建起一流博物馆，不仅展示中国艺术家的真正杰作，国际大师也将以被中国收藏为荣，那时候，中国的文化，尤其现代文化，才称得上与国际接轨，分庭抗礼。我自己虽不算今日重要作者，1988 年为北京饭店作了 300×1500 公分的巨幅《汉柏》，在大宴会厅陈列过多年，宴会厅改装修后，今不知搁置何处，我时时为之心疼，这是我最大的代表性作品，估计不会有好下场。当年曾有国外企业和藏家想收购这巨幅，当然不可能，但我内心却愿意让她嫁到能展示身段的地方去。人生短，作为作者，我是看不到自己作品在自己国家的命运了。

伦敦是你回欧洲展出的首选之地吗？梅利柯恩的第一句问话就触到了我的要害。我想展画于巴黎，巴黎人能从作品中听到几许乡音吗？那边的共鸣应大于伦敦。然而店大欺客，巴黎的重要博物馆不会接受今天的我，我又不愿到商业性画廊展出。还是由于德群夫妇的中介，专门收藏东方艺术的市立塞纽齐博物馆愿举办我的个展。从规模名气讲，塞纽齐不及另一家东方艺术馆吉美，我去过多次吉美，因伯希和取走的敦煌文物都在吉美，而对塞纽齐的印象不深。但塞纽齐是严肃的博物馆，举办过林风眠、吴作人等中国当代艺术家展。路只能从脚下起步，我决定先到塞纽齐展出。馆长波波小姐本人是研究东方文物的，她提出对展品的要求，大英博物馆展过的他们不展。我很同意这样具有个性的选择。展品均由可雨从新加坡直接送到巴黎，省了路途保险费并妥善而快速。展期一个月，后延至两个月。波波原约定希拉克市长剪彩，后因选举大事希拉克无法出席而由别人替代，并代授予巴黎市勋章。开幕过后平时观众不多，除了卢浮宫和奥赛，巴黎的艺术馆和画廊参观的人都不多，画廊门可罗雀，推门进去只自己一人，店员来招手，有点尴尬。对艺术，巴黎人是骄傲的，各自有独特的见解，有人大骂当代艺术，说这是与人民隔离的柏林墙，要拆除柏林墙，确乎有人在拆，也仍有人在筑。我的展览有些报刊报道，但并不多，不及伦敦如引进了新事物，在巴黎什么也不新，无所谓新旧。但对真正的大师，公认的大师，大家总是承认的，我记得1949年参观威尼斯双年展，法国的展厅就以两人代表：勃拉克和马蒂斯，压倒群芳。大概是"文革"后期威尼斯第一次吸收中国参加双年展，中国送展的竟是剪纸，真是对"最是民族的就最是世界的"肤浅的曲解。

巴黎之展,可雨、于静(儿媳)、吴言(孙子)一家及乙丁同行,老伴病,去不了,她说她都见过,哪儿也不去了。我们一家租了个公寓,生活还方便。带着儿孙参观卢浮宫,感触良多,我曾费九牛二虎之力攀登的圣殿,今天小孙孙轻易就进来了。卢浮宫人山人海,歧途多,总怕吴言丢失,随时注意他。到底还是丢失了,来回找,最后发现他随一群洋人坐在地上听导游英文讲解,他能听懂英文,吸收能量大,且对展品发表自己的品评,不是走马观花,他的旅程比我缩短了几十年。

国内正在炒潘玉良,从妓女到国际名画家,从传记到电视,我很反感。四五十年代,潘玉良住在一旧楼的顶层,五层,木头楼梯咯吱咯吱响,我们星期天有时买些水果点心去看她,这位大姐很豪爽,作品也很男性,接近野兽派作风,但品位平平而已。她用毛笔勾勒的女体格调不高,看来是为谋生而作。我国驻巴黎领事的女儿跟她学画,使领馆有时买她点画帮助她。显然她的生活是艰难的,用水要下一层楼去提,我们都帮她提过水。但她倔强,正直。我劝她是否可考虑回国教书,她说徐悲鸿在世她不会回去,她同徐曾在中央大学同事,历来观点对立,矛盾大。郁风是她当年的学生,郁风说,徐悲鸿的教室学生多,很挤,故她选了潘玉良的教室,人少,摆画架很宽敞。五六十年代间我在北京艺术学院任教,在"百花齐放"的政策下我和卫天霖商议聘她回国任教,我去信告诉她徐先生已故,她是否愿回国到艺术学院任教,她回信说考虑考虑,接着五七年反右,决定了她魂断巴黎的归宿。塞纽齐亦藏有潘玉良的作品,我因已找不到潘玉良的门庭,便请教波波馆长,她答:不仅房子拆了,那整条街也拆了。

饮水思源,我很怀念苏弗尔皮,是他引我进入了西方造型艺术的门庭。这位四五十年代巴黎美术界的巨擘,今已很少人提起,几乎被遗忘了。现代博物馆里他的作品被撤下了,夏依奥宫的大壁画也未找见。德群帮我一起找,向人打听,书店寻他的画册,都无所获。人一走,茶就凉,艺术的淘汰如此无情,如此迅猛,我为他叫屈。后来一位春季沙龙的

负责人送我一期春季沙龙的展目，是纪念苏弗尔皮的专刊，封面是他的作品：《母与子》。

　　从巴黎返京后不久，全国政协秘书处通知我，说李瑞环主席将出访芬兰、瑞典、挪威、丹麦、比利时，想邀我作随员之一，征求我意见如何。政治领导出访，李主席首创带艺术家随行，后来并照例执行过几次。我欣然同意，既可见见外交场合的访问，又可欣赏北欧国家的风光。但我心里更有一个疑团待解开。"文革"末期我系有教师介绍驻丹麦大使秦加林先生来访，秦先生酷爱艺术，我出示几幅作品，他的品评都很内行，但当时不敢多谈，唯恐有里通外国之嫌。几天后，那位介绍的教师传言，秦大使很欣赏我的作品，问能否为驻丹麦使馆作一幅画，让丹麦人看看我国油画的风貌，只是使馆经费不富裕，付不了稿费。我考虑后，便无偿给作了一

年龄飞升，看寰宇块垒

幅油画《北京雪》，就取材于我当时的住处什刹海之雪。画成交付后，对方赠了一个西德的瓷盘，出自名家之手，虽小却精美，至今挂在我家。随李主席的出访第一站到芬兰，第二站到斯德哥尔摩时，使馆一位参赞对我说，他曾当过多年信使，当他当信使时曾在丹麦使馆见过我一幅油画。一下落实了一个大问题，我的作品是到了丹麦使馆无疑。但事隔多年，后来的命运呢，仍是一大疑案，如至今安然，则其质量还过得去吗？母亲对流落的孩子的关怀真是超乎常人的想象，此事我压在心底不敢先对人说。到了丹麦，到使馆活动的要紧时刻我恰恰因故缺席了，只赶上到大使官邸的晚宴。席间，李主席问大使，你们客厅内挂着吴冠中的一幅油画，你知道吗？大使茫然，问别人，都茫然。我心跳加速，恨不得立即返使馆客厅去一看究竟，但礼节和行动上都不许可。第二天我找个空隙专车去使馆客厅，那幅《北京雪》确乎挂在客厅不显眼处，作品质量和保存状况也不差。其他装饰品大都为瓷器、贝雕之类。我问工作人员此画是谁作的，都不知道，有说大概是一位青年画家的作品，画面上只在树的根部签一个红色的荼字，这是我的习惯，偏偏李主席在匆忙中发现了。我深感李瑞环对艺术是有心人，他维护过不少年轻书画家。我第一次接触他是他领导建设首都国际机场时，机场的全部装饰画由中央工艺美院成立一个小组承包，分配给我的任务是为西餐厅作一幅六米宽的油画《北国风光》，表现雪里长城。我先认真用三合板作了油画稿，稿宽亦一米七左右，是幅完整的作品。那时听过李瑞环几次报告，讲得极生动，解决实际问题，他对装饰画组的工作也大力支持，大家对他印象深刻。我作完画很快便离开了机场，装饰画组工作结束时欲将我的那幅稿以小组名义赠李瑞环作纪念，我同意了。岁月流逝，人海沉浮，我与李瑞环也无缘见面，后来他进入中共中央政治局常委，更无从知晓我的画有没有被送到他的手中。当他到政协任主席时，有了见面的机会，才知他确实收到了画，并利用他木工的巧技与眼力，配了一个合适的框子，并邀我在画的背面写了一篇记述作品来龙去脉的跋。

　　　　　07　在中央美术学院讲《石涛画语录》（1996年）

　　假画像耗子一样多起来，而且耗子过街都没有人喊打了。1993年上海朵云轩和香港永成拍卖公司合作在香港的一次拍卖中出现了一幅"毛泽东炮打司令部"的伪作。查《人民日报》，1967年8月5日头版套红发表了《炮打司令部》，当时中央工艺美院学生王为政便以此题材创作了一幅水墨画，表现毛主席执笔刚书就之态，背景是毛主席的书体：炮打司令部，我的一张大字报。当时作画是不许署名的，因江青说过，农民种地，工人制产品都不署名，作幅画还署自己的名。所以谁作画也不敢署名，何况是这样重大政治题材的画，印章也不能用私人名章，王为政为此作品专刻了一章"扫除一切害人虫"。作品署名的事也有一特殊例外，那就是《毛主席去安源》，作者系王为政的同班同学刘成华。本来，照例，也没有署名。江青痛恨有一幅出名的油画《刘少奇在安源》，是侯一民所作，今出现《毛主席去安源》，如获至宝，便大加赞扬，大量宣传，并破例要标明作者，以示真实。解放军画报社仓促间打听作者是谁，打电话到工艺美院，电话中将刘成华误为刘春华，成万上亿的刘春华印刷发表到了全国、域外，刘成华从此改造成刘春华了。"炮打司令部"和《毛主席去安源》在全国性展览中并肩展出，"炮打司令部"的发表量也不小，被用作《中国建设》杂志的封面及织锦等等。事隔数十年，巨幅原作已不知所终，今出现的小幅伪作系依照复印品临摹，除技巧拙劣外其他一概照猫画虎，只加了一行款："吴冠中画于工艺美院一九六：年"。进入官司后被告方说是 1966 年，那两点是重复号，他们尚不知《炮打司令部》是 1967 年发表的，未发表前就作出了画，这样的官司还须争辩吗？官司前先通过文化部市场司通知朵云轩那是假画，该撤下，对方不理，仍以五十万港币拍出，并由媒体宣传吴冠中的领袖画像又创高价。由工艺美院代我起诉，大家认为这不值一驳的事实当很快判决。人们，善良的人们，正直的人们，大家都太简单了，这一官司闹得沸沸扬扬，竟拖了三年，最后判决是伪作时，被告拒不执行判决，上海市第二中级人民法院于 1996 年 9 月 10 日在《人民日报》及《光明日报》登载了公告，宣布此案经过与结果。法院也说这是首例假画案，首例案的结局无疑给制、贩假画者开了绿灯。今有勇士、义士打假，邀我参加，我不积极，有人批评我哀莫大于心死。一寸光阴一寸金，我已黄金万两付官司。

从官司中，人与人斗中，你将看到人之伪，人之丑，人之刁，人之奸，人原来如此不可爱，我失去了美感，失去了美的心灵，失去了艺术创作的欲望。填补我生活的巨大空虚，我开始读早年想读而始终未读懂的《苦瓜和尚画语录》。艺专学生时代，崇拜石涛，几次读先辈们注解的画语录，注解只是词汇的注解，画语实质所指，仍如天书。这次我找来几家的注释本，对照着读，弥补自己对古汉语的功力不足。我想，只要读懂词句，跨越语言的障碍，对石涛发自内心的艺术观点与见解我当不难窥其隐微。这种独立作者的独立心得，年轻时体会不到，今年过七旬，再麻木不察，此生从艺真枉然了。这样一部民族经典的画论，人人皆曰好剑好剑而总不出鞘，锋芒何在？终于我还是读明白了，画语录是石涛对攻击他作品里没有古人笔墨者们的反击，同时阐明了他的艺术观与创作观。全书的焦点是"一画之法"。何谓一画之法，众说纷纭，似乎石涛设了个谜，其实石涛明明白白作出了明确的解答。第一，他特别强调感受，特设尊受章，突出尊重自己的感受。第二，他说一画之法是自他创造的，则他以前所有的画法都不存在了。第三，他的一法贯众法。越说这一画之法越玄，无法理解了。其实，其逻辑性很强。我的归纳：作画先凭个人感受，根据感受创造表达这种感受的方法，因每次每人的感受不同，故每次用的方法不同，这样产生的方法即谓之一画之法。一画之法是谈对法的观念，反对的其实就是固定的老一套死方法。所以他说：无法之法乃为至法。这个至法就指一画之法，已说得清清楚楚。《我读石涛画语录》由荣宝斋出版后，一印再印，颇受欢迎，我想发挥了这部名著的作用，有助于年轻人理解传统中的精华。

我发表过一篇短文《笔墨等于零》，开宗明义：脱离了具体画面，孤立谈笔墨的价值，其价值等于零。我敲警钟，是针对将笔墨的优劣掩盖了艺术本质的优劣，而所谓笔墨优劣的标尺又只是依据传统中某些类型笔墨形态的优劣。我强调笔墨属于技巧，技巧只是思想感情的奴才，艺无涯，笔墨的形态无常规。不料捅了马蜂窝，卫护传统笔墨者有的根本没有读我的原文便无的放矢说我摧毁笔墨，摧毁传统，将问题混淆到工具本身，有人提出毛笔应列为我国第五大发明。其实我自己同时在用宣纸、笔墨作画，洋人说纸上的中国画没有了前途，我想发展纸上传统，无疑成了一个保皇党。知识分子的天职：推翻成见。我远远没有尽到天职。

许多画展，无须都说，且说 1997 年台湾历史博物馆之展。到台湾去，就像是去探秘，而手续也比出国难办。文件先进文化部，等一个圆圈，等了好几天;出了文化部,再进国务院台办;出了台办,再进北京市公安局;其间除了双休日,又遇"五一"放假三天。待拿到公安部的出境证,飞香港,拿着台湾官方寄来的入境证的副本,到驻香港的台湾办事处换正本。台湾历史博物馆的记者招待会定在九号,我终于在八号晚赶抵台北桃源国际机场。机场海关扣下我的证件,给了收据,待离境时再凭收据领回证件。

台湾历史博物馆刚刚结束法国奥赛博物馆之展出。为了奥赛之展,一楼全部展厅装修一新,我之展享用了现成的方便,展出效果令人满意。开幕时他们选琵琶、笛子、二胡、古筝等演奏来呼应我点、线、面的画面。众多宾客中出现了老友熊秉明,他刚从巴黎飞来参加书法学术会议,馆长黄光男先生请他说几句话,他显得太激动,有点语塞。我们一同用青天白日标志的护照出国,今天在青天白日满地红的旗帜下相遇,世事、人生数十年,别是一番感触在心头。排开簇拥的观众,我和秉明在作品前悄悄细语,我要听他尖锐的批评,但好奇的观众偏偏伸长了脖子凑到我们耳边来。

记得刚抵桃源机场,有记者问我到台湾最想看什么,我答:看人。在我的讲演会中来了那么多听众,我属手艺人,非学者,讲不出什么,要讲的都在画面中,他们看了画还要听讲,可能也是想看人。不相识的人说,看了你的画与人,两者结合不起来,说我人很传统,画不传统。我深深感到台湾同胞的热情,在飞赴台北的机舱里看到当日的《中国时报》报道:吴冠中今晚抵台。刚出机舱,一群摄影记者便追着摄像,我和可雨向前走,他们朝前倒退着走,一直拍摄到办进关手续的窗口。同机抵达的外国人投以惊异的目光。我在国外举办画展时当然碰不见这样的礼遇,就是在国内,也不可能,像我这样的画家太平常了。但第一次到台湾,各种报纸却在醒目位置上频频报道画与人。开幕那天甚至用大标题排在头版,这样的热忱,我只能得出唯一的结论:这里是中国台湾。

画展日后要到高雄巡展,我不能久等,便先去高雄看看展厅规模并参观风光。阳光明亮的高雄海滩很宁静,蔚蓝的天,深蓝的海,衬托出岸上白得刺眼的纪念碑。高高的碑上站立着蒋介石的铜像，他孤独，面向祖国。我这才注意到，这是我到台湾后第一次见到的蒋介石像，白色碑座上大书"伟大领袖"四字，是于右任所书。我被优惠允许参观山间林区，因临近国防禁区。我在林荫道上看到一排排赤膊跑步训练的兵们，个个是壮实的中华儿女，不时还呼喊保卫祖国的口号。这使我想起在厦门参观时，见过同样赤膊整队跑步的解放军，一样的肤色，一样的口号，中华儿女都在保卫祖国。

台湾归来后不久，又随中国对外文化交流公司赴加拿大多伦多参加"中国二十世纪名家画展"开幕式。这个展览由加拿大保护中国文物基金会主办。为了宣扬祖国的文化，华侨们真是出钱出力，他们联系了皇家博物馆的展厅，举行盛大的宴会，并将到温哥华及首都渥太华的重要博物馆巡展。多难得的展示中国现代绘画的良机！然而，我感到内疚，因展品质量说不上是一流的。谁选的？怎样选？交流公司的负责人又有许多苦衷，体制及人际关系在腐蚀民族之魂。

1998年，中央工艺美术学院教师作品在巴黎国际艺术城展出，我亦被邀前去参加开幕。巴黎已不吸引我久留，我乘机约可雨从新加坡到巴黎，陪我去参观荷兰及西班牙，时年七十九，已渐失青年时单骑闯天下的旺盛精力。

荷兰这个小小国度，首先通过了人类必将争得的最基本的权利：安乐死。人无生的选择，当有死的自由。荷兰是人性自在的乐土。这是闻名的花之王国，我并非追花而去，只因有一个魂召唤了我一辈子，就是梵·高。我三十年代学画，不足二十岁，对梵·高作品一见钟情，终生陶醉。不可理解，百余年前巴黎的艺坛和人民却不接受他。不喜欢他这个人是可理解的，他表姐残忍地任火焰烧他的手而置之不理，当我后来看到她的照片，典型的一个冷酷的老寡妇。但梵·高的画，情之火热与色之华丽竟得不到共鸣，实在是颓废传统的审美观堵塞了人性之眼目。梵·高对自己的艺术是完全自信的，虽当时他的画没人要，他坚信日后将值五百法郎一幅。他的《向日葵》在日本创出天价时，一位日本友人对我说：如梵·高醒来，他将再次发疯。他醒来，他会在阿姆斯特丹见到祖国为他建造了博物馆，全世界最亮点的个人博物馆。任何一日，观众须排队购票，已成了荷兰旅游项目之首，几乎全世界都将听到红头疯子心脏的跳跃。艺术，似乎可有可无；艺术，她又使人回归童心，迷恋童心。

拿破仑瞧不起西班牙，说过了比利牛斯山便属非洲了。而马德里建了两座巨型而相对倾斜的楼，名曰欧洲之门。无论是欧洲之门外或门里，毕加索发扬了西班牙的民族性。参观他的故居博物馆，最令我注目的是有一展厅专门陈列他将委拉斯贵士的一幅皇家族群像用现代手法解剖，重组成无数幅不同意向的变体变形作品，有具象、抽象、黑白、彩绘。他与他的祖先对话，用西班牙语淋漓尽致地谈透了绘画之道，并将祖先之道用现代语言夸张、演绎，传播给全世界。当我并未见到这一工程前，也曾感到我国古代杰作中的现代造型因素，如周昉作品中仕女的量感美，郭熙作品中寒林的线之结构美，范宽的块面组建美等等。也曾尝试用油彩及墨彩来凸显这些因素，认为从古韵中引出新腔，应是对宣扬传统与发展现代均有裨益的工作。但工作只开了个头，便又搞别的了。其中一幅用油画将韩滉的《五牛图》中分散的五牛集中起来，相互交错；另一幅将《韩熙载夜宴图》中的歌舞伎一段赋予运动感，自题：夜宴越千年，歌声远！

我并不喜欢达利的怪异，但感到西班牙确是一个多奇想和富于创造力的民族，巴塞罗那的高帝（Gaudi）教堂是一件独一无二的建筑，建造了近百年吧，她永不完成，随着时代的发展而发展，古典的和现代的艺术样式共融于一个躯体，谁知这位历史巨人将长成什么模样。敦煌壁画有后代作品覆盖前朝画面的情况，除非剥掉后代作品，便见不到前朝画面。雕塑或建筑，却能前后时代重叠。我授课时对学生讲过，艺术中的公式是1+1=1，即作品中两个或两个以上的个体应结合成一个整体，《五牛图》中

IO2

08

09

08 09
坝上写生（1998年）

我拟将单独的五牛构成一个整体之牛。医学中分割连体婴儿是不小的手术，艺术中将分开的婴儿结合并只赋予同一个心脏，是绝对必须掌握的基本功。高帝教堂这颗心脏将派生多少新生代，人们拭目以待。

　　1998年的暑天，几个友人，多半是昔日的老学生，约我和老伴去坝上避暑，写生。碧草连天，白云蓝天，群山弧线绘太空，清香溢太空。漫道是一片青草地，素面朝天，走近看，杂花满地，细碎的花，以紫蓝冷色为主，间有红黄与赤赭，更有夺目的猩红、嫩黄，分外娇艳，那是罂粟，美在毒中，毒而美，人不察。草地，近看原来彩面朝天，而且天天月月都永葆妊紫嫣红的青春。其实呢，每朵花只开几天，展现了几天的美丽后，它便枯萎，永远消逝，让新绽的花替代了自己。为了维护花草地的月月岁岁鲜艳，谁知有多少花朵献出了自己仅有一次的生命。我喜欢表现花草地，我用油彩和水墨画过无数次野草闲花。我已多年不用油画在野外直接写生了，这些朋友有心要看我写生的全过程，他们悄悄准备了油画写生的全套工具和材料，而且都是新的，引我到这令人陶醉的坝上，等我自己爆出作画的激情来。我画了山野间的一个用白桦树枝围成的羊圈，大家包围着看我从第一笔开始，一直到全幅结束，像要破案似的摄下了动作的全貌及始终。老乡们都挤过来看杂技表演，不断发出评语和赞赏。众目睽睽，我目中无人地作了此生最后一次油画野外写生，廉颇老矣尚能饭否！好汉不提当年勇，却未忘当年苦，已记不清年月，在贵州布依族一石寨写生，因与猪圈为邻，苍蝇成群，我坐在石上写生，儿童围观，有淘气者在后数我背上爬满的苍蝇，并兴奋地高声报数：共八十一只。

我负丹青！丹青负我！

　　七八十年代以前我作油画以野外写生为主，大自然成了我任意奔驰的画室，但回到家里却没有画室，往往在院子里画。作水墨画无处放置画案，将案板立起来画，宜于看全貌，但难于掌握水墨之流动。八十年代住劲松，才有一间十一平方米的画室，我的画室里没有任何家具，只一大张画案，案子之高齐膝，别人总提问为何案子如此矮，弯腰作画不吃力吗？正是需要矮，站着作画，作画时才能统揽全局。传统中坐在高案前作画的方式，作者局限眼前部位而忽视全貌，这有悖于造型艺术追求视觉效果的创作规律，也正是蔡元培觉察西洋画接近建筑而中国画接近文学的因果之一。中国画的图，《江山卧游图》《清明上河图》《韩熙载夜宴图》《簪花仕女图》，众多的图都是手卷形式，慢慢展开细读，局部地读，文学内涵往往掩去了形象和形式的美丑。直到九十年代中期，可雨协助我找到了一间近六十平方米的大画室，于是我置了2×4米的两块大画板，一块平卧，另一块站立一旁，作画时平面和立面操作交替进行，方便多了，从此结束了作大画时先搬开家具的辛苦劳动，就在1996年至1999年几年中创作了多幅一丈二尺的大画，而我，也老之将至了。

　　1999年文化部在北京中国美术馆举办吴冠中艺术展，占用楼下三个大厅，规模和规格都不小，用文化部的名义为一个在世画家举办个展，尚属首例。我应该感到满意，我是感激的，因这意味着祖国对我的首肯。我选了十件展品赠送给国家。但展览结束后不久，人们还未忘却作品的余韵，便有人策划了连续三天的攻击文章，一如"文革"时期大字报的再现，在《文艺报》上发表了。有人告诉我这消息，我听了很淡然。面对各种各样的攻击，我无意探究其目的。过不多久，《文艺报》又采访了我，用凸显的版面为我说了公道话。

我经历了几十年文艺批判的时代，自然很厌恶，但其中情况复杂，具体事件还须具体分析。我想谈对江丰的一些感受。我被调离中央美术学院时正值江丰任院党委书记，即第一把手，大权在握。他是延安来的老革命，岂止美术学院，他的言行实际上左右中国整个美术界。毫无疑问，他是坚定保卫革命文艺、现实主义美术的中流砥柱，我这样的"资产阶级文艺观的形式主义者"当然是他排斥的对象。但我感到他很正直，处事光明磊落，他经常谈到文化部开会总在最后才议及美术，甚至临近散会就没时间议了。他在中央美术学院礼堂全院师生会上公开批评文化部部长没有文化，当时文化部部长是钱俊瑞，大家佩服江丰革命资历深，有胆量。钱绍武创作的江丰雕刻头像，一个花岗石脑袋的汉子，形神兼备，是件现实主义的杰作。但反右时，绝对"左派"的江丰被划为右派，这真是莫大的讽刺。据说由于他反对国画，认为国画不能为人民服务，国画教师几乎都失业了，但这不是极"左"吗？如何能作为右派的罪证呢，详情不知，但他确确实实成了右派。反右后，他销声匿迹了。很久很久之后，前海北沿十八号我的住所门上出现过一张字条：江丰来访。我很愕然，也遗憾偏偏出门错过了这一奇缘。不久，在护国寺大街上遇见了江丰，大家很客气，我致歉他的枉驾，他赞扬我的风景画画得很有特色，可以展览，但现在还不到时候。纠正错划右派后，江丰复出，他出席了在中山公园开幕、以风景画为主的迎春油画展，并讲了比较客观、宽容的观点，且赞扬这种自由画会的活动，颇受到美术界的关注和欢迎。他依旧是在美术界掌握方向性的领导，观点较反右前开明，但对抽象派则深恶痛绝，毫无商讨余地。大家经常说

"探索探索"，他很反感：探索什么？似乎探索中隐藏着对现实主义的杀机。我发表过《关于抽象美》的文章，江丰对此大为不满，在多次讲演中批评了我，并骂马蒂斯和毕加索是没有什么可学习的。我们显然还是不投机，见面时彼此很冷淡。在一次全国美协的理事会上，江丰讲演攻击抽象派，他显得激动，真正非常激动，突然昏倒，大家七手八脚找硝酸甘油，送医院急救，幸而救醒了。但此后不太久的常务理事会上（可能是在华侨饭店），江丰讲话又触及抽象派，他不能自控地又暴怒，立即又昏倒，遗憾这回没有救过来。他是为保卫现实主义、搏击抽象派而牺牲的。他全心全意为信念，并非私念。

自从青年时从工程改行学艺术，从此与科学仿佛无缘了。只在苏弗尔皮讲课中分析构图时，他常以几何形式及力的平衡来阐释美的表现与科学的联系。九十年代末接触到李政道博士，他在艺术中求证他的"宇称不守恒"等发现。他将弘仁的一幅貌似很对称的山水劈为左右各半，将右侧的镜像（镜子里反映的形象）与右侧的正像并合，成了绝对对称的另一幅山水图像，便失去了原作之艺术美，这证实对称美中必蕴含着不对称的因素。我作了一幅简单的水墨画，一棵斜卧水边的树及树之倒影，树与树之倒影构成有意味的线之组合时，必须抛弃树与影之间绝对的投影规律之约束；同样，远处一座金字塔形的高山，那山峰两侧的线彼此间有微微的倾斜，透露了情之相吸或谦让。李政道在"简单与复杂"的国际科学研讨会中，选用了我的一幅《流光》作会议的招贴画。我的画面只用了点、线、面，黑、白、灰，红、黄、绿几种因子组成繁杂多变的无定型视觉现象。我在画外题了词：求证于科学，最简单的因素构成最复杂的宇宙？并道出我作此画的最初心态，抽象画，道是无题却有题：流光，流光容易把人抛，红了樱桃，绿了芭蕉。

李政道给美术工作者很大的启迪，我感到：科学探索宇宙之奥秘，艺术探索感情之奥秘。在李政道的影响与指导下，清华大学美术学院于

01

与家人在画展开幕
式上（1999年）

02

与家人在清华大学
《生之欲》的雕塑
前合影（2001年）

1997年5月，吴冠中与长子可雨在台湾高雄海边

2001年举办了大型国际性的艺术与科学展览会与研讨会。李政道创意作了一件巨型雕塑《物之道》，物之构成体现为艺术形态。清华同事们鼓励我也作一件，我无孕如何分娩，他们陪我到生物研究所看细菌、病毒等蛋白基因，那些在屏幕上放大了的微观世界里的生命在奔腾、狂舞，不管其本性是善是恶，作为生命的运动，都震撼人心，我几乎要作出这样的结论：美诞生于生命之展拓。我终于在眼花缭乱的抽象宇宙中抓住了一个最奔放而华丽的妖精，经大家反复推敲而确定为创作之母体，由刘巨德、卢新华、张烈等合力设计，请技师技工们制成了巨型的色彩塑《生之欲》，庶几与李政道创意的《物之道》相对称，陈列于中国美术馆正门之左右，仿佛艺术与科学国际展之卫护，门神。在《生之欲》作品下，我写了创意说明：似舞蹈，狂草；是蛋白基因的真实构造，科学入微观世界揭示生命之始，艺术被激励，创造春之华丽，美孕育于生之欲，生命无涯，美无涯。

翌年，我到香港，香港城市大学邀我去参加一种实验，我在黑暗的屋子里活动，类似作自己的画，以身体的行动作画，屏幕上便显示千变万化的抽象绘画，真是超乎象外，我自己成了蛋白基因。

2002 年春，香港艺术馆举办我的大型回顾展"无涯惟智——吴冠中艺术里程"。这个展览对我很有启发，他们不仅仅张挂了我的作品，而且是通读和理解了我的艺术探索后，剖析我探索方向中的脉络，将手法演进在不同时期所呈现的面貌并列展出，令观众易于看清作者的创作追求，其成败得失，共尝其苦乐。比方从八十年代的《双燕》到十年后的《秋瑾故居》，又十年而出现了《往事渐杳，双燕飞了》，三幅作品被并列，我感到自己的被捕，我心灵的隐私被示众了，自己感到震撼。关于近乎抽象的几何构成，缠绵纠葛的情结风貌，其实都远源于具象形象的发挥。不同时期作品的筛选与组合揭示了作者数十年来奔忙于何事。这样的展出其实是对我艺术发展的无声的讲解，有心人当能体会到这有异于一般的作品陈列展。我非常感谢以朱锦鸾馆长为首的展览工作组的专家们，我因自己的被捕、被示众而感到自慰，作者的喜悦莫过于被理解、遇知音。

由于群众的热烈要求，艺术馆与我商量，希望我作一次公开写生示范。我作画一向不愿人旁观，更不作示范表演，表演时是无法进入创作情绪的。但他们解释，如今画家很少写生，青少年不知写生从何着手，而我长期不离写生，希望不错失这唯一的良机，给年轻一代一些鼓励吧！我无法推辞主人的心意和群众的热忱，就只好作一次"服务"性的写生示范，重在服务，难计成败了。他们准备从第一笔落纸便开始摄像，一直到最后一笔结束，展示写生的全过程，将作为稀有的资料档案。对象就选维多利亚港湾，我就在艺术馆的平台上写生，能挤上平台的人毕竟有限，观众大都在大厅里看录像。报刊早作了报道，写生那天，大厅里挤满了人。但，天哪！天降人雾，视线不及五米，维多利亚港的高楼大厦统统消失于虚无缥缈间。浓雾不散，群众焦急，我当然不愿有负群众的渴望，便凭记忆，对着朦胧表

04

05

06

现海港的层楼和往来的船只，而在如何构成楼群，其落笔先后和控制平衡等手法中也许还能予人一些参考。写生并不是抄袭对象，写其生，对"生"的体会，人各有异。

事有凑巧，我的展览三月六日在香港艺术馆开幕，法兰西学院艺术院同日投票通过吸收我为通讯院士。我属首位中国人通讯院士，香港报刊颇为重视，甚至以艺术诺贝尔奖誉之。通讯院士只授予外国人，法国人则为院士，朱德群和赵无极均已为院士，我们都是杭州艺专的学生，林风眠校长有知，当感慨深深。

2003年是农历的羊年，我不信传统的所谓本命年，但上个羊年，即十二年前，老伴病倒，恰恰属我的本命年，似乎是对我顽固思想的惩戒。这个羊年孙女吴曲送来一条红腰带，坚持要我用，我用了，但红色的带驱不走华盖运，老伴又病倒，情况严重，我也罹疾，两人住两个医院，我们的三个儿子和儿媳穿梭于医院间，实在辛苦极了，尤其乙丁，眼看着瘦了许多。老两口携手进入地狱之门，倒未必是坏事。但终于还是都出院回家了，大约还有一段桑榆晚景的苦、乐行程。病后，我们住到龙潭湖边的工作室，清静，远离社会活动，每天相扶着在龙潭湖里漫步，养病。可雨和于静从新加坡给我们两人各买了一件红色外衣，白发、红装，加上老伴的手杖，这一对红袖老人朝暮出现在青山绿水间。长长的垂柳拂年轻的情侣，也拂白发的老伴，我想起《钗头凤》中"满园春色宫墙柳"及陆游晚年的"沈园柳老不吹棉"，不无沧桑之感。我们被人们看眼熟了，进园门也不须出示月票，如果某天未到，倒会引起门卫的关注。也常有游人认出我来，便客气地回答：你认错人了！但那神情，对方还是坚信没认错。日西斜，我们携手回到公寓，一些年轻人在打网球，有一位新搬来的姑娘，并不相识，她举着球拍向我们高呼：爷爷奶奶真幸福！

龙潭湖上，隔着时空回顾自己逝去的岁月，算来已入垂暮之年，犹如路边那些高大的杨树，树皮干裂褶皱，布满杂乱的疮疤和乌黑的洞。布满杂乱的疮疤和乌黑的洞的老树面对着微红的高空，那是春天的微红，微红的天空上飞满各色鲜艳的风筝，老树年年看惯了风筝的飞扬和跌落。我画老树的斑痕和窟窿，黑白交错构成悲怆的画面，将飘摇的彩点风筝作为苍黑的树之脸的背景，题名《又见风筝》；又试将老树占领画幅正中，一边是晨，另一边是暮，想表现昼与夜，老树确乎见过不计其数的日日夜夜，但永远看不到昼夜的终结。

春天的荷塘里浮出田田之叶，那是苗圃，很快，田田之叶升出水面，出落得亭亭玉立，开出了嫣红的荷花。荷花开闭，秋风乍起，残荷启迪画家们的笔飞墨舞。当只剩下一些折断了的枯枝时，在镜面般宁静的水面上，各式各样的干枝的线的形与倒影组合成一幅幅几何抽象绘画。我读了一遍荷之生命历程，想表现荷塘里的春秋，其实想画的已非荷或荷塘，而着意在春与秋了，怎样用画面表现春秋呢？

我彷徨于文学与绘画两家的门前。

多次谈过我青年时代爱文学，被迫失恋，这一恋情转化而爱上了美术，并与之结了婚，身家性命都属美术之家了。从此我生活在审美世界中，朝朝暮暮，时时刻刻，眼目无闲时，处处识别美丑，蜂采蜜，我采美。从古今中外的名画中品尝美，从生活中提炼美，创造视觉美是我的天职。七十年来家园，我对耕耘了七十年的美术家园却常有不同的感受。我崇拜的大师及作品有的似乎在黯淡下去，不如杰出的文学作品对我影响之深刻和恒久。达·芬奇的《最后的晚餐》，我同大家一样一直崇敬着。《最后的晚餐》这样的题材，如何用形象来透视内心活动，达·芬奇到聋哑人那里去观察表达情绪的动作姿态，用心至苦。如果他或别的大作家用文学来创作这一题材，我想会比绘画更易深入门徒们和叛徒的内心。但因须要作这一重大题材的许多壁画，画家们的工作不得不跨越了自己业务的领域。席里柯的《梅杜萨之筏》表现垂死的悲惨场面，令人心惊肉跳，而及我读了当时的文字报告，揭示了悲剧之起源于官场的腐败，便更感受到悲剧的

震撼。南京大屠杀的照片令人愤怒，当时文字记录的实况当更令人发指，因形象毕竟只显示了一个切面，画面用各种手法暗示前因后果，都是极有限的。绘画之专长是赋予美感，提高人们的审美品位，这是文学所达不到的，任何一个大作家，无法用文字写出梵·高画面的感人之美，语言译不出形象美。而文学的、诗的意境也难于用绘画来转译，比如阿 Q 和孔乙己的形象，就不宜用造型艺术来固定他，具象了的阿 Q 或孔乙己大大缩小了阿 Q 与孔乙己的代表性和涵盖面。听说赵树理不愿别人为他的小说插图，我十分赞赏他的观点。极"左"思潮中，有的作家羡慕画家，因齐白石可画鱼虾、花鸟，而他们只能写政治。齐白石利用花鸟草虫创造了独特的美，是画家的荣幸，也是民族文化的荣幸，他提高了社会的审美功能，但这比之鲁迅的社会功能，其分量就有太大的差异了。我晚年感到自己步了绘画大师们的后尘，有违年轻时想步鲁迅后尘的初衷，并感到美术的能量不如

II4

文学。文学诞生于思维，美术耽误于技术。长于思维、深于思维的美术家何其难觅，我明悟吴人羽是真诗人，是思想者，他并不重视那件早年绘画之外衣，晚年作品则根本不签名了，他是庄子。

梵·高临终最后一句话：苦难永远没有终结。梵·高的苦难没有终结，人类的苦难也没有终结。2003年，"非典"像瘟神扑向人间，将人们推向生死的边缘，今天不知明天，人心惶惶。我们住的工作室离人群远，成自然隔离区，两个老人天天活动在龙潭湖园中，相依为命。老伴说，工作室本是你专用的，不意竟成了咱俩的"非典"避难所。晨，夏，清风徐来，我们照例绕荷花池漫步，看那绿叶红花和绿叶上点点水珠，昨夜刚下过雨。忽见远处湖岸渐渐聚集了人，愈聚愈多，"非典"期间一般是避免人群聚集的，怕彼此传染，我想，这回出事了。回忆一个清晨在北海写生，尚无游人，而湖岸居然有数人在围观，我好奇地也去看，地上躺着一个通体苍白的赤裸少妇，法医正在验尸，是奸杀？自杀？失足落水？是昨夜发生的悲剧。我画过无数裸妇，见怪不怪，而这个苍白的死去不久的裸妇却永远不会忘却。我想这回在"非典"期间恐又将见到这样苍白的裸妇了，便偕老伴慢慢前去看个究竟。人多，我们挤不进去，便绕到湖岸拐弯的一侧遥望。原来是一个披着黄袍的年轻和尚在放生，将被放生的鱼虾装在一个大塑料袋里，和尚则在高声诵经，经卷厚厚一本，大家听不懂，只是想看放生。都有放生的愿望，人类应多行善事吧，以减少像"非典"这样的惩罚。鱼虾在塑料袋里乱蹦，不耐烦了，但和尚的经不知何时念完，人群渐渐走散，我们也走开了，没有看到鱼虾入水的欢跃和看到鱼虾欢跃的人们的欢跃。

因"非典"，有些单位暂不集体上班，于是到公园里的人多起来，有的带着工作在林间干活，而打牌、下棋、放风筝、游湖的人骤增，这里原本主要是老人和儿童们的乐园。打牌、下棋、种花、养鸟……当属老年人安享晚年的幸福生活吧，但我全无这些方面的兴趣。躯体和感情同步衰老是人生的和谐，而我在躯体走向衰颓时感情却并不就日益麻木，脑之水面总泛起涟漪，甚至翻腾着波涛。这些涟漪和波涛本是创作的动力，但它们冲不动渐趋衰颓的身躯，这是莫大的性格的悲哀。万般无奈，民间谚语真比金子更闪光：江山易改，本性难移。

朔风起，天骤寒，画室空间大，冬天不够暖和，而年老怕寒，故我们考虑搬回方庄度过今年的寒冬。离开工作室的前一天，我们从龙潭湖走回画室的路上，秋风从背后送来一群落叶，落叶包围着我俩狂舞，撞我的胸膛，扑我的头发和脸面。

有的枯叶落地被我踩得噼啪作响，碎了！

随手抓一片，仍鲜黄，是银杏叶，带着完好的叶柄；有赭黄的，或半青半紫，可辨血脉似的叶络。有一片血红，是枫叶吧，吹落在绿草地上，疑是一朵花，花很快又被吹飞了，不知归宿。

树梢一天比一天光秃，谁也不关注飞尽了的叶的去向。

西风一天比一天凛冽，但她明年将转化为温柔的春风，那时候，像慈母，她又忙于孕育满眼青绿的稚嫩的叶。

2004 年春节

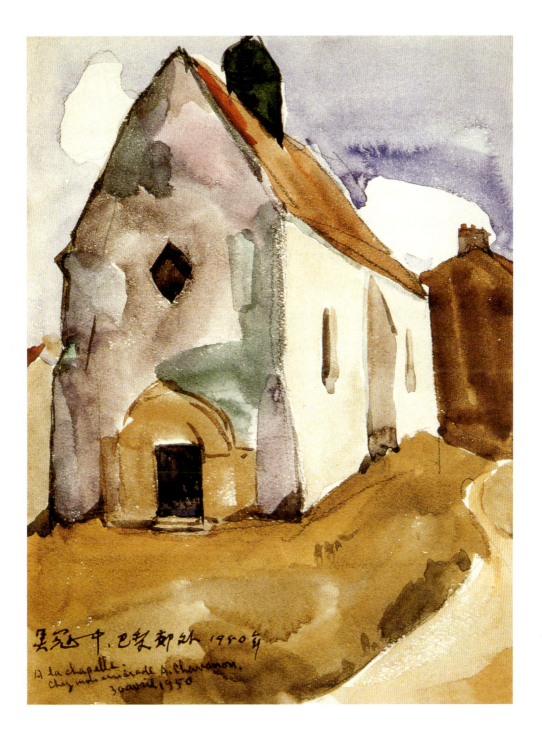

法国乡村教堂

水彩·21cm × 17cm

1950年

虎

铅笔素描·20cm × 26cm

1955年

两个藏民

水彩·35cm × 24cm

1961年

《野菊》

与夫人朱碧琴合作

（20世纪70年代）

鲁迅故乡

油画·46cm × 46cm

1976年

小双燕

纸本设色 · 47.5cm × 44.5cm

1980年

苏州狮子林

水墨设色・173cm × 290cm

1983年

渔船

纸本钢笔／碳素墨水 · 23 cm × 59cm

1985年

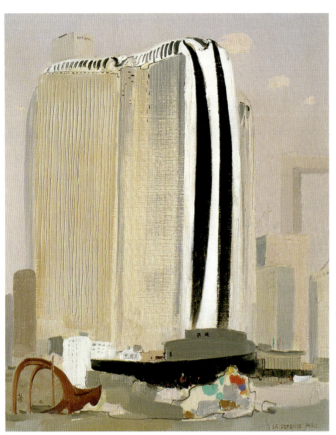

新巴黎

油彩・91cm × 73cm

1989年

紫藤

墨彩 · 70cm × 140cm

1991年

夜宴越千年

墨彩 · 68cm × 90cm

1997年

苦瓜家园

油画·80cm × 100cm

1998年

长日无风

墨彩·70cm × 140cm

2000年

白云与白墙

油彩·50cm × 60cm

2002年

水田

墨彩·76cm × 70cm

2002年

荷塘春秋

油彩・51cm × 61cm

2003年

园外风筝

油彩·45.5cm ×61cm

2003年

老重庆

油彩·148cm × 148cm

2003年

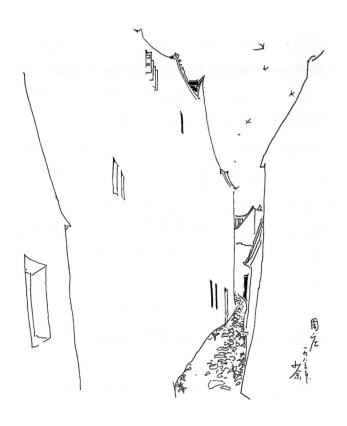

周庄窄巷

素描写生·钢笔、碳素墨水· 33cm × 22cm

2005年

贰

此情此景

艺之成
如一树之长，
首要土壤，
土生土长。

水乡青草育童年

　　故乡已离得那么遥远，并且是半个多世纪前的往事了，童年的情景却永远是那样的清晰，仿佛还是昨天的事呢，是昨夜梦中的经历吧，刚刚梦醒！1919年我诞生于江苏省宜兴县闸口乡北渠村，地地道道的农村，典型的鱼米之乡。河道纵横，水田、桑园、竹林包围着我们的村子，春天，桃红柳绿。我家原有十余亩水田，父亲也种田，兼当乡村小学教员。家里平常吃白米饭，穿布衣裳，生活过得去，比起高楼大屋里的富户人家来我家很寒酸，但较之更多的草棚子里的不得温饱的穷人，又可算小康之家了。

　　很幸运，我七岁就上学了，私立吴氏小学就设在吴家祠堂里，父亲当教员，兼校长。小同学都是赤脚伙伴，流鼻涕的多，长疥疮的也不少。我们玩得很欢、很亲密，常说悄悄话，至今忘不了他们的音容笑貌，他们永远跳跃在我对故乡和童年的怀念中。鬓色斑白时我回到过家乡，人生易老，父母及叔伯姑舅们大都已逝世。但我在路上常见到一些熟悉的背影，那满脸的皱纹，粗嗓门的音调仍没有变，照样咳嗽，大笑大骂。我于是追上去，正想叫唤，他们却惊讶了，原来并不是我的长辈，而是我小学同窗的那些拖鼻涕的小伙伴们。土地不老，却改观了。原先，村前村后，前村后村都披覆着一丛丛浓密的竹园，绿荫深处透露出片片白墙，家家都隐伏在画图中。一场"大跃进"，一次"共产风"，竹园不见了，像撕掉了帘幕，一眼便能望见好多统统裸露着的村子。我童年时心目中那曲折、深远和神秘的故乡消失了。竹园不见了，桑园也少了，已在原先的桑园地里盖了不少二层小楼房。孩子们是喜欢桑园的，钻进去一面采桑葚吃，一面捉蟋蟀。我到今天还喜欢桑园，喜欢春天那密密交错着的枝条的线结构画面，其间新芽点点，组成了丰富而含蓄的色调。但桑园的价值主要是桑叶，桑叶养蚕，桑叶茂密时便是养蚕的紧张季节，一天要采几回桑叶。孩子们也帮着采叶，帮着喂蚕，家里经常要备有几箩筐桑叶，父亲和母亲夜半还要起来添叶。养蚕期间家里焚香，不让戴孝的或有病的不吉利之人来串门，说是蚕有蚕神，须小心翼翼地侍候。蚕大眠了，不再吃叶，肥胖的身躯发白透亮，于是便被安置到草笼上去。草笼是用干稻草绞成的，远看像一条巨大的毛毛虫，近看是稻草秆的丛林。眠蚕被散播在丛林中，便各自摇头晃脑绵绵不断地吐丝，春蚕至死丝方尽，个个乐于作茧自缚。蚕宝宝一天天隐没了，雪白的蚕茧像无数鸽蛋散落在草笼里，全家人眉开眼笑地摘茧。如果有一年蚕得了瘟疫，家里便像死了人一样恓恓惶惶。

我的几个姑姑家都是种田和捕鱼的贫穷之家，唯有大舅家地多房大，可算是乡里的大户人家。大舅还兼开茧行，同无锡的商人合作做收购茧子的生意。每年卖茧子的时候，我便总跟着父亲到大舅家去，茧行就设在大舅家后院。父亲非常重视称茧子时价格的等级，划价和把秤的有时是表兄或熟人，在斤两上稍微占点便宜父亲便心满意足了。卖了茧子便给我买枇杷吃，卖枇杷的总紧跟着卖掉了茧子挑着空箩筐的人们转。这种时候，我不大容易见到大舅，他正忙着与无锡卜乡来的客商们周旋。后米我到无锡师范念初中时，有一次大舅到无锡，我去看他，他住在当时最阔气的无锡饭店里，一个人住两间房，还请我吃了一顿"全家福"大肉面。我是第一次进入这样豪华的饭店。

我永远记得姑爹家那只小渔船，它永远离不开姑爹，它也像姑爹对我一样的亲切。姑爹性子暴躁，孩子们背后叫他老虎。其实他不发怒时很温和。他多次摇着他的渔船送我到宜兴和无锡投考、上学。他也曾送我母

我负丹青 · 此情此景

01　父亲在故乡（1950年）

亲到武进县的寨桥镇上去找一位老中医看病，我也搭船跟着去玩，反正不花一文钱，父亲也总是同意的。姑爹家住在湖边的一个大渔村里，村里几乎家家有船。村子很长，一家紧贴着一家沿小河排开，每家的后门临河，每家的船便系在自家后门口的大柳树上。白天，船都下湖了，风平水静的时候，那垂柳笼罩下的渔村倒影是挺美的画境；傍晚，船都回来了，小河里挤得看不见水面，家家七手八脚从船里提鱼上岸，忙成一片。姑爹和表兄弟们讲过许多在湖里的有趣事情，但我从未有机会下湖，只在湖边遥望那一片白茫茫的水，觉得神秘，又有点怕。湖里芦苇丛中栖息着一种小鸟，叫黄雀，就像麻雀般大小，渔民们捕来当肉食卖，一如北方的铁雀。姑爹多次送我这种小鸟，母亲炖了给我吃，味道鲜极了。表兄们说，捕黄雀要在深夜，这边张好网，从另一边敲锣赶黄雀撞到网里去，于是一捉一大堆。

我听了真兴奋，也想跟着去捉 回。但又说夜里湖上太冷，怕我会冻病，我说不怕；又说担心我不会熬夜，我也保证不睡，他们同意了。我兴高采烈地将尝试奇异的新生活了，但父亲坚决不同意，还是去不成。终于有一次，我也进到湖上的芦苇丛中去了。我们那里，无论大人和小孩，有钱人家和穷人家，都最怕兵，孩子哭闹不止时，便吓唬他：兵来了！兵真的常常闯进村子来，信息灵通的人一经发现兵来了，立即报警，家家慌乱着关闭门户，男女老少东投西窜，往草垛里藏，向桑园里钻，大胆的年轻人爬上了枝叶茂密的高高树巅。匆忙中谁家的衣裳还晾在场上，谁家的鸡鸭、山羊未来得及赶回家，也只好听之任之，统统让兵们带走。那时候军阀混战，我经常听说孙传芳和吴佩孚或什么人打仗，兵的队伍经常会经过我们的村子，有什么他们随便拿，非常自由。当吃了败仗的败兵逃到村子时，不成队伍了，他们更无法无天，情况也就更可怕，打破门到家里抄，抓到男人要花边（银元），抓到女人便强奸，姑娘们吓得魂不附体，总尽先尽快逃避，不易被抓到。有一回一位老太婆被抓住，就在光天化日下的荒坟丛中被强奸，老太婆是信佛的，对这样伤天害理的恶事怕作孽，要求大兵让她撑开伞遮遮天眼。有一次情况特别紧张，据说就要在我们村子不远处打仗，满村人心惶惶，有钱人家躲到宜兴城里去，去不了城里的也投奔远亲去。姑爹来家了，叫我们住到他家，情况紧急时可以上小船躲入湖里芦苇丛中去。我和母亲及弟弟决定跟去，父亲不肯去，他说只要我们走了，他一个人什么也不怕。其实，他是不放心这个家。后来真的打起仗来，我和母亲等挤在姑爹家的小船上驶入湖里的芦苇丛中去，人多船小，姑姑和表姊们分别挤进了他们邻居的船中。听到砰砰的枪声，飞弹在头上空中吱吱地尖叫，心惊胆战，大家把棉被盖在身上，蒙住头，说子弹是硬的，万一落下来，吃硬不吃软。我完全忘记了捕黄雀的事，也没有留心芦苇里有什么有趣的东西，只担心子弹飞来，更担心父亲此刻在什么地方呢。母亲急得不断流泪。小小渔船永远地在我脑海里留下了难忘的印象，亲切的印象。我特别喜爱鲁迅故乡的乌篷船，我的绘画作品中经常出现水乡小船，正渊源于姑爹家的渔船吧！

渔村人家靠捕鱼为生，也靠芦苇。湖里有大片大片的芦苇，长得很高很高，收割后的芦苇秸聚成无数金字塔式的芦堆，姑爹家的村子便被埋在纵横交错的芦堆里，成了孩子们捉迷藏的天堂。夏天，我很早起来，选一根最长的芦苇，在顶端弯一个小三角形的框，用线结牢，再到屋檐下或老树丛中去寻蛛网，早上带露水的蛛网有黏性，用以蒙满三角小框，便可粘住栖息在柳梢上高歌的知了。粘知了，也粘蜻蜓。蜻蜓大都停息在篱笆最突出的高枝上，红蜻蜓特别好看，翅翼有时平展，有时前伸抱住脑袋，正如齐白石的图画。割来芦苇并不是为了孩子们粘蜻蜓，主要用来编芦席、织芦帘。芦织的帘子很大，可用以隔开房间。母亲则用它铺在地上，在上面铺拆被褥、絮棉袍。冬天，很冷，屋里照不到阳光，吃饭都冻得发颤。大门外满是阳光，但有西北风。房子是朝南的，不怕北面的风，于是将芦帘架在竹篙上挡住西面，阳光照射这帘和门墙构成的三角地带，这里便是最舒适的温暖之角了。老祖母整个上午都坐在暖角里晒太阳，母亲也常在里面补衣裳，掰豆瓣。吃饭时，大家端了饭碗来晒着太阳吃，邻家的孩子也端着自己的饭碗来凑热闹，有吃有笑，很快活，引得狗也跟来，猫也钻来，一团和气。老祖母坐着晒太阳还嫌冷，一只小脚总踩在一个铜脚炉上。这铜脚炉很精致，盖子上布满麻子似的窟窿，母亲说这还是她出嫁时的嫁妆，父亲家一向穷，才不会买这种精致的脚炉呢。脚炉里装着烧得半红的砻糠（稻谷的壳）灰，将生蚕豆埋进去，等一会儿就会熟，像炒豆一样，豆熟时便"啪"的一声爆炸。我埋进了豆，但玩着玩着忘了时辰，老祖母脚下突然噼噼啪啪爆炸起来，吓她一大跳，引得大家哄堂大笑。

只有冬天农家闲时才架起芦帘晒太阳，尤其春节后的半个月内，大家可以快快活活高高兴兴地享受太阳的温暖和家庭的温暖。孩子们不只是自己爆蚕豆了，还可吃到煮熟的菱、花生和夹有核桃肉的糕。这都是过年

（春节）带来的好处，怎么能不盼望过年呢？过年要吃好几样菜，最主要的是吃猪头，我以为猪头肉是最上等的东西了，只有过年时才能吃到。年前母亲特别忙，要煮猪头，要做够全家吃半个月的糕团，还要外加几笼粗粉团子，是专门为过年期间发给叫花子的。平时叫花子要饭，要了半天只给一点点剩饭，有时不给。但过年期间无例外一律要给，而且一到门口就给，所以叫"发"。于是叫花子特别多，络绎不绝，有时是三五成群结队而来，几笼团子还不够发，团子便一年比一年做得小了。有一种叫花子不穿破衣裳，穿整整齐齐的长衫，还戴着礼帽，手提小锣，边唱边敲小锣，一步步缓慢地跨进大门来，这便是唱春的。给他一个一般的发叫花子的粗团子他不要、不理，继续唱。我便加倍给他好几个，或给他自家吃的大白团子，他不用手接，只用那锣反过来盛了团子，然后倒进背在背后的大口袋里去。这是我最早见过的歌唱家。后来我在巴黎留学时，旅店后窗下的小夹道里也偶有人拉提琴或高唱，期待旅客们撒下法郎去，这时候，我总立即想起童年时家门口的唱春人。过了初一，便开始到一家家亲戚家去拜年，穿着新衣裳吃年酒。母亲总嫌父亲家穷，说她是被媒人花言巧语骗嫁给父亲的。当年外公看得起父亲读书识字，认为有出息。母亲也一向有点瞧不起穷姑姑们，自己不常去她们家，而总爱带着我往舅舅家串门。舅舅家吃得讲究，过年打麻将，压岁钱也给得多。大舅爱骑马，地方上有点名气，因为在家乡只有耕田的水牛，很少见马。表姊带我玩，领我去看大舅养的大马，我仿佛去看老虎一样新奇，但不敢走近，怕它踢。二舅抽大烟，抽了卖田，卖了田再抽。人抽得骨瘦如柴，二舅母常向我母亲哭诉。母亲是二舅的姊姊，劝他，骂他，二舅表面上唯唯诺诺，其实不听，照样抽。我们村子里有一个不正经的女人，名声很坏，有一回有人来家报信，说我二舅正在她房里抽大烟鬼混。母亲一听气急了，立即赶到她家去，我也跟去看。进大门后直奔里屋，里面房门紧闭着，房里有忙乱的声响，母亲叫二舅的名字，二舅不敢答应，更不敢开门。母亲隔着门哭骂，骂二舅尤其不该到她眼前来丢脸。父亲也在家里骂，好像骂给我听，意思是万万学不得，同时也针对母亲，有意杀杀她平时老夸耀娘家阔气的威风。

每次过年，父亲都从大橱（衣柜）里拿出一幅中堂画和一副对联挂在堂屋里，一直挂到正月十五，然后又小心翼翼地卷起来，藏进大橱里。大橱是红漆的，很漂亮，也是母亲的嫁妆，一直保护得像新的一样。我们家是小户人家，房子也不大，但村里有中堂画的人家很少，因此我曾感到骄傲。画的是几个人物，中间一个老头可能就是老寿星，这是父亲的老朋友缪祖尧画的。缪祖尧矮胖矮胖的，很和气，家就住在姑爹家那个渔村里，家里也贫苦，靠教书生活。他和父亲很合得来，早年两人曾一同到无锡一个叫玉祁的村镇上教小学。父亲在玉祁教书时每年腊月近年底时回来，我还依稀记得。每次回来总带回一种中间穿有大孔的饼干，这也是我认为最好吃的饼干了。他还讲过一个故事，说有一回学生家送来的早餐是糯米粥，他和缪祖尧恰好都不爱吃糯米粥，只吃了一点点，但糯米粥会膨胀，罐里的粥过一会儿胀得仍像原先那样满，学生家里来撤早餐时误认为根本未吃，估计是教员不爱吃，便立即补煮了几个鸡蛋。现在看来，当时他们小学简陋，不开伙，教员是由学生家轮流派饭的。后来我的弟弟妹妹多起来，母亲一人实在忙不过来，父亲不能再去玉祁教书，便在村里由吴氏宗祠出经费创办私立吴氏小学。缪祖尧也不去玉祁了，便来吴氏小学教书。小学就设在吴家祠堂里，缪祖尧也住在祠堂里。我从此经常到缪老师的房里去，看他画画，开始触及绘画之美。祠堂很大，有几进院落，有几间铺有地板的厢房，厢房的窗开向小院，院里分别种有高大的桂花、芭蕉、海棠。缪老师住的厢房很大，窗口掩映着绿油油的芭蕉，一张大画案摆在窗口，真是窗明几净，幽静宜人。这是我一生中头一次见到的画室，难忘的画室，我一辈子都向往有这样一间画室！缪老师什么都会画，画山水，画红艳艳的月季和牡丹，画樵夫和渔翁。有一回父亲用马粪纸做个笔筒，糊上白纸，缪老师在上面画个渔翁、一只大鸟和大蛤蜊，画成后给我讲解这画的是鹬蚌相争的故事。我尤其喜欢缪老师画的大黑猫，他用烧饭锅底的黑灰画猫，猫特别黑，两只眼睛黄而发亮。我进美术学院以后还常常想起那黑锅灰画的猫，可惜再也没见过了。我常常静静地看缪老师作画，他用纸紧卷成笔杆似的长条，用煤油灯熏黑以后当炭条起稿。他常常将蘸了浓墨的笔放进嘴里理顺笔毛，染得嘴唇乌黑，这才使我明白，母亲自己不识字，为什么同父亲争吵时便常骂他吃了乌黑水不讲道理。缪老师和父亲有个很大的不同处，他不像父亲那样节省，他爱吃零食，父亲说他没有儿女，只管自己吃饱就够了。缪老师画久了，往往摸出几个铜板，叫我到村头一家茶馆里去替他买一包酥糖之类的好东西吃，我非常乐意，飞跑着去买来，他总分一小块给我吃，从无例外。我叫他缪老师，因后来我上学了，他成了我真正的老师，不过他并不教图画，也根本没有图画课，而他的画据说是远近闻名的，还卖，并订有价格润例。七十年代我曾顺便回到故乡看看，父亲、母亲及老一辈的亲友们大都已逝世，只缪老师还在，我便专程到渔村去看望他。好不容易寻到了他的住处，他住在蜂窝似的人家的夹缝中，屋里建屋，几张破旧的芦帘围成了他暗黑的卧房。他病在床上。他感激我的探望，他谈我父亲的死，那是困难时期，与其说是病死的，不如说是饿死的。他谈到有一次经过我家门前的河滨，见我那瞎了眼的母亲自己摸着去洗东西，感叹年轻人是不顾老人了。我似乎又最后一次见到了我的父亲和母亲！我不清楚缪老师是哪一年逝世的，只知道他已逝世了。

有一件事曾提高了缪祖尧的画的威望。村里财主陈培之的妻子据说是上海美术大学毕业的，嫁到乡下来后还向缪祖尧借画临摹呢。陈培之家高楼大屋，连着大楼有高墙围住的大院，里面种有名贵果树，但我不敢进入他们家。陈培之的母亲是寡妇，非常精明能干。早年未生陈培之之前，领了一个养子，取名连生，就是连接着就要生，果然生了培之。生了培之，连生实际上就不算什么养子了，变成了长工的身份。陈培之骨瘦如柴，据说在上海念法律大学，是律师。有一次他回乡，到附近棟树港小街上问人有没有兑换处，但他说成了"脱"换处，于是乡下流传开了："兄字头上两只角，培之律师不识它。"我终于有一次能进入陈培之家的大门了，那是他结婚，让许多人进去看，也就是观礼。新娘子是宜兴城里人，也是财主，结婚前送来过几船嫁妆，招摇过河，着实叫乡下人羡慕。结婚那天，我也夹在人群中挤上了大楼，看新娘子演说，听留声机唱戏，特别爱听"哈哈笑"：各式各样的大笑，笑痛肚子。陈培之家的院子特别大，有花坛，摆满了盆花，开着各样的花朵，还有两只大荷花缸，种有荷花，我喜爱极了。新娘子烫着长头发，脸上擦着粉和口红，我和小伙伴们觉得像吊死鬼，很难看，但我从此爱上了花。村里只有单调的木槿和葵花，我还从未见过那么多红彤彤的鲜花，于是也总想种花，但哪里去弄花呀！宜兴的陶器闻名中外，但我们乡下只买茶壶，无人买花盆，乡下人从来没有种花的传统。前几年我因事过宜兴，顺便到湖边一个公社去参观，那里利用湖滩土地的特点，居然开辟了七十余亩花圃，家乡人民也已进入了欣赏花的时代！

除了缪老师的画以外，我还见过一种漂亮的月份牌仕女，那是在婶婶房里看到的。婶婶不是正经的女人，好吃懒做，偷男人，野男人公开在她房里睡觉，这美女月份牌便是一个常常来去上海的男人吴桂生送她的。吴桂生后来作了什么案被抓住，枪毙了。吴桂生被枪毙后，婶婶还有别的野男人。叔叔是有名的"乌龟"。叔叔本是个老实人，不识字，因为我父亲念过几年书，所以分家时叔叔多分了一亩地。但是就因为婶婶爱吃，不过年时也经常到镇上去买猪头肉、酱鸭、烫面饺（蒸饺）等，一边吃一边赌钱，那十几亩地便被卖得差不多了。后来叔叔便拎只篮子卖香烟、瓜子、花生糖，我的那些堂兄弟也都念不成书。父亲常劝叔叔，但叔叔怕婶婶，听了婶婶的指使反而凶狠狠地对待父亲，甚至有一回与人串通了来偷我们家的稻。姑姑们每回来，谈到叔叔时总哭，但她们不敢劝他，怕婶婶，婶婶凶得很，很泼辣。我记得叔叔病死时满身肿胀，得了鼓胀病，就是血吸虫病，而婶婶一直活到九十多岁。七十年代我回老家，父亲和母亲早已逝世，那位满头白发的老婶婶在门前见了我，口口声声亲热地叫我"大侄子，大侄子"！

母亲和婶婶的关系必然非常坏，彼此不讲话，见面不理睬。婶婶为了搞臭母亲的名声，有一次叫吴桂生闯到母亲房里来调戏，被母亲骂了出去。但从此我们家担心吴桂生来报复，一直到他被枪毙后才放心。也由于婶婶的威胁吧，母亲盼望我早早长大成人，有出息，替家里争口气，我也已体会必须给家里争气了。配合父亲的节俭，母亲也勤俭持家，她爱干净，衣服洗得勤，而且什么都要自己提到河边去洗，洗得彻底。虽然家里经济很拮据，但事事安排得井井有条，也总是布衣暖，菜饭饱。我到无锡念初中时，正值身体开始发育，吃得多，课间常感饥饿，又买不起零食吃，母亲便将糯米粉炒熟，教我只要用开水一冲，加点糖便好吃，每次开学我便总带着一大袋糯米粉上学。但是母亲生育太多了，我是长子，后来又生了两个弟弟，三个妹妹，还有两个妹妹很小就夭折了。母亲一向难产，她实在怕生孩子，也曾用土法打过两次胎，死去活来，从此身体一直非常坏，长年有病。父亲忙学校的事，忙种田的事，忙祠堂里的事，因他是吴氏宗祠的会计。后来母亲病倒，他又要忙烧饭洗衣了。他在家做家务便围上母亲用的围裙，有时门外突然有人来找，呼喊"吴先生"或"大先生"（他是老大），他首先匆忙解掉围裙，然后出门见客。他是村上少有的识字先生，是学堂里的老师，是头面人物，围着女人烧饭用的围裙太失体面。

显然，父亲自己种不了家里的十几亩水田。早年，当他到玉祁去教书时，田都出租。后来回乡教书，便出租一部分，另一部分自己种，雇短工或长工。我记得家里曾换过几次长工或短工，我能记事时，印象最深的一个长工叫九斤。父亲和母亲对长工很好，让他吃得饱饱的，蒸了咸肉的时候，将最好的留给我，其次就款待九斤了，他们自己吃最次的，甚至不吃。九斤种田很卖力，耙田、施肥、插秧，样样能干，我们家田里的稻禾也总长得分外茂盛，绿油油一大片，很易同别家的区分。九斤对我很好，我们的友谊主要建立在水车棚内。草顶的水车棚都建在河岸田边，棚内牛拉着巨大的车盘转，车盘带动长长的水车将小河里的水戽上岸来灌进水田去。凡是戽水的日子，我总跟着九斤到水车棚里去，坐在车盘上让牛拉着团团转，那比在北京儿童游戏场里坐小飞机更自在，高兴时往牛屁股上加一鞭，它便跑得飞快。有时它突然停下不肯走，加鞭也不走，我叫九斤，九斤正在近旁耘田，一看情形立即拿了长柄粪勺来对准牛肚皮，牲口哗哗撒尿了。紧依着水车棚有两棵大柳树，盛夏，每听到知了在树巅高唱，我立即爬下车盘，用长芦苇秆制的蛛网套去粘知了。像战士的武器，我总随身带着这支芦苇长枪。九斤的家据说原来住在草棚子里，他家是江北（苏北）佬。苏北一带地瘠人穷，又常闹灾荒，不少人逃荒到富饶的江南来，来卖苦力，都住在草棚子里。本地人瞧不起他们，称之为"江北佬"。同他们说话时学他们的音腔，其中包含着戏弄与讥讽。我没有见过九斤的家，也没听说过他父母的情况，好像他早就是孤儿了。他来江南已很久，说一口地道的本地话。但是他娶不到老婆，谁家的姑娘也不肯嫁给他，他自己也没有定居，一年一年轮流着在各家帮短工，当长工，在我家是住得最久的了。

有一个老头"江北佬"在楝树港摇渡船，早早晚晚给人摆渡。楝树港离我家一里路，是最近的小街，有鱼市、豆腐店、小杂货铺、馄饨店、茶馆……早晨有烧饼和油条。村里的人在路上相遇，总互问："上街吗？"指的便是去不去楝树港。楝树港跨在大河的两岸，我们北渠村在东面，西面便通姑爹家渔村，我搭渡船摆渡时，大都是去姑爹家。早晨，渡船里总是挤得满满的。人虽多，大都是熟悉的，伯公、伯婆、表姨、表舅、叔公……加上扁担箩筐、生猪活鸭，挤而乱，但彼此相让互助，客客气气，不争吵。下午人就少了，即使只一个人要过渡，"江北佬"照样摇渡船。夜晚、深夜要过渡，就高喊一声，他就睡在河边一间极小的草棚里。替代渡船，六十年代造了木桥，七十年代改建成水泥桥，"江北佬"早不知去向了。从无锡或常州到宜兴县城的轮船都必经栋树港，当啪啪啪啪的轮船将要靠码头时，码头上便聚了不少看热闹的人，想看下乡来的上海人。上海是天堂吧，到上海帮人家的（当保姆）及做厂的（女工）妇女回乡探亲时都吃得白胖白胖，还带回筒子装的饼干、美女牌葡萄干、美女月份牌……

早先，店铺都集中在河西，河东较冷落，几乎不成街。后来河东要盖新街了，征求股份参加，出了钱便可分一间店面。父亲和母亲天天商议，那时我已有两个弟弟，父亲计算日后我们兄弟分家，一人分三亩来地，如何过日子呢？便下狠心凑钱、借债，争取预定下一间店面，将来我们兄弟中便可有一人去开店。简陋的新街顺利地落成了，我迫不及待先到新街上自家的新屋内住了几夜，街上有了家，也可算街上人了。父亲于是同一位剃头的合伙，让剃头的在我们店内开业，同时兼顾卖杂货，杂货是我们家的。家里的一张旧方桌搬到了店里，准备让客人沽了酒坐下慢慢喝。母亲在家炸豆瓣，用旧报纸包成小包油炸豆瓣，拿到店里卖做下酒菜。虽然父亲常去店里，但主要还只能靠那个剃头的，结果小店仍赚不了钱，好像没有多久，店铺连同房子就整个转让了。

到栋树港开店是下策，父亲经常说要我念好书，最好将来到外面当个教员，在家里是没出息的。我上学了，就在父亲当校长的私立吴氏初级小学。小同学都是本村的，个个相识，大家很相好，他们力气大都比我大，但念书不如我，他们的父母便说我回家后有父亲教，其实父亲在家里忙着呢，根本没工夫再教我。开学后第一件事是学着做国旗，是红、黄、蓝、白、黑五色旗，代表汉、满、蒙、回、藏五族共和，用五色的蜡光纸裁成条条后再拼贴起来，很好做，又好看，大家乐意做。由于教员太少，往往两个班合一个教室上课，教员上课时给一个班讲课，同时安排另一个班做习题。不自觉的学生便不好好做作业，偷偷玩蚱蜢、知了，有时候知了忽然会在谁的抽屉里高唱起来。

学校里的事也都要父亲操心，开学时他到和桥书店买课本、算术习

02　故乡旧居（1991年）

题本、粉笔……他买任何东西都要讲价，一分一厘地讨价还价。他真爱惜东西，教室里用剩的粉笔头也都要收回去。后来我到无锡师范念初中时，教室里剩下的粉笔头满地乱扔，谁也不捡，我于是选较长的捡起来，学期终了时积了两大匣，带回家交给父亲用。有一次开全区小学的运动会，在和桥开，我们学校也要派代表队参加，我被选入了代表队。为了参加运动会，父亲带我去和桥做了一身操衣（制服）。操衣连裤子上都有扣子，我从来没穿过有扣子的裤子，小同学们也都好奇地来摸我裤子上的扣子。

我只能以用功学习，争取最优异的成绩来争气。我发现，会考中以90分以上获得第一名的朱自道及好几位80分以上的优等生都是鹅山小学的，如今我同他们同班了。这几位成绩出色的同学都是和桥街上人，他们是走读生，中午回家吃饭，晚上回家住。寄宿生有夜自修，而且在电灯下自修，虽然那电灯也是暗淡淡的，但我是头次用电灯，感到称心如意，珍惜灯光，每晚在灯光下仔细地做完每天各门课的习题。在家时从不做夜课，家里只有一盏带玻璃罩的煤油灯，灯心捻得很小很小，火如豆，父亲在如豆的灯下记学校的账目、打算盘。另外我们只用一盏豆油灯，点上几根灯草，老祖母还常啰唆，说她早年只点一根灯草。后来她眼瞎了，便管不着点几根灯草了。寄宿生的宿舍原是谷仓仓库隔成的，窗户都很小，有点像牢房，一间房里摆满许多双层床，我从未睡过双层床，喜欢爬到上层去睡，仿佛睡到了楼上。我家没有楼，一向羡慕舅舅家和陈培之家有楼。学校里有校园，校园里有花有树，我每天大清早起床到校园里读书、背书，也可以随便摸摸这些花。我似乎已阔气起来，花也有我的份了。小皮球也不稀奇了，有大篮球，有篮球场，不过我个子小，从来投不进篮，倒是喜欢滚铁环，在庞大的操场上飞奔着滚铁环很痛快，只是铁环不多，想借的人多，不易借到。

寄宿生们大都家在离校十里以上的村子里或村镇上，每星期六下午上完课，便都背个书包或藤包喜洋洋地回家去，彼此道声"再会！再会！"

我出了校门，到街上慢慢看，有很大的酱园、绸布店、南货店。南货店里卖的都是好吃的，不是中秋节也有月饼卖。我尤其记得有一家中药铺，壁上都是小抽屉，抽屉里装的全是药，朝奉（店员）用一杆很小的秤称药。有几回我母亲要吃的药在棣树港买不齐，便由我将药方带到和桥这家大药店里去配。我爬上大石桥，看桥下大船和小船互相拥挤，南北往来的船只排成长队等候通过。桅杆睡倒了，帆落成一堆，缆索纠缠不清，船员们吵闹、呼喊，乱成一片，这仿佛是《清明上河图》的蓝本。出了镇，渐渐冷落起来，一条石板大道沿河直往北去，沿途人来人往，大都是挑担的，空手人很少，至少都带着雨伞，往往出门时大晴天，突然变天便下雨了，一路没处躲雨。说是大道，是指通途，其实路并不宽，一面临河，一面沿水田，行人相交错往往须侧过身子。当遇到拉纤的纤夫，我便早早找个合适之点躲让。有时只一人拉纤，拉只小船；极大的船便好几人一同拉，边拉边哼哼，有时还唱，口音都是江北腔。出和桥镇三里，便过一高桥，因面前一条支流灌入大河，高桥便骑跨在支流上。往往我们好几个同路的同学一同回家，到高桥上便憩下来玩一阵，欣赏大河上下的风光，之后就分道了。从高桥上俯瞰大河里往返的帆船，景象很动人，有白帆、黑帆、棕色的帆，也有的小船用一块芦席作帆。帆影近大远小，一眼看到遥远处，船和帆便成了一个小点，这是我最早接触到的透视现象了。一路上远远近近的村庄都是黑瓦白墙，都有水牛，都有水车棚，车棚也紧依着大柳树，彼此非常相似，常常有到家了的错觉。及走到了棣树港，真是非常兴奋，我像是远方归来的游子，感到一切都分外亲切了，跳入渡船，便同摆渡的"江北佬"攀谈，但他永远显得有些麻木，并没有注意到我那异乎寻常的热情。一到家，父亲和母亲高兴极了，弟弟也特别亲我。母亲问我在校吃得好不好，我说八个人一桌，米没有家里的白，但尽管吃饱；菜不多，刚吃一碗饭便没菜了，后两碗便吃白饭。母亲听了很难过，眼睛湿了，我后悔不该告诉她。只过一夜，第二天星期天下午便又返校了。母亲给我做了许多菜带到学校去吃，我不肯带，说带去也不能拿出来吃，同学太多不好分，老师见了也不好意思。老师同我们在同一饭堂里吃饭，他们只多一个荤菜。父亲也认为还是不带好，母亲便炒些蚕豆给我带走。回到宿舍里，同学们也都陆续到齐，几乎都从家里带来一些吃的，有蚕豆、菱角、荸荠、山芋；蚕豆最多，有炒豆、煮豆、发芽豆，唯有一个山里的同学带来栗子，分给每人几个，特别好吃。

第一学期结束，根据总分，我名列全班第一。之后，我虽并非每学期都得第一，但基本上是名列前茅，对付课业已完全不费劲，于是开始在课余看小说。《薛仁贵征东》《七剑十三侠》《封神榜》……都是密密麻麻的小字，因眼睛好，在昏暗的灯光下仍看得很入迷。有天突然传来一个轰动全校的消息："在彭城中学操场演影戏（电影），全校师生整队去看。"演的就是侠客斗剑、神仙腾云、隐身术……我高兴极了，也常常幻想能遇到神仙指点法术。后来又看到一次影戏，是演养蚕，这我很熟悉，大蚕吃叶时沙沙有声，但电影里一大群蚕吃桑叶一点声音也没有，因为无声所以叫"影"戏吧，仿佛是影子戏。

我功课好，守纪律，可以算好学生，老师也常表扬，但有一次却被打手心了。鹅山小学一进门的院子里有两棵巨大又古老的银杏树，绿荫蔽天，遮掩了整个院子，每年结无数白果。成熟的白果掉到地面上"啪"的一声，像掉下一个大杏子，白果被包裹在肥厚的杏子似的果肉里。我们每捡到白果，便交给老师，不准自己拿走。我知道炒白果好吃，过年孩子们赌博时以菱角、花生和白果做赌注。有一位同学的父亲是中医，我们一同捡白果的时候他告诉我，说白果可以治痨病（肺结核），是听他父亲说的。我想起了母亲的病，她的病老不好，咳嗽，痰里出现过血，吃了许多药也不见效，大家也有点怀疑会不会是肺病呢（后来证实不是）？她听人劝告喝过童便，即小孩的尿，弟弟的尿。白果治肺病的说法立即打动了我的心。白果，树上那么多白果，但不是我的，我动了偷的念头，偷许多白果带回去给母亲吃。我串通了几个同学一起偷白果，但不肯说出母亲的病，因当时痨病是可怕的死症。我们趁一个狂风暴雨之夜半夜起床，摸黑到院里偷白果。风雨将白果打落满地，黑暗中我们一把一把地抓，我摸到一处特别多，自己装不完，便低声叫伙伴："旋南，旋南，到这边来！"就是这一声泄露天机，被睡在近旁的训育主任听到了，第二天他叫旋南和我二人到办公室，立即破了案，交出了白果，几个伙伴各人打了十板手心。一向表扬我的级任孙德如老师也在办公室，看我挨打，我特别羞愧得无地自容。

光阴荏苒，两年高小念完，我毕业了。毕业时同学们互相打听各人的出路。父亲当中医的那位同学早有打算，回家学中医，继父业；好几位家在和桥街上开店的便学做生意；大部分回农村捏锄头柄（种田）；同我一起偷白果也挨了十板手心的吴旋南是高才生，但家里很穷，也只得回家种田；有些家里富裕的不种田，继续上学，但他们的功课大都较差，考不上正规的省立中学，便进私立中学去。大家称某些私立中学为"野鸡"中学，交钱就能进，入学考试完全是形式，考零蛋也录取，但学费很贵很贵。无锡洛社镇有一所洛社乡村师范学校，招小学毕业生，四年后毕业当乡村初小的教师。因入学后全部公费，投考的人非常之多，分数也极高，是有名的学校。我班高才生邵化南考取了该校，很令同学们羡慕。不花钱的学校太少太少了，似乎就只有洛社这一所，是穷学生们最理想的出路，故而闻名于无锡、常州、溧阳及宜兴一带。父亲早二年就打洛社乡师的主意了，但我渐渐有了更高的要求，不愿在农村当初小的教员，想进省立无锡师范，是高师，高师毕业可当高小的教员，譬如鹅山的教员。父亲当然嘉许我的志向，但上无锡师范之前须先上三年初中，初中要缴费，家里便计划如何更加省吃俭用，并多养几只猪来竭力支持我这艰难的三年。舅舅家田多，母亲也曾幻想回娘家试试舅舅能否帮点忙。父亲毕竟世故深，说不可能的，不让母亲去丢脸。我在数百人的竞争考试中考取了无锡师范初中。因洛社乡师和锡师同时招考，只能参加一边，但县立宜兴中学在这之前招考，故我先也考了宜中，以防万一锡师落榜。我唯一的法宝就是凭考试从未落过榜，宜中也不例外。

1986 年

父亲

父爱之舟

是昨夜梦中的经历吧，我刚刚梦醒！

蒙眬中，父亲和母亲在半夜起来给蚕宝宝添桑叶……每年卖茧子的时候，我总跟在父亲身后，卖了茧子，父亲便给我买枇杷吃……

我又见到了姑爹那只小渔船。父亲送我离开家乡去投考学校以及上学，总是要借用姑爹这只小渔船。他同姑爹一同摇船送我。带了米在船上做饭，晚上就睡在船上，这样可以节省饭钱和旅店钱。我们不肯轻易上岸，花钱住旅店的教训太深了。有一次，父亲同我住了一间最便宜的小客栈，夜半我被臭虫咬醒，遍体都是被咬的大红疙瘩，父亲心疼极了，叫来茶房，掀开席子让他看满床乱爬的臭虫及我身上的疙瘩。茶房说没办法，要么加点钱换个较好的房间。父亲动心了，想加钱，但我坚持不换，年纪虽小我却早已深深体会到父亲挣钱的艰难。他平时节省到极点，自己是一分冤枉钱也不肯花的，我反正已被咬了半夜，只剩下后半夜，也不肯再加钱换房了。父亲的节省习惯是由来已久的，也深深地感染了我，影响了我。……恍恍惚惚我又置身于两年一度的庙会中，能去看看这盛大的节日确是无比的快乐，我欢喜极了。我看各样彩排着的戏文边走边唱，看骑在大马上的童男童女游行，看高跷走路，看虾兵、蚌精、牛头、马面……最后庙里的菩萨也被抬出来，一路接受人们的膜拜。人山人海，卖小吃的挤得密密层层，各式各样的糖果点心、鸡鸭鱼肉都有。我和父亲都饿了，我多馋啊！但不敢，也不忍心叫父亲买。父亲从家里带来粽子，找个偏僻地方父子俩坐下吃凉粽子。吃完粽子，父亲觉得我太委屈了，领我到小摊上吃了碗热豆腐脑，我叫他也吃，他不吃。卖玩意儿的也不少，彩色的纸风车、布老虎、泥人、竹制的花蛇……虽然不可能花钱买玩意儿，但父亲也同情我那恋恋不舍的心思，回家后他用几片玻璃和彩色纸屑等糊了一个万花筒，这便是我童年唯一的也最珍贵的玩具了。万花筒里那千变万化的图案花样，是我最早的抽象美的启迪者吧！

　　自从我上学后，父亲经常说要我念好书，将来最好到外面当个教员……冬天太冷，同学们手上脚上长了冻疮，脸上冻成一条条发白的瘢痕，有点像切碎的萝卜丝，几乎人人都长"萝卜丝"。有的家里较富裕的女生便带着脚炉来上课，上课时脚踩在脚炉上。大部分同学没有脚炉，一下课便踢毽子取暖。踢毽子是最普及的运动。毽子也越做越讲究，黑鸡毛、白鸡毛、红鸡毛、芦花鸡毛等各种颜色的毽子满院子飞。后来父亲居然在和桥镇上给我买回来一个皮球，我快活极了，同学们也非常羡慕，我拍一阵，也给相好的同学拍，但一人只许拍几下。夜晚睡觉，我都将皮球放在自己的枕头边。但后来皮球瘪了下去，没气了，必须到和桥镇上才能打气，我天天盼着父亲上和桥。一天，父亲突然上和桥去了，但他忘了带皮球，我发觉后拿着瘪皮球去追，一直追到栋树港，追过了渡船，向南遥望，完全不见父亲的背影，到和桥有十里路，我不敢再追了，哭着回家。

　　自从上学以后，我从来不缺课，不逃学。读初小的时候，遇上大雨大雪天，路滑难走，父亲便背着我上学，我背着书包伏在他背上，双手撑起一把结结实实的大黄油布雨伞。他扎紧裤脚，穿一双深筒钉鞋，将棉袍的下半截撩起扎在腰里，腰里那条极长的粉绿色丝绸汗巾可以围腰二三圈，还是母亲出嫁时的陪嫁品呢。

初小毕业时，宜兴县举办全县初小毕业会考，我考了总分七十几分，属第三等。我在学校里虽是绝对拔尖的，但到全县范围一比，还远不如人家。要上高小，必须到和桥去念县立鹅山小学。和桥是宜兴的一个大镇，鹅山小学就在镇头，是当年全县最有名气的县立完全小学，设备齐全，教师阵容强，方圆三十里之内的学生都争着来上鹅山。因此要上鹅山高小不容易，须通过入学的竞争考试。我考取了。要住在鹅山当寄宿生，要缴饭费、宿费、学杂费，书本费也贵了，于是家里粜稻，卖猪，每学期开学要凑一笔不小的钱。钱，很紧，但家里愿意将钱都花在我身上。我拿着凑来的钱去缴学费，感到十分心酸。父亲送我到学校，替我铺好床被，他回家时，我偷偷哭了。这是我第一次真正心酸的哭，与在家时撒娇的哭、发脾气的哭、吵架打架的哭都大不一样，是人生道路中品尝到的新滋味了。

我又清清楚楚地看见河里往返的帆船，景象很动人，有白帆、黑帆、棕色的帆；也有的小船用一块芦席作帆，帆影近大远小，一眼看到遥远处，船和帆便成了一个小点，这是我最早接触到的透视现象了。一路上远远近近的村庄都是黑瓦白墙，都有水牛，都有水车棚，车棚都紧依着大柳树，彼此非常相似，常常有到家了的错觉。

父亲有时抽空到和桥，买点糕饼给我吃，有一次买了一包干虾，告诉我每次放几只在粥里吃。母亲很少到和桥，有一次她搭姑爹的船到了和桥，特意买了一包鸡蛋糕到学校找我，但太不凑巧，那天老师组织我们远足登山去了，母亲不放心将蛋糕交给传达室，遗憾地带回去了，留给我星期天回家吃。

第一学期结束，根据总分，我名列全班第一。我高兴极了，主要是可以给父亲和母亲一个天大的喜讯了。我拿着级任老师孙德如签名盖章，又加盖了县立鹅山小学校章的成绩单回家，路走得比平常快，路上还又取出成绩单来重看一遍那紧要的栏目：全班六十人，名列第一。这对父亲确是意外的喜讯，他接着问："那朱自道呢？"父亲很注意入学时全县会考第一名的朱自道，他知道我同朱自道同班。我得意地、迅速地回答："第十名。"正好缪祖尧老师也在我们家，也乐开了："燦北（父亲的名），茅草窝里要出笋了！"

我唯一的法宝就是凭考试从未落过榜，我又要去投考无锡师范了。

为了节省路费，父亲又向姑爹借了他家的小渔船，同姑爹两人摇船送我到无锡。时值暑天，为避免炎热，夜晚便开船，父亲和姑爹轮换摇橹，让我在小舱里睡觉。但我也睡不好，因确确实实已意识到考不取的严重性，自然更未能领略到满天星斗、小河里孤舟缓缓夜行的诗画意境。船上备一只泥灶，自己煮饭吃，小船既节省了旅费又兼作宿店和饭店。只是我们的船不敢停到无锡师范附近，怕被别的考生及家长们见了嘲笑。从停船处走到无锡师范，有很长一段路程，我们到路口叫一辆人力车。因事先没讲好价，车夫看父亲那土佬儿模样，敲了点竹杠，父亲为此事一直唠叨不止。

老天不负苦心人，他的儿子考取了。送我去入学的时候，依旧是那只小船，依旧是姑爹和父亲轮换摇船，不过父亲不摇橹的时候，便抓紧时间为我缝补棉被，因我那长期卧病的母亲未能给我备齐行装。我从舱里往外看，父亲那弯腰低头缝补的背影挡住了我的视线。后来我读到朱自清先生的《背影》时，这个船舱里的背影便也就分外明显，永难磨灭了。不仅是背影时时在我眼前显现，鲁迅笔底的乌篷船对我也永远是那么亲切，虽然姑爹小船上盖的只是破旧的篷，远比不上绍兴的乌篷船精致，但姑爹的小渔船仍然是那么亲切，那么难忘……我什么时候能够用自己手中的笔，把那只载着父爱的小船画出来就好了。

为庆贺我考进了颇有名声的无锡师范，父亲在临离无锡回家时，给我买了瓶汽水喝。我以为汽水必定是甜甜的凉水，但喝到口，麻辣麻辣的，太难喝了。店伙计笑了："以后住下来变了城里人，便爱喝了！"然而我至今不爱喝汽水。

162

师范毕业当个高小的教员，这是父亲对我的最高期望。但师范生等于稀饭生，同学们都是这样自我嘲讽，我终于转入了极难考进的浙江大学代办的工业学校电机科，工业救国是大道，至少毕业后职业是有保障的。幸乎？不幸乎？由于一些偶然的客观原因，我接触到了杭州艺专，疯狂地爱上了美术。正值那感情似野马的年龄，为了爱，不听父亲的劝告，不考虑今后的出路，毅然转入了杭州艺专。下海了，从此沉浮于茫无边际的艺术苦海。去挣扎吧，去喝那一口一口失业和穷困的苦水吧！我不怕，只是不愿父亲和母亲看着儿子落魄潦倒。我羡慕没有父母、没有人关怀的孤儿、浪子，自己只属于自己，最自由，最勇敢。

……醒来，枕边一片湿。

婚礼和父亲

"洞房花烛夜，金榜题名时。"这是中国古代知识分子最高的奢望，我有幸品尝过这种欢乐。往事如烟，我和妻已是白头老伴，但当年婚礼中的父亲形象却永不消逝。

父亲是农村小学教员，兼种田，因子女众多，家庭生计艰难，考虑到田地少，子女长大分家后更无立锥之地，因此竭力设法让子女读书，将来出外谋生，免得留在家里没有活路。为了子女上学，他一生勤俭、节省到了极点，乡里人说他连尿也要憋回家尿在自家粪坑里。我是长子，最先实现他的意愿，努力读书，考进不要钱的师范学校，年年争得奖学金，靠考，一直到考取教育部在全国范围内的公费留学生，中了状元了！农村通信不便，当父亲得知消息时不知他和母亲是怎样的欣喜，而且，此后不久，又通知他我们将在南京结婚。

婚期前他赶到南京，内衣口袋里藏着一百块钱，口袋用针线缝住。他没有告诉我如何筹措到这笔"巨款"，无非是粜稻、卖猪、卖鸡蛋、向亲友借贷……其实我事先并未向他要钱。当他摸出那一沓厚厚的钞票,我似乎看到鲁迅《药》中的华老栓,一清早出门时又按一遍腰里硬硬的银子,赶去换人血馒头来为儿子治病。为了省钱,父亲是坐慢车到南京的,车又误点,抵我们宿舍已是深夜。未婚妻拿出饼干请他吃,我知道他的习惯是不肯吃的,但这回真的吃了。吃了一些,未婚妻又请他再吃,我想这是多余的客气,但他居然又吃了。这样几次推让,他确乎吃了不少。事后,我们才知他从早晨离家,搭轮船,换火车,一整天没舍得在路上吃饭,而我们自己因无开伙条件,只在大食堂搭伙,就未考虑到给他做点什么吃的。

我们的简单婚礼在励志社举行,因社内有老同学,费用给优惠,但没中餐,只是西餐,西餐就西餐吧。父亲生平第一次见西餐,我傍他坐,时刻照顾他。当服务员捧上一盘整条大鱼,轮流让客人各取所需,首先送到父亲面前,这当儿,正有人同我说话,未顾及父亲,他惊讶了,一面摇手:我吃不掉那么大鱼。我连忙用刀叉帮他分取一小块,他因不懂规矩感到难为情。其实,看他那土老头模样,别人早都谅解的。而我既中了状元,作为土老头的儿子,已毫无愧色。倒是回忆初到无锡城里上学时,真怕同学们讥笑父亲的土气。

在南京举行婚礼后,我们一同回到农村老家去,父亲连人家送的鲜花,虽已开始萎谢,也要带回家,并一路向不相识的旅客炫耀:这是在南京结婚人家送的。母亲和家人早在老家门前等候,我们一到便放起鞭炮来,引来众多围观的乡邻和孩子们,父亲似乎显得比平时高昂起来。妻初次到我这农村老家,名副其实的寒舍,我虽曾真实地对她谈过我家的情况,但仍不免暗暗担心她的失望与不满。但意外地看到我们的临时新房刷得雪白明亮,处处很整洁,父亲和母亲为此曾付出多大辛劳啊!

半个世纪流失了,老屋早已拆除,父亲的坟早淹没于荒草或庄稼丛中,他的儿女天各一方,有时会怀念他。他的孙子,孙子的孩子们不再知道他。乡里的孩子们也不再知道他。但,就是他,受吴氏宗祠的委托,在

01

01　1946年冬，吴冠中、朱碧琴在南京婚礼上。左后为吴冠中之父，前中为陈之佛

村里首创私立吴氏小学。最初的私立吴氏小学今天已发展成一千余师生
规模的中心小学。我用他的名义在小学里设立了教学奖励基金，作为纪念。
忘却的纪念或永远的纪念！

1992 年

母亲

人们将大地比作母亲，将祖国比作母亲，但毕竟每个人有自己的母亲。

我的母亲是大家闺秀。换句话说，出身于地主家庭。但她是文盲，缠过小脚，后来中途不缠了，于是她的脚半大不小，当时被称为改良脚。

富家女却下嫁了穷书生，即我的父亲。其实我的父亲也识字不多，兼种地，但与只能干农活的乡里人比，他显得优越而能干，乡里人都称他先生。听母亲说，是我的外公，即她的父亲做主选定的女婿。我不知道外公，但外公抱过童年的我，说我的耳朵大，将来有出息。外公选穷女婿，看来他是一位开明人士。他的两个儿子，即我的舅舅，各分了大量田产，一个抽大烟，一个做生意，后来都破落了。

我对母亲的最早记忆是吃她的奶，我是长子，她特别偏爱，亲自喂奶喂到四岁多。以后她连续生孩子，自己没有了奶，只能找奶妈，我是她唯一自己喂奶的儿子，所以特别宠爱。宠爱而至偏爱，在弟妹群中我地位突出，但她毫不在乎弟妹们的不满或邻里的批评。她固执，一向自以为是，从不掩饰自己的好恶，而且标榜自己的好恶。

母亲性子急，事事要求称心如意，因此经常挑剔父亲，发脾气。父亲特别节省，买布料什物总是刚刚够数，决不富余，母亲便骂他穷鬼、穷鬼。父亲说幸好她不识字，如识了字便了不得。但他们从来没动手打过架，相安度日。我幼小的时候，父亲到无锡玉祁乡镇小学教书，只寒暑假

我负丹青 · 此情此景

01

01　母亲和孙子可雨、有宏、乙丁（1950年）

回来，母亲独自操持家务，那时她三十来岁吧，现在想起来，她的青春是在寂寞中流逝了的，但没有一点绯闻。绯闻，在农村也时有所闻，母亲以她大家闺秀的出身对绯闻极鄙视。父亲刻苦老实，更谈不上拈花惹草，父母是一对诚信的苦夫妻，但没有显示爱情，他们志同道合为一群儿女做牛马。大约四五十岁吧，他们就不在一个房睡觉了，他们没有品尝过亚当夏娃的人生，他们像是月下老人试放的两只风筝。

母亲选的衣料总很好看，她善于搭配颜色。姑嫂妯娌们做新衣听她的主意，表姐们出嫁前住到我们家由母亲教绣花。她利用各色零碎毛线给我织过一件杂色的毛衣，织了拆，拆了织，经过无数次编织，终于织成了别致美观的毛衣，我的第一件毛衣就是她用尽心思的一件艺术制作。她确有审美天赋，她是文盲，却非美盲。父亲只求实效，不讲究好看不好看，他没有母亲那双审美的慧眼。

上帝给女人的惩罚集中到母亲一身：怀孕。她生过九个孩子，用土法打过两次胎，她的健康就这样被摧毁了。她长年卧病，不断服汤药，我经常帮忙解开一包包的中药，对那些死虫枯根之类的草药起先觉得好玩，逐渐感到厌恶。后来医生要用童便，母亲便喝弟弟的尿。因为母亲的病，父亲便不再去无锡教书，他在家围起母亲的围裙洗菜、做饭、喂猪，当门外来人有事高叫"吴先生"时，他匆促解下围裙以"先生"的身份出门见客。从高小开始我便在校寄宿，假日回家，母亲便要亲自起来给我做好吃的，倒似乎忘了她的病。有一次她到镇上看病，特意买了蛋糕送到我学校，不巧我们全班出外远足（旅游）了，她不放心交给收发室，带回家等我回家吃。初中到无锡上学，学期终了才能回家，她用炒熟的糯米粉装在大布口袋里，教我带到学校里每次冲开水加糖当点心吃，其时我正青春发育，经常感到饥饿。

父亲说他的脑袋一碰上枕头便立即入睡，但母亲经常失眠，她诉说失眠之苦，我们全家都不体会。她头痛，总在太阳穴贴着黑色圆形的膏药，很难看，虽这模样了，她洗衣服时仍要求洗得非常非常干净。因离河岸近，洗任何小物件她都要到河里漂得清清爽爽。家家安置一个水缸，到河里担水倒入水缸作为家用水。暑假回家，我看父亲太苦，便偷着替他到河里担水，母亲见了大叫："啊哟哟！快放下扁担，别让人笑话！"我说没关系，但她哭了，我只好放下扁担。

巨大的灾难降临到母亲头上。日军侵华，抗战开始。日军的刺刀并没有吓晕母亲，致命的，是她"失去"了儿子。我随杭州艺专内迁，经江西、湖南、贵州、云南至重庆，家乡沦陷，从此断了音信。母亲急坏了，她认为我必死无疑。她曾几次要投河、上吊，儿子已死，她不活了。别人劝，无效。后来有人说，如冠中日后回来，你已死，将急死冠中。这一简单的道理，解开了农村妇女一个扣死的情结。她于是苦等，不再寻死，她完全会像王宝钏那样等十八年寒窑。她等了十年，我真的回到了她的身边，并且带回了未婚妻，她比寒翁享受了更大的欢欣。

　　接着，教育部公费留学考试发榜，我被录取了，真是天大的喜讯，父亲将发榜的报纸天天带在身上，遇见识字的人便拿出来炫耀。母亲说，这是靠她陆家（她名陆培芽）的福分，凭父亲那穷鬼家族决生不出这样有出息的儿子来。我到南京参加教育部办的留学生出国前讲习会，其间，乡下佬父亲和母亲特意到南京看我，他们风光了。那时我正闹胃病，兴高采烈的母亲见到我脸色发黄，便大惊失色：全南京城里没有这么黄的脸色！她几乎哭了，叫我买白金（麦精）鱼肝油吃，当时正流行鱼肝油，她也居然听说了。

　　山盟海誓的爱情，我于临出国前几个月结了婚，妻怀孕了。我漂洋过海，妻便住到我的老家。她是母亲眼中的公主，说这个媳妇真漂亮，到任何场合都比不掉了（意思是总是第一）。母亲不让妻下厨做羹汤，小姑们对她十分亲热，不称嫂子，称琴姐。不远的镇上医院有妇产科，但母亲坚决要陪妻赶去常州县医院分娩，因这样，坐轮船多次往返折腾，胎位移动不止了，结果分娩时全身麻醉动了大手术，这时父亲才敢怨母亲的主观武断。小孙子的出生令母亲得意忘形，她说果然是个男孩，如是丫头，赶到常州去生个丫头，太丢面子，会被全村笑话。她尤其兴奋的是孩子同我初生时一模一样。

　　三年，粗茶淡饭的三年，兵荒马乱的三年（解放战争），但对母亲却是最幸福的三年，她日日守着专宠的儿媳和掌上明珠的孙子。别人背后说她对待儿孙太偏心，她是满不在乎的，只感到家里太穷，对不住湖南来的媳妇。她平时爱与人聊天，嗓门越说越高，自己不能控制。她同父亲吵架也是她的嗓门压过父亲的，但这三年里却一次也未同父亲吵架，她怕在新媳妇面前丢面子。妻看得明明白白，她对全家人很谦让，彼此相处一直很和谐,大家生活在美好的希望中,希望有一日,我能归来。

我回来了,偕妻儿定居北京,生活条件并不好,工作中更多苦恼,但很快便将母亲接到北京同住。陪她参观了故宫、北海、颐和园……她回乡后对人讲北京时,最得意的便是皇帝家里都去过了。

她住不惯北京,黄沙弥漫,大杂院里用水不便,无法洗澡,我和妻又日日奔忙工作,她看不下去,决定回到僻静的老家。她离不开家门前的那条小河,她长年饮这条小河的水,将一切污垢洗涤在这条小河里。她曾第二次来过北京,还将我第二个孩子带回故乡找奶妈。皇帝的家已看过,她不留恋北京。

苦难的岁月折磨我们,我们几乎失落了关怀母亲的间隙和心情。我只在每次下江南时探望一次比一次老迈的母亲。儿不嫌娘丑,更确切地说是儿不辨娘是美是丑,在娘的怀里,看不清娘的面目。我的母亲有一双乌黑明亮的眼睛,人人夸奖,但晚年白内障几近失明,乡人说她仍摸索着到河边洗东西,令人担心。我的妹妹接她到镇江动了手术,使她重见天地,延续了生命。父亲早已逝世,年过八十的母亲飘着白发蹒跚地走在小道上,我似乎看到了电影中的祥林嫂,而她的未被狼吃掉的阿毛并未能慰藉她的残年。

载《文汇报》2002 年 5 月 11 日

歧途

世间没有后悔药。

然而人间却有无穷后悔的事，跌入后悔深渊的人们都祈求过后悔药吧？没有的，永远不会有这样的药，自己酿的苦酒自己吞饮，默默地。

寻常百姓家，父母但愿孩子平稳成长，学好本领，到城市里找没有风险的职业。城市当然比贫穷的家乡农村好，城市里的职业一定比种田好。我曾经是父母的希望之光。我用功读书，一直名列前茅，小学，中学师范，又考进了极难考取的浙江大学代办省立高级工业职业学校，读电机科，工业救国。三十年代学工科的最易找到职业，即使升不了大学，高工毕业后到工厂当技术员是铁饭碗，没有风险的职业可说稳拿了。身体的发育大都依顺着共同的生理规律，但思想感情的发展却千差万异，往往难于逆料。一次偶然的机缘，我接触了美术，决心抛弃工科学籍，非要转到国立杭州艺专从头学画不可，这过程已在别的文章中谈过，不赘述。诞生于偏僻农村贫寒之家，战战兢兢一味为谋生而奋发图强的中学生，突然恋爱美术，而且爱得疯狂，将整个生命投入了赌注。别人觉得可惜，父亲更是震惊。见过一幅漫画，画一个瘦的诗人手里捏着一枝花在独自闻香，路旁两个行人在悄悄私语：诗人是做什么生意的？现在我的父母最关心的是：画家是靠什么吃饭的？艺专毕业后干什么工作？最佳职业是当中学里的美术教员，但那时中学不多，设有美术课的中学更少，有那么点儿美术课也往往随便由其他课的教员兼任，不一定需要专业教员。除了当教员这条路，便举不出第二条道了。这令父亲惶恐了，他是乡村小学教员，知道美术课轻如鸿毛，怎么能同电机科相比呢？他竭力劝阻、反对。恋爱与父爱之间如何抉择？恋爱是暴君吧，中了其箭的便失去理智，成为俘虏，无力选择。母亲是文盲，她不很懂父亲一再强调的日后的利害关系，她只同情儿子的苦恼，倒反劝父亲勿伤儿子的心，宁愿顺从儿子而自己伤心。我终于未能从爱河游回岸边，顺河一直被冲入了苦海。我甘愿承受无业的浪子生涯，但偌大的后顾之忧永远笼罩着我：父母的企望。善良的父母，可怜的父母，不幸的父母！一个可怜的念头瞬间闪现：愿父母在我毕业前逝世，不让他们看到儿子的失业潦倒。我如何能对得起他们呢？我明知自己的前途将给他们带来无比的痛苦，我想寻找蒙骗他们的方法，当我读到莫泊桑的《我的叔叔于勒》时，似乎感到自己已经是那个在船上卖牡蛎的落魄远行人了。

日本侵略给中国人民带来灾难，倒给我解脱了困境。江浙即将失陷时我随学校仓促迁往沅陵、昆明、重庆，从此八年离乱，家乡音信断绝，后来才知我那母亲失去我的音信后经常哭得死去活来，她认为儿子已必死无疑，几次想自杀，别人劝她：日后儿子回来时你倒先死了，儿子也会急死的。于是她不再自杀，活在一线希望中。算是幸运了，我毕业后在国立重庆大学任助教，同时到中央大学旁听文史课程，一直到日本投降，接着又考取公费留学。当我再见到父母时，已将出国了，乡下佬从来没有做过儿子留洋的梦，父亲对我学艺的忧虑解除了，母亲几乎不敢相信自己的眼睛又见到消失了的儿子。虽然他们已呈现衰老，但分外兴奋，枯木逢春了。岁月匆匆，留学三年后回到祖国，定居北京，曾三度接母亲到京观光。南方农村妇女不习惯北京生活，何况那时我家条件很差，她每住几月便吵着宁可回老家去，她最引以为骄傲的是看到皇宫了，回乡后总向人吹嘘皇帝家里如何如何，她的见闻高人一等了。然而父亲始终没有空闲来北京，他忙着照料我弟弟的孩子们。爷爷对孙子都一样疼爱，住在京城的孙子和住在农村的孙子并无区别。有一次他说想来京了，我立即寄了路费去，但仍不能来。后来才知是乡政府不给开介绍信，因他土改时成分不好，不让走，那是五十年代。六十年代大饥馑，我们自己的定量也吃不饱，仍竭力给他寄糕饼点心。杯水车薪，他终于在饥饿中病死。我曾愿他在我落魄潦倒之前无痛苦逝世，而他偏偏在我留了洋当了教授后于贫病中断气。我如今住在高楼了，家里电气化了，生活宽裕了，我和妻夜晚每忆及我那终生贫穷、尸骨已腐的父母，都深感未尽反哺之情，不胜内疚。"父亲帮助儿子的时候，两个人都笑了；儿子帮助父亲的时候，两个人都哭了。"老友秉明在《忆父亲》篇前引的这句希伯来谚语，也正真实地道出了我的童年和父亲的晚年。

在工科和艺术的分道口，我投奔了艺术。十三年后，我面临第二个分道口的抉择：留在巴黎呢还是返回北京。

国内有父母妻儿，他们盼我早日返回。但我将艺术看得重于亲情，重于自己的生命。妻儿日后可设法也迁到法国去，父母恐成诀别了。首先考虑的还是艺术，留在巴黎，艺术环境好，扬名国际艺坛的可能性当然远比国内大。国内共产党执政了，改变了国民党的腐败作风，民族前途出现了曙光，但其政策方针是否有利于艺术发展呢？撇开这些外在的客观因素，其时我已意识到有一个问题很关键：真正的艺术总诞生于真情实感，诞生于自己最熟悉的社会环境中，鱼离不开水，各具特色的花木品种都离不开自己的土壤。放弃飞黄腾达、享誉国际的虚荣，回到自己的乡土，深深扎根于苦难的深层，天道酬勤，日后总能开出土生土长的自家花朵吧。理性的认识并不那么轻易就能解决现实的抉择，同学们都面临同样的苦恼。歧途，谁知究竟哪边是歧途啊！经过几个月的反复思考，去、留的决定不知改变了多少次，最终我还是任性，一味着眼于追求真正的艺术，回国，要回国创造自己独特的艺术。我毫不犹豫地离开巴黎，不再留恋人家的梁园。

坎坷之路从此开始，远不止是生活的坎坷。过惯穷日子，生活苦点算不了什么，而这近半个世纪的艺术生涯确乎坎坷连着坎坷。八十年代后又几次回到巴黎，留居巴黎的老同窗均早已成就卓著，扬名国际艺坛了。看到他们宽敞的画室，令人羡慕，是我后悔的时候了吧？我曾经后悔过，不是当穷得要借钱度日或申请补助的时候，不是被批判为资产阶级知识分子的时候，而是被迫在农村劳动并剥夺尽作画时间的岁月中。那时天天背朝青天，面向黄土，劳动。我对劳动并无反感，劳动，那是耕耘，耕耘是我们的天职、本质。其时，我那几位留巴黎的同窗亦在奋力耕耘，在艺术中耕耘。我转向泥土草木，转向风景画，风景里是否可暂且安身立命呢？也许。这便是我由画人物而转向风景的缘由。往事渐杳，每当夜深无寐，回顾走过的路，庆幸乎？后悔乎？都由不得自己，毕竟我还是怯懦者、逃避者，我避入了风景画这个防空洞，为了艺术而苟且偷生，放弃了以艺术震撼社会的初衷。由于出身贫苦吧，我一向将娱乐看做奢侈，鲁迅才是我最崇敬的人，我曾幻想从事文学，步鲁迅的后尘。误入艺途，从事了绘画，也曾下决心要在绘画中做出鲁迅那样的功绩。歧途已远，今已成为白发满头的风景画家，不少友人和观众都曾感到我的绘画作品表现了优美和幸福，我真迷惑了，那是我吗？我在哪里？翻看近两年的新作，似乎渐渐远离优美和幸福，转向抒写晚年的惆怅，其中也蕴含着新生的盼望，有些标题是：《年华》《春如线》《花花世界》《流逝》《情结》《异化》《飘》《非天书》《沉沦》《色色空空》……

1995 年

走出象牙塔

　　1935 年前后的国立杭州艺术专科学校，是最宁静的时期，学生学习认真，教室里无人喧闹，只听得木炭条在纸上"嚓嚓"地作画声。竞争是激烈的，谁也不肯缺课，下午无业务课时教室锁门，倒是常有学生跳窗户进去作画，逃避理论课，不重视文化修养，认为技术是至高的。下午课程少，我们低年级学生便都出门画水彩写生：苏堤垂柳、断桥残雪、接天莲叶、平湖秋月……浓妆淡抹的西湖确是够令人陶醉的。傍晚，各人将自己的作品装入玻璃框，宿舍里每天有新作观摩，每当看到别人出了好作品，我便感到一阵刺激，其间夹杂着激动、妒忌与兴奋，盼望明天的到来，盼望明天自己的作品是最出色的。林风眠校长、林文铮教务长、教授们如吴大羽、刘开渠、蔡威廉、雷圭元等老师，几乎清一色都是留法的，从授课方式和教学观点的角度看，当时的杭州艺专近乎是法国美术院校的中国分校，王子云老师返国前，就是学校的驻欧代表。校图书馆里画册及期刊也是法国的最多，塞尚、梵·高、高更、马蒂斯、毕加索……我们早就爱上了这些完全不为中国人所知的西方现代美术大师。学校里教法文，但认真学的学生太少了，招生时本来就不够重视文化课，有些学生连中文都不很通，对外文更害怕，见了法文老师黄纪兴先生都躲着走，黄先生教学是很严厉的。因此看画册看图不识字，不求甚解，学人家的气派，不易辨感情的真伪。当时的课程是前三年素描，后三年油画（指绘画系），对西方现代艺术采取开放态度，但在教室里的基本功方面，要求还是十分严格的。当年的同学们今天分散在国内外，都已是花甲之人，回忆学艺之始，评析教学中的功过，如鱼饮水，冷暖自知，当能提出较客观的意见。每天上午的业务课都是西洋画，每周只有两个下午学中国画。虽然潘天寿老师的艺术和人品深为同学们敬佩，但认真学的人还是少，认为西洋画重要，中国画次要。因为中国画课时少，又基本从临摹入手，所以少数爱好国画的同学便在晚间画中国画，背着舍监（宿舍管理员）自己偷偷换个大灯泡。潘老师偏重于讲石涛、石谿、八大①，构图、格调、意境……倒也正是西方现代出色的艺术家们所追求和探索的方面，但当时同学们学得浅、窄、偏，自然还谈不上融会贯通。

正当学校将筹备建校十年大庆的时候，"七七"事变，日本帝国主义发动了侵华战争，宁静的艺苑里也掀起了抗日宣传活动。本来从不重视宣传画，这回却连老师教授们也动手画大幅宣传画了，而且都是用油彩画在布上的。我记得李超士老师画的是一个人正在撕毁日旗，题名"日旗休矣"；方干民老师画一个穿木屐的日本人被赶下大海；吴大羽老师画一只血染的巨手，题款：我们的国防不在北方的山冈，不在东方的海疆，不在……而在我们的血手上。战争形势发展得快，杭州危急，1937年的冬季，学校不得不仓皇辞别哈同花园旧址，全校师生乘坐木船逃避到诸暨县的乡卜去。诸暨也不是久留之地，便又迁向江西龙虎山张天师的天师府去，似乎那里还能重建失去了的象牙之塔。

那时候，不少同学不再跟学校逃难，直接去参加抗战工作。我们依附着学校的，也只能各自找火车或汽车的门路，到江西贵溪县报到，然后三三两两，自由组合，步行百多华里到龙虎山。我和朱德群、柳维和等数人到得较早。龙虎山里的"嗣汉天师府"相当宏伟，还不很破旧，看来可

① 八大：指八大山人，原名朱耷，中国明末清初著名画家。

容纳我们学校，只是桌椅板凳都缺，我们睡地铺，也许这里是避乱的桃花源吧，但又如何进行教学呢？正当我们爬上张天师的炼丹亭等处参观，寻找美好的写生角度时，有师生途中遭到了盗匪的袭击，学校于是改变定点龙虎山的计划，决定先回贵溪县集中，住在贵溪的天主堂里。家乡已沦陷的战区学生，断了经济来源。大都连伙食费也交不起了，我曾和彦涵及朱德群就在天主堂的门洞角落里同锅煮稀饭填肚子。

车、船、步行，鹰潭、长沙、常德，最后学校定居湖南沅陵老鸦溪。这时国立北平艺术专科学校也从北平流落到南方，教育部下令两校在沅陵合并，改名国立艺术专科学校，取消两校的校长，由林风眠、赵太侔（原北平艺专校长）及常书鸿三人组成校务委员会。庞熏琹、李有行、王临乙、王曼硕等许多老师就是那次从北平来的。北平和杭州早都沦陷了，南北两校的师生跋涉来到沅江之滨，但未能同舟共济，却大闹起学潮来。不久，教育部任命滕固来任校长，林风眠和赵太侔相继离开了学校。学潮平息后我们又开始了如饥似渴的学习，学校已盖起木板教室，教室里依旧画裸体。一路奔波，沿途也组织了宣传队，画过抗日宣传画，但思想深处并不以为那些也是艺术，如今有了木板画室，便又权作象牙之塔。虽然认为只有画人体才是艺术基本功的观念不可动摇，但生活的波涛毕竟在袭击被逐出了天堂的师生们，他们跌入了灾难的人群中，同尝流离颠沛之苦，发觉劳动者的"臭"和"丑"中蕴含着真正的美。大家开始爱画生活速写，在生活中写生：赶集的人群、急流中的舟子、终年背篓的妇女、古老的滨江县城、密密麻麻的木船、桅樯如林、缆索缠绵、帆影起落……挑、抬、扛、呼喊、啼哭……浓郁的生活气息包围着我们，启示了新的审美观。在杭州时顶多只能画画校内小小动物园里的猴子和山鸡，那春水船似天上座的西子湖实在太平淡了。同时出现了新风尚：湖南土产蓝印花布被裁缝成女同学的旗袍、书包，确乎显得比杭州都锦生的织锦更美。

虽然僻处湘西，仍常有日本飞机来袭的警报，一有警报便停课，大家分散到山坳里躲藏。事实上日机一次也没来投过炸弹，我便利用警报停课的时间，躲在图书馆里临摹"南画大成"，请求管理员将我锁在里面，他自己出去躲藏。那时制度不严，他善意地同意了，我今天还感激他的通融，让我临完了许多长卷。就当警报声中我锁在图书馆里临古画的时期，罗工柳、彦涵等不少同学纷纷离开了学校，据说是出外谋生，直至解放后才知他们是去了延安。留在学校的我们，破衣烂衫，依靠教育部每月五元的"战区学生贷金"生活。

敌人步步紧逼，长沙大火，沅陵又不能偏安了，学校决定搬迁昆明。搬迁计划分两步走，先到贵阳集中，再赴昆明。靠一位好心的医生给我找了不花钱的车（当时叫"黄鱼车"），我省下了学校发给的旅费，用以买画具材料。到贵阳又住进一个天主堂，几人合用一张小学生的课桌，于是有人偏重练习书法，有人专门出外画速写。速写，那是离开杭州后才重视的宝贵武器，董希文画速写最勤奋。卢是练书法最有恒心。我们遇上了惨绝人寰的贵阳大轰炸。每遇空袭警报，我们便出城画速写，那一天我爬到黔灵山上作画，眼看着一群日本飞机低飞投弹，弹如一阵黑色的冰雹。满城起火，一片火海，我丢开画具，凝视被死神魔掌覆盖了的整个山城，也难辨大街小巷和我们所在天主堂的位置。等到近傍晚解除警报，我穿过烟雾弥漫的街道回去，到处是尸体，有的大腿挂在歪斜的木柱子上，皮肉焦黄，露着骨头，仿佛是火腿。我鼓着最大的勇气从尸丛中冲出去，想尽快回到天主堂宿舍。但愈往前烟愈浓，火焰渐多，烤得我有些受不了，前后已无行人，只剩我一人了，才发觉市区道路已根本通不过，有的地方余弹着火后还在爆炸。我急急忙忙退回原路，从城外绕道回到了天主堂。天主堂偏处城边，未遭炸，师生无一罹难，只是住在市区旅店的常书鸿老师等的行李被炸毁一空，庆幸人身无恙。

大轰炸促使学校更迫切地迁往昆明。作出迁移决定后，有几位勇敢的同学，如李霖灿（今任台湾"故宫博物院"副院长）和夏明等，他们决心徒步进入云南。他们步了徐霞客的后尘，也可说是艺术宫里青年学生深入生活的先锋。我曾收到李霖灿沿途寄我的明信片，叙述各地风土人情，并配有钢笔插图。就是他明信片上速写的玉龙雪山使我向往玉龙数十年，1978年我终于到达了玉龙山。在丽江提起李霖灿，有些老人还记得他，他当年深入少数民族，长期苦心钻研纳西族文字，著书立说，后来以少数民族文学专家的身份进入了中央研究院。

学校迁昆明后，在市里借了个小学开课。因是当时唯一的一所国立艺术专科学校，国内许多有名望的艺术家都曾先后来校任教，许多在地方艺术学校学习过的学生也来转学，于是画风就更多样，但水平也更不齐了。同时，由于招生考试放松，教学要求已不严，学生中有些人并不想认真学艺，只是借个栖身之处，混张文凭，于是有人在搞各式各样的活动，进步的和反动的，有人学英文想当美军翻译，有人想当电影明星，谈恋爱之风盛行起来，对对双双形影不离，这在杭州是绝对禁止的。但仍不乏苦学苦钻的苦学生，有一位祁锡恩，学习解剖学苦无完善的教本和满意的教师，便自己土法编制，将从表层到深层的肌肉用多层图纸画出后制成活动解剖图，可一层层揭视，所下的功夫惊人。这时候，滕固校长宣布，请来了傅雷先生当教务长，大家感到十分欣喜，对傅雷很是崇敬的。傅雷先生从上海转道香港来到昆明，实在很不容易，他是下了决心来办好唯一的国立高等艺术学府的吧。他提出了两个条件：一是对教师要甄别，不合格的要解聘；二是对学生要重新考试编级。当时教师多，学生杂，从某一角度看，也近乎战时收容所。但滕校长不能同意傅雷的主张，傅便又返回上海去了。师生中公开在传告傅雷离校的这一缘由，我当时是学生，不能断言情况是否完全确切，但傅雷先生确实并未上任视事便回去了，大家非常惋惜。

在昆明搞过一次规模较大的义卖画展，展出部分师生的作品，用售票抽签得作品的办法，售款全部捐献抗日。空袭又频，学校迁到滇池边呈贡县的安江村上课。几个村庄里的数座大庙分别做了教室和宿舍，于是要在庙里画裸体，确曾费了不少努力。事过四十余年，一切都渐淡忘，前几年过昆明，我抽暇去安江村寻访旧时踪迹，才又忆起当年教学与生活的点滴。人生易老，四十年老了人面，但大自然的容貌似乎没有变，只是人家添多了，吉普车能曲曲弯弯颠颠簸簸地进入当年只有羊肠小道的安江村了。我仿佛回到了童年的故乡。向父老们探问自己的家，很快就找到了地藏寺旧址，今日的粮仓，昔日的男生宿舍。安江村还有两家茶馆，一家就在街道旁，里面聚集着老年人，烟气茶香，谈笑风生。我和同去的姚钟华等进茶馆坐下，像是开展对抗日战争时期国立艺术学府在这个偏僻农村活动的外调工作。老年人都记得"国立艺专大学"，他们是当年情况的目击者。有人说，"我家曾留有一本常书鸿的书，里面有许多照片和图画"，"有一本书里面有老师和学生的像，有的像不画鼻子和眼睛（指一本毕业纪念册）"，"你们那个阿波罗商店……"我们惊讶了，从老农嘴中听到阿波罗，真有点新鲜，我也茫然记不清是怎么回事了。"阿波罗商店不是卖包子、面条、花生米吗？"我才回忆起当年有几个沦陷区同学，课余开个小食品店挣钱以补助学习费用。"你们见什么都画，我们上街打酱油，也被你们画下来了，还拿到展览会展览。"在佛寺里画裸体，这更是给老乡们留下了难忘的记忆，他们记得画裸体时如何用炭盆生火，画一阵还让憩一憩，并说出了好几个模工的姓名，其中一位女模工李嫂还健在，可惜未能见到这位老太太，估计我也曾画过她，多想同她谈谈呵！"你们如不搬走，本计划在此盖新房、修公路，战争形势一紧张，你们走得匆忙，留下好多大木箱，厚本厚本的书，还有猴子、老鹰（静物写生标本）……直到解放后还保存着一些。"我们问村里有没有老师们的画，他们说多的是，有西画、国画、人像……"谁家还有？""破四旧都烧掉了。"最后我们重点找潘天寿、吴茀之和张振铎老师合住过的旧址，凭记忆找到了区域位置，但那里有两三家都住过教师，房子结构和院落形式都相似，一时难肯定是哪一家，偏偏关键的老房东又外出了。

正如老乡们所说，由于战争形势紧张，越南战局危及昆明，学校又从安江村搬迁四川璧山县。滕固校长卸职，由吕凤子先生接任校长，吕先生先已住在璧山县办正则中等艺校，也由于这个方便艺专才迁到了璧山县。在安江村时期，已由潘天寿老师等提出中国画与西洋画分家，独立成中画系。吕先生自然也是赞成国画独立的，于是招生也就分别考试，中画系学生的素描基础大都较差，而更像文质彬彬的书生，背诗诵词，年纪轻轻已具古色古香的文人气派。我自己是鱼和熊掌都舍不得，本来西画学得多，因为崇拜潘老师，一度转入中画系，但感到不能发挥色彩的效果，后又转回西画系，因之必须比别人多学一年。

璧山县里借的"天上宫"等处的房子不够用，便在青木关附近的松林岗盖了一批草顶木板墙教室，学生宿舍则设在山顶一个大碉堡里，上山下山数百级，天天锻炼，身体倒好，就是总感到吃不饱。先是抢饭，添第二碗时饭桶里已空，每人都改用大碗，一碗解决。有人碗特大，满装着高如宝塔的饭，他坐下吃，你对面看不到他的脸。后来改用分饭的办法，以桌为单位平均分配，于是男同学极力拉女同学编成一桌，总还是感到饿和馋。有一回我们几个人打死一条狗，在一位广东同学的指导下，利用教室里画人体时模特取暖用的炭盆煮狗肉吃，当然是夜里偷着吃。第二天教室里仍是腥味熏天，关良老师来上课，大家真担心。

画人体，画人体，千方百计画人体，毕业后便永远与人体告别。历届毕业同学到哪里去了？谁知道。自寻门路去了。黄继龄在昆明刻图章，据说有点小名气，董希文去了敦煌，卢是随王子云老师的文物考察团去了西北，这些都是最难得的机会。现在轮到我毕业了，先努力想找个中学图画教员的工作，结果在一个小学当了临时代课教员，幸而不久在国立重庆大学建筑系找到了助教工作，教素描和水彩，实在是太偶然的好机会了，令同学们羡慕。我于是开始全力攻法文，等待时机到巴黎去，那里才有我一直追扑的坚厚伟大的象牙之塔！我那可怜的母校，背着一群苦难的儿女长途颠沛流离的娘亲，又从青木关搬迁到了磐溪，由陈之佛先生接任吕凤子的校长职务。

终于盼到了日本侵略者的投降，1946 年国立艺术专科学校又一分为二，回到了杭州和北平，这便是今天中央美术学院和浙江美术学院的前身。我也终于钻进了巴黎坚固的象牙之塔，在那有三百年历史的美术学院里安心画人体，解除了在风雨飘摇中不断搬迁的忧虑。我确乎在人体中学习到基本功和不少造型艺术的重要因素，但一味钻进去，感到此中已找不到艺术的出路和归宿。巴黎的蒙马特有一处广场麇集着艺人卖画的摊贩，画得都很没意思，许多画家还以当场画像招徕主顾。这里正被世界各国的旅游者们视为巴黎的名胜风光，我在巴黎的几年中只去看过一次，一看立即感到一阵心酸，这些乞儿一般的同道们大都也曾在象牙之塔里受到严格的技法训练。我开始对长期所追求的象牙之塔感到空虚和失望。而被赶出杭州后一路的所见所闻：泥土和江流、贫穷和挣扎、血腥和眼泪……不断向我扑来，而且往往紧啮着我的心脏。当年我总怨这些无可奈何的客观现实在干扰我们的学习，时时在摧毁我们的象牙之塔。在海外初次读到《在延安文艺座谈会上的讲话》时，对生活源泉的问题特别感到共鸣，大概就是由于先已体验了生活实践与艺术实践的关系，认识到永难建成空中楼阁的象牙之塔吧。我回到了自己的国土上，重新脚踏实地地走路。路，只能在探索中找寻，在人民中找寻！

1985 年

忆初恋

　　沅江流至沅陵，十分湍急，两岸的渡江船必须先向上游逆进约一华里，然后被急流冲下来，才能掌握在对岸靠拢码头。1938 年，日寇向内地步步紧逼，我们学院迁至沅陵对岸的荒坡老鸦溪，盖了一群临时性木屋上课。老鸦溪没有居民和商店，要采购什物必须渡江到沅陵城里去，但渡江是一场斗争，是畏途，且不无危险，故轻易不过江。

　　我患了脚疮，蔓延很厉害，不得不渡江到城里江苏医学院的附属医院去诊治，每隔二三天便须去换一次药。江苏医学院从镇江迁来，同我们一样是逃难来的学府，医院的工作人员也都是从江苏跟来的，同乡不少。门诊部的外科主任张医师与我院一位女同学梅子恋爱了，他们间经常要交换书信或物品，托我带来带去最为快捷方便。梅子像姐姐一样待我，很和蔼，张医师又主治我的脚疮，我当然非常乐意做他们之间的青鸟。

　　顽固的脚疮数月不愈，我长期出入于门诊部。门诊部只有三四个护士，替我换药的也总是那一位护士小姐，像是固定的。日子一久，我渐渐注意到经常替我换药的她。她不说话，每次照样擦洗疮口，换新药，扎绷带，接着给别的病人换药去。我有时低声说谢谢，她没有反应，也许没听见。她文静、内向，几乎总是低着头工作，头发有时覆过额头。她脸色有些苍白，但我感到很美，梨花不也是青白色吗，自从学艺后我一度不喜欢桃花，认为俗气。她微微有些露齿，我想到《浮生六记》中的芸娘也微露齿，我陶醉于芸娘式的风貌。福楼拜比方：寂寞，是无声的蜘蛛，善于在心的角落结网。未必蜘蛛，但我感到心底似乎也在结网了，无名的网。十八岁的青年的心，应是火热的，澎湃的，没有被织网的空隙。我想认识她，叫她姐姐。我渴望宁静沉默的她真是我的亲姐姐，我没有姐姐。

星期日不门诊，我一大早过江赶到门诊部，在门诊部与护士宿舍之间的街道上来回走，盼望万一她出门来。她果真一人出门了，我大胆追上去惴惴地问：小姐，今天是否有门诊？显然是多余的话，但她善意地答今天休息。我居然敢于抓紧千钧一发的时机问她尊姓，她说姓陈，再问她哪里人，她说南通人。不敢再问，推说因收不到江苏的家信才打听消息。于是满足地、心怦怦跳，我在漫天大雾中渡江回老鸦溪去了。

本来可以向张医师打听关于这位陈姓护士的情况，但绝对不敢，太害羞了。有一次换药时姓陈的她不在，由另一位护士给我换，我问这位护士经常给我换药的那位南通人陈小姐叫什么名，我托词有南通同乡有事转信。略一迟疑，她用钢笔在玻璃板上写了"陈克如"三字。我回到学院，写了一封长长的信寄给陈克如小姐。半个多世纪前的情书没有底稿，全篇只是介绍自己，自己的心，希望认识她，得到她的回音，别无任何奢望，没有一个爱字，也不理解什么是爱，只被难言的依恋欲望所驱使，渴望永远知道她的踪影。信发出后，天天等她的回信。回信不来，我也就不敢再去门诊部换药了，像罪犯不敢再露面。

战事紧迫，长沙大火，沅陵已非安身之地，学院决定迁去昆明。师生员工已分期分批包了车先到贵阳集中，再转昆明。我不想走，尽力争取最后一批走。最后一批的行期终于无情地到来，我仍未盼到陈克如小姐的回音。张医师交际广，门路多，他答应为我及同学子慕（梅子的同乡）两人找"黄鱼车"，就是由司机通融免费搭他的货车走，这样，我们自己便可领一笔学院配给的路费。我和子慕一直留到最后才离开沅陵。同学中只剩下我和子慕两人了，我忍不住向他吐露了心底的秘密和痛苦，博得了他的极大的同情和鼓励。

非离开沅陵不可的前夜，冒着狂风，子慕陪我在黑夜中渡过江，来到护士宿舍的大门口，我带了一幅自己最喜爱的水彩画，预备送她做告别礼物。从门口进去是一条长长的幽暗过道，过道尽头有微弱的灯光。我让子慕在门外街角等我，自己悄悄摸进去，心怦怦地跳。灯下有人守着，像是传达人员，他问我找谁，我壮着胆子说找陈克如。他登上破旧的木头楼梯去，我于是又退到阴暗处看动静。楼梯咯咯地震动，有人大步下楼来，高呼：谁找我！是一个老太太的声音。我立即回头拔腿逃出过道，到门外找到子慕，他迫切地问：见到了吗？我气喘得不能说话，一把拉着他就往江边跑，待上了渡船，才诉说惊险的一幕。

翌晨大风雪，我和子慕爬上货车的车顶，紧裹着棉衣，在颠颠簸簸的山路中向贵阳方向驰去，开始感到已糜烂了的脚疮痛得厉害。几天共患难的旅程中我和子慕一直谈论她，虽然他并未见过这位我心目中的洛神。在贵阳逗留几个月，我天天离不开子慕，仿佛子慕就是她，也只能对子慕才能谈及她。离沅陵前我曾给陈克如寄去几封长信，渗着泪痕与血迹的信吧，并告以我不得不离开沅陵，同时附上我们学院在贵阳的临时通信地址。有一天，我收到一封不相识者的来信，教导我青年人做事要三思而行，说我喜爱的、给我经常换药的那位护士叫陈寿麟，南通人，二十一岁，我以后有信寄给她，还祝我如愿。我和子慕研究，写信人大概就是陈克如，那位老太太，门诊部的护士长。我于是写信给比我大几岁的陈寿麟，称她姐姐，姐姐始终未回信。

我们遇上了贵阳大轰炸，惨不忍睹。有一天我和子慕在瓦砾成堆的街头走，突然发现了门诊部的几位护士，她亦在其中，她们也迁来贵阳了！我悄悄告诉子慕这一惊心动魄的奇遇，我们立即远远地跟踪她们。见她们到一刻字摊上刻图章，我们随后也到这摊上假意说刻章，暗中察看刚才那几位刻章者的姓名，其中果然有陈寿麟，千真万确了。最后，一直跟到她们要进深巷中去了，我不敢进去，易暴露，由子慕一人进去，他看准她们进入了毓秀里81号的住宅宿舍。我接着写信寄本市毓秀里81号，心想也许从贵阳寄沅陵的信她并未收到。然而本市的信寄出多日，依旧音讯全无。

贵阳仍经常有轰炸，那次大轰炸太可怕了，全城人皆是惊弓之鸟，每闻警报，人人往城外逃命。我们宿舍在城边，我听到警报便往城里跑，跑到毓秀里的巷口，我想她亦将随人流经巷口奔出城去。但经过多次守候，每次等到城里人都跑光了，始终没见她出来。大概我到迟了，因听到警报，虽立即从宿舍奔去毓秀里，路途毕竟要跑一段时间。于是，不管有无警报，我清晨六点钟前便在毓秀里巷口对面一家茶馆边等待，一直等到完全天黑，而且连续几天不间断地等，她总有事会偶然出门吧。然而再也见不到她的出现。我记得当时日记中记述了从清晨到黑夜巷口的空气如何在分分秒秒间递变。有一次，突然见到她的同事三四人一同出来了，我紧张极了，但没有她。她的同事们谈笑着用手指点我守候的方位，看来她们已发觉了，我也许早已成为她们心目中的傻子，谈话中的笑料。我不得不永远离开，不敢再企望见到她的面或她的倩影。但我终生对白衣护士存有敬爱之情，甚至对白色亦感到分外高洁，分外端庄，分外俏。

四十年代我任重庆大学助教，因事去北碚，发现江苏医学院的附属医院就迁在北碚，于是到传达室查看职工名牌，陈克如居然还在，但陈寿麟已不知去向。张医师和梅子结婚后早已离开门诊部，解放后他们在杭州工作，我曾到杭州他们家做客，久别重逢，谈不尽的往事，未有闲暇向他们诉说这段沅陵苦恋的经过，不知张医师会不会记得陈寿麟其人，她今在人间何处？

1992 年

我负丹青·此情此景

望尽天涯路

　　1982年春天的一个下午,我和秉明走进巴黎私立的业余美术学院"大茅屋"。

　　三十年前,我每天上午到巴黎美术学院学习,下午参观博物馆、画廊,到鲁弗尔美术史学校听课,晚间除去补习法文的时间外,便总是在这里画人体速写。

　　"大茅屋"虽非茅屋,也确是简陋的,但这里麇集着世界各国的艺术家,男女老少还是老样子,旧气氛。只是我没带画夹,也忘掉流失了的三十年岁月。

　　出了"大茅屋",我们进入附近一家小咖啡店,也是三十年前常去的老店,相对坐下,额头的皱纹对着额头的皱纹,昔日的同窗已是两个年过花甲之人。雕刻家熊秉明现任巴黎大学东方语言文化学院中文系主任,我呢,是以中国美术家代表团团长的身份,刚访问了西非三国,路经巴黎返国。我总不忘记秉明讲过的一个故事,说有三个寓居巴黎的俄国人,他们定期到一家咖啡店相聚,围着桌子坐下后,便先打开一包俄国的黑土,看着黑土喝那黑色的咖啡。我很快意识到忘了带一包祖国的土,那撒进了周总理骨灰的土!我立即又自慰了,因我很快就要飞回北京,而秉明近几年来也曾两度返国。

　　那是多年前的事了,他写信告诉我,他将自己的寓所题名"断念楼"。在恋爱纠纷中,爱的交错中,人们也许下过断念的决心,但对母亲,对祖国之爱，真能断念吗？我复信偏偏直戳他的痛处："楼名断念，正因念不能断也！"

留在巴黎的老同学不止秉明，还有法学博士志豪、史学家景权……及著名画家无极和德群，他们都各自作出了贡献，为祖国争得了荣誉。秉明问："如果你当年留在巴黎，大致也走在无极、德群他们的道路上，排在他们的行列里，你满意吗？"我微微摇头，秉明也许知道我会摇头，这摇头的幅度远及三十年、六十年！

1946年，我和秉明等四十人考取了留法公费，到巴黎学习。我曾打算在国外飞黄腾达，不再回没有出路的旧中国。凭什么站住脚跟呢？凭艺术，为艺术而生是我当时的唯一愿望。花花世界的豪华生活于我如浮云，现代艺术中敏锐的感觉和强烈的刺激多么适合我的胃口啊！我狂饮暴食，一股劲地往里钻。鲁迅说，吃的是草，挤的是奶。但当我喝着奶的时候却挤不出奶来，我渐渐意识到：模仿不是艺术，儿童和鹦鹉才学舌。虽然水仙不接触土壤也开花，我却缺乏水仙的特质，感到失去土壤的空虚。当别人画圣诞节时，我想端午节，耶稣与我有什么相干！虽然我也没有见过屈原，但他像父亲般令我日夜怀念……我不是一向崇拜梵·高、高更及塞尚等画家吗？为什么他们都一一离开巴黎，或扎根于故乡，或扑向原始质朴的乡村、荒岛？我确乎体验到了他们寻找自己灵魂的苦恼及其道路的坎坷。我的苦闷被一句话点破了："缺乏生活的源泉。"

憎恨过政治腐败、生产落后的旧中国的游子怀乡了。故乡的父老兄妹是可亲的，可惜他们全都看不懂我的艺术，无知是他们的罪孽吗？贫穷绝不是他们的过错。我们画室来了一个体态优美的女模特儿，受到大家的赞扬，但只画了三天便旷课不来了，别人说她投塞纳河自杀了。谁知她为什么自杀？但我眼前却浮现了童年见过的几个上吊和投河的青年女尸，她们原都是我认识的美丽的好人。

回想当年离开上海到欧洲去，搭的是美国邮轮，船将抵意大利的

01　重访巴黎"大茅屋"画室（2000年）

拿波里港，旅客们便登岸换火车。船上头、二三等舱的旅客纷纷给服务员小费，一二十美元的小费人家看不上眼，我们四等舱里的中国留学生怎么办？开个紧急会，每人出一二元，集成数十元，派个代表送给服务员，可美国人说，不要我们四等舱里中国人的小费。有一年暑假我在伦敦度过，经常乘坐那种二层楼似的红色汽车，那车中售票员挂着皮袋，售票的方式同今天北京的情况仿佛，也同时用硬币和纸币。有一回我用一个硬币买了票，身旁一位胖绅士接着拿出一张纸币买票，售票员将刚才我买票的那个硬币找补给他，他轻蔑地摇摇头，售票员只好另换一个补给他。

巴黎美术学院与鲁弗尔博物馆只隔一条塞纳河，一桥相通，趁参观人少的时候，我们随时可进馆去细读任何一件杰作。我一人围着米洛的维纳斯转，转来又转去，正好没有什么人参观，静悄悄的，似乎可以同爱神交谈哩。大腹便便的管理员向我姗姗蹀来。我想他大概闲得发慌，来同我谈艺术解闷吧，便笑脸相迎。他开口了："在你们国家哪有这样珍贵的东西！"我因缺乏急中生智的才华而受惯了闷气，这回却突然开窍了："这是你们的东西吗？这是希腊的，是被强盗抢走的。你们还抢了我们祖先的脑袋，吉美博物馆①里的中国石雕头像是怎样来的？"

1982年从巴黎返国后，我又去了西安，在霍去病墓前，在秦俑坑前，在碑林博物馆的汉唐石雕前，我想号啕痛哭，老伴跟随我，还有那么多观众，我不敢哭。哭什么？哭它太伟大了，哭老鹰的后代不会变成麻雀吧！

对留学的经历，我记忆犹新，青年人总是不安于自己的现状。师范毕业后我当了大学的助教，超出了父亲的当小学教员的最高期望。但大学校长在一次助教会议上说："助教不是职业，只是前进道路中的中转站……"当时确实没有白胡子助教，要么早已改行了。留学！这是助教们唯一的前程，夜深沉，我们助教宿舍里灯光不灭，这里是名副其实的留学

---

① 巴黎吉美博物馆专门收藏陈列东方艺术品。

190

生预备班。我的老师们大都是留法的，他们谈起过勤工俭学的留学生涯，也有因没有路费便到海轮上充当水手混出国的，自然这也便是我追踪的一条窄路了。没有钱，只要能出了国，便去做苦工，或过那半流浪式的生活，一切为了至高无上的艺术。但要混，首先要通法语，否则怎么混得下去呢？后来我才知道，不通法语混下去的"留学生"也还是有的，那就是靠了娘老子给的许多许多的钱。我于是下决心攻读法文，在艺术学校时奋力钻研艺术技巧，对法语学得很马虎。亡羊补牢，犹未为晚，我利用沙坪坝大学区的有利环境，到中央大学外文系旁听法文，同时兼听初、中及高级班法文，饿得慌啊！经人介绍认识了焦菊隐先生，跟他补习法文；又经人介绍认识了近郊天主堂里的法国神父，只要他约定了时间，无论是鹅毛大雪或是暴雨之夜，泥泞滑溜的羊肠小道，从未能迫我缺一次课。精力还有剩余，到重庆旧书店里搜寻到一批脏旧破烂的法文小说，又找来所有的中文译本，开始逐字逐句对照着读，第一本读的是《茶花女》，其后是《莫泊桑小说选》《包法利夫人》《可怜的人们》……书读了高高一堆了，每读一页，往往得花上半个小时以上的时间，手里一直捏着那本已被指印染得乌黑乌黑的字典。当时吃的糙米饭里满是沙子、稗子、碎石子，人称百宝饭，吃饭时边吃边拣，全神贯注，吃一碗饭要花许多工夫。我突然发觉，这与我读法文拣生字是多么的相似！拣，拣，那一段拣生字和沙子的生活多值得怀念啊！

喜从天降，日本投降了，此后不久，教育部考选送欧美的公费留学生，其中居然有两个绘画名额，我要拼命夺取这一线生机。我的各门功课考得都较满意，唯有解剖学中有关下颌骨的一个小问题答得有些含糊，为此一直耿耿于怀，闷闷不乐。到沙坪坝街头去看耍把戏解解愁吧，那卖艺人正摆开许多虎骨和猴头，看到那白惨惨的猴头下颌骨，真像箭矢直戳心脏似的令我痛心！直到几个月后，留学考试发榜，我确知被录取了的时候，这块可恶的下颌骨才慢慢在我心头松软下去。

我到巴黎了，不是梦，是真的，真的到了巴黎了。头三天，我就将鲁弗尔博物馆（卢浮宫）、印象派博物馆和现代艺术馆饱看了一遍，我醉了！然而我那黄脸的矮小个儿，那一身土里土气的西装，受不到人们的尊敬。虽说明显地表示蔑视的事例不算太多，但触及自尊，谁不敏感呢。有一回我到意大利偏僻的小城西乙那去看文艺复兴早期的壁画，在街头，有一个妇女一见我便大惊失色地呼叫起来。她大概是乡下人，从未见过东方人，她的惊恐中没有蔑视和恶意，但通过她这面镜子，我还是有自知之明的。我用人家的语言同人家谈话，说得不如人家流畅，自己很感别扭，心情不舒畅。在国内，我曾以能讲点法语为荣，在巴黎，反因为什么都不能用自己的语言同人谈话，感到低人一等。留学，留学，留在异邦，学人家的好东西，那些好东西自己没有，委屈些吧，忍气吞声也要学到手。我曾利用假期，两次到意大利参观博物馆，却一回也没有进过餐厅。面包夹香肠比重庆的百宝饭要高级多了，但找个躲着吃的地方却不太容易。

半年，一年，我首先从同学和老师处逐渐地得到真心实意的尊重和爱护。绘画这种世界语无法撒谎，作品中感情的真、假、深、浅是一目了然的，这不是比赛篮球，个儿高的未必是优胜者。那是在三年公费读完的时候，苏弗尔皮教授问我，要不要他签字替我申请延长公费？我说不必了，因我决定回国了。他有些意外，似乎也有些惋惜。他说："你是我班上最好的学生，最勤奋，进步很大，我讲的你都吸收了。但艺术是一种疯狂的感情事业，我无法教你……你确乎应回到自己的祖国去，从你们祖先的根基上去发展吧！"教授感到意外是必然的，我原计划还要住下去，永远住下去，如今改变初衷，突然决定回国，也出乎自己的意外。天翻地覆慨而慷，从异邦看祖国，别人说像是睡狮醒来了。不，不是睡狮之醒，是多病的母亲大动手术后，终于恢复健康了。我已尝够了孤儿的滋味，多么渴望有自己健康长寿的母亲啊！那时，解放区的两位女代表在巴黎一家咖啡店里，同我们部分留学生相见，张挂起即将解放的全国形势图，向我们讲解党对知识分子的政策，欢迎我们日后回国，

02

02 1993年11月，在巴黎塞纽奇博物馆"吴冠中画展"开幕式上，吴冠中与朱德群（右一）、赵无极（右二）、巴黎市第八区区长合影

参加新中国的建设。形势发展得很快，待到中华人民共和国成立时，我们在学生会里立即挂起了五星红旗。于是学生会与国民党的大使馆之间展开了激烈的斗争，国民党的大使曾以押送去台湾来威胁我们，但不久使馆里的好几位工作人员起义支援学生了。形势发展很快，在我们留学生的脑海中，也掀起了波涛，回不回国的问题像一块试金石，明里暗里测验着每个人对祖国的感情。回去？巴黎那么好的学习环境，不是全世界艺术家心目中的麦加吗，怎能轻易离开？何况我只当了三年学生，自己的才华还未展露，而且说句私房话，我这个黄脸矮个儿中国人，有信心要同西方的大师

们来展开较量！不，艺术的较量不凭意气，脚不着地的安泰①便失去了英雄的本色，我不是总感到幽灵似的空虚吗？回去，艺术的事业在祖国，何况新生的祖国在召唤，回去！我已经登上归国的海轮了，突然又后悔了，着急起来，急了一身汗，醒了原是一梦。啊，幸而我还睡在巴黎！过了几个月，还是决定要回去，终于登上海轮了，确实登上了海轮，绝不是梦了，那是 1950 年夏天。

归航途中，游子心情是复杂的，也朦胧，我情不自禁地在速写本的空白处歪歪斜斜记下了一些当时的感受，且录一首：

> 我坐在船尾，
> 船尾上，只我一人。
> 波涛连着波涛，
> 一群群退向遥远。
> 那遥远，只是茫茫，没有我的希望。
> 猛记起，我正被带着前进！
> 落日追着船尾，
> 在海洋上划出一道斜辉，
> 那是来路的标志……

我并不总坐在船尾，而更多地憧憬着来日的艺术生涯。河网纵横的家乡，过河总离不开渡船，压弯了背的大伯，脸上有伤疤的大叔，粗手笨脚的大婶，白胡子老公公，多嘴的黄毛丫头……还有阿 Q 吧，他们往往一起碰到渡船里来了，构成了动人心魄的画面。我想表现，表现我那秀丽家乡的苦难乡亲们，我想表现小篷船里父亲的背影和摇橹的姑爹，我

---

① 安泰是希腊神话中的英雄，但一离地面便失去力量。

我负丹青·此情此景

想表现……我想起了玄奘在白马寺译经的故事，我没有取到玄奘那么多经卷，但我取到的一些造型艺术的形式规律，也是要经过翻译的，否则人民的大多数不理会。这个翻译工作并不比玄奘译经容易，需要靠实践来证明什么是精华或糟粕，我下决心走自己的路，要画出中国人民喜爱的油画来，靠自己的脚去踩出这样一条路。

到北京了，我这个生长于南方的中国公民还是第一次见到北京。在天安门的观礼台上，我看到第一个国庆节日浩浩荡荡的游行队伍。我这矮个儿拔高了，我的黄脸发红光了。我被分配到中央美术学院任教，我多么想将西方学来的东西倾筐似的倒个满地，让比我更年轻的同学们选取。起先，同学们是感兴趣的，多新鲜啊，他们确确实实愿意向我学习。过了一年多，文艺整风了，美术学院首先反对"形式主义"，说我是形式主义的堡垒，有人直截了当地提出，要我学了社会主义的艺术再来教课。社会主义的艺术到哪里去学？我不知道，大概是苏联吧！说来惭愧，当我给同学们看过大量彩色精印的世界古今名家专集后，他们问有没有列宾的，我不觉一怔，列宾是谁？我不知道。我曾以为自己几乎阅尽世界名作，哪有连名字都不知道的大画家呢！查法文的美术史，其中提到列宾的只寥寥几行，我的知识太浅薄了！有一天，在王府井外文书店见到一份《法兰西文艺报》，头版头条大标题介绍列宾，这报刊我在巴黎时常看，感到很亲切，便立即买回家读。那是著名的进步诗人阿拉贡写的介绍，文章头一句便说："提起列宾，我们法国的画家恐怕很少人知道他是谁。"啊！是这么回事，我几乎要以此来原谅自己的孤陋寡闻了！我所介绍的波堤切利、夏凡纳、塞尚、梵·高、高更……同学们一无所知，但他们也很想了解。然而有人说我是在宣扬资产阶级的形式主义，并说自然主义只是懒汉，而形式主义才是真正的恶棍，对恶棍不只是应打倒的问题，要彻底消灭。造型艺术中的形式问题，没有人认真研究。什么是形式主义，谁也不敢去惹。在那些"无产阶级立场坚定"的人的眼里，我这个从资本主义国家回来的"资产阶级知识分子"，满身是毒素，他们警惕地劝告同学们别中我的毒。我终于被调到清华大学建筑系，教教水彩之类偏于"纯技法"的绘画课程。后来又离开清华，到艺术学院任教，那已是提出"双百"方针的时候了。

我被调出美术学院，不只因教学观点是属于资产阶级的，还有创作实践中的别扭与苦恼。连环画、宣传画、年画……我搞不好，硬着头皮搞，心情并不舒畅。我努力想在油画中表现自己的想法，实现归国途中的憧憬，但有一个紧箍咒永远勒着我的脑袋——"丑化工农兵"。我看到有些被认为"美化了工农兵"的作品，却感到很丑。连美与丑都弄不清，甚至颠倒了。据说那是由于立场观点的不同，唯一的道路是改造思想。我真心诚意地下乡下厂，与工农群众同吃同住，吃尽苦中苦，争做人中人。劳动，批判，改造；再劳动，再批判，再改造，周而复始地锻炼，直到"文化大革命"。我想自己是改造不好的了，不能再表现我触摸过他们体温的乡亲们，无法歌颂屈原的子孙了。但我实在不能接受别人的"美"的程式，来描画工农兵。逼上梁山，这就是我改行只画风景画的初衷。

潘光旦先生在思想改造汇报中写过的几句话，我一直忘不了，因为写得真实："农民看到我用的手帕，以为是丝的（其实是布的），我很难过。他们辨出我抽的烟丝同他们抽的原来是一样的，我感到高兴。"我住在农民家，每当我作了画拿回屋里，首先是房东大娘大嫂们看，如果她们看了觉得莫名其妙，她们绝不会批判，只诚实又谦逊地说："咱没文化，懂不了。"但我深深感到很不是滋味。有时她们说，高粱画得真像，真好。她们赞扬了，但我心里还是很不舒服，因我知道这画画得很糟，我不能只以"像"来欺蒙这些老实人。当我有几回觉得画得不错的时候，她们的反应也强烈起来："这多美啊！"在这最简单的"像"与"美"的评价中，我体会到了农民们朴素的审美力，文盲不一定是美盲。而不少人并非文盲，倒确确实实是美盲，而且还自以为代表了工农兵的审美与爱好。今年我去了华山，在华山脚下，有些妇女在卖自己缝制的布老虎，那翘起的尾巴尖上，还结扎着花朵似的彩线，很美。我正评议那尾巴的处理手法，她解释了：不一定很像，是看花花么，不是看真老虎！

我并不以农民的审美标准作为唯一的标准，何况几亿农民也至少有千万种不同的审美趣味吧。我并没有忘记巴黎的同学和教授，我每作完画，立刻想到两个观众，一个是乡亲，另一个是巴黎的同行老友，我竭力要使他们都满意。有人说这不可能，只能一面倒，说白居易就是雅俗共赏的追求者，因之白诗未能达到艺术的高峰。但我还是不肯一面倒，努力在实践中探寻自己的路，不过似乎有所侧重，对作品要求群众点头，专家鼓掌。

"搜尽奇峰打草稿。"三十个寒暑春秋，我背着沉重的画具踏遍水乡、山村、丛林、雪峰，从东海之角到西藏的边城，从高昌古城到海鸥之岛，住过大车店、渔家院子、工棚、破庙……锻炼成一种生理上的特异功能。当我连续作画一天时，中间可以不吃不喝，很多朋友为我这种工作方式担心，有时中间勉强我吃一个馒头，结果反倒要闹消化不良的毛病。我备的干粮，总是在作完画回宿处时边走边啃，吃得很舒服。那才是西太后的窝窝头呢。饮食无时学走兽，我特别珍惜这可贵的生活能耐，这是我三十年江湖生涯中所依靠的"后勤部长"啊，如今齿危兮，发斑白，怕我这位忠心耿耿的"后勤部长"亦将退休了！"旅行写生"一词，本不含有什么恶意或贬义，只在"文化大革命"中被批判为"游山玩水"。但我一向很不喜欢称我的工作为"旅行写生"。我不是反对别人在游山玩水中同时写生，只是我自己从未体验过边旅行边写生的轻松愉快。1959年酷热的夏天，我利用暑假，自费到海南岛去，背着数十公斤的油画材料和工具，坐硬座车先到广州。火车晚点，抵广州时已是晚上十点来钟，站上排着好几条长长的队伍，我两肩背着、两手提着笨重的行李，一步一步挪动着排在队尾，弄不清队头的情况，只好全凭别人的指点。我不懂广东话，别人给我比画又比画，到底还是弄错了，排了半个多小时的队，才看出我原来是排在买西瓜的行列里。于是重新排入登记旅店的队，再排乘坐三轮的队，及至抵达遥远的一家小旅店时，店主人说没有空床。我说是登记处指定来住的，他说那是昨天的空床，此刻已是凌晨一点多了。从广州返回北京时，我的行李已变成大包的油画，画在三合板上，油色未干透，画与画之间留有空隙，千万不可重压，但行李架上已积压得满满的了。无可奈何，只好将画安置在自己的座位上。我从广州站到北京，站肿了腿，但油画平安无恙地到家了，我很满意。

"四人帮"倒台后，我的情况好起来，被邀请出去作画和讲学的机会多起来，坐飞机、坐软卧，而且当地总有不少美术工作者照顾着，陪同下去作画，有时还有摄影工作者跟着，拍摄我作画的镜头。我很不喜欢那些表现画家作画的镜头，绝大多数都是装腔作势，反使观众误解画家的工作。风和日丽的好天气，一群人前呼后拥地围着我一同到野外写生，摄影师忙开了，要我这样、那样地摆姿势，有时我正工作紧张，连蚊子咬在手臂上都抽不出手去拍打，可我却往往要为被摄影而变换位置。

1979 年的冬末，我在大巴山中写生，冒着微雨爬上高山之巅，去画那俯视下的一片片明镜似的水田。正因微雨，烟雾蒙蒙的蜀中山色分外迷人。山高路滑，天寒手冻，居然还有一位青年女画家罗同志坚持着跟我上山。我们在公路边选定角度，路边的小树尚未发芽，便将伞扎在它瘦瘦的躯干根部，勉强遮着点画面和调色板，人蹲着画，张丌着双臂的背又从另一面保护了画面。细雨不停，我们的背湿透了，手指逐渐僵硬起来。这都不算什么，最怕那无情的大卡车不时在背后隆隆驶过，激起泥浆飞溅。快！我们像飞机轰炸下掩护婴儿的妈妈，急忙伏护画面，自己的背上却被泥浆一再地挥写、渲染，成了抽象绘画。真可惜，这时却没有跟踪的摄影师！

我之不喜欢"旅行写生"这名词，不仅是由于它会令人误以为写生是轻松的旅行，更由于它是对写生实质的一种误解。"旅行写生"不意味着只是图画的游记吗？最近有人问我对文人画有何看法。我说文人画有两个特点：一是将绘画隶属于文学，重视了绘画的意境，是其功；但又往往

我负丹青 · 此情此景

以文学的意境替代了绘画自身的意境，是其过。另一特点是所谓笔墨的追求，其实是进入了抽象的形式美的探索，窥见了形式美的独立性。由于传统的民族心理习惯的熏陶，我爱绘画的意境；由于对西方现代艺术的爱好，我重视形象及形式本身的感染力。鱼和熊掌都要，我不满足于印象派式地局限于一定视觉范围内的写生；我也不满足于传统山水画中追求可游可居的文学意境。我曾长期采用在一幅画中根据构思到几个不同地点写生的方式组织画面，我称之谓边选矿、边炼钢。目的是想凭生动的形象来揭示意境。多数群众从意境着眼，他们先听歌词。而对美术有较深修养的专家则重视形式，分析曲谱。作者呕心沥血，在专家与群众之间沟通，三十年过去了，三十年功过任人评说。

我本来年年背着画箱走江湖，而"文革"期间，在部队劳动的那几年中，每天只能往返于稻田与村子间，谈不上"旅行写生"了。但背朝青天、面向黄土的生活，却使我重温了童年的乡土之情。我先认为北方农村是单调不入画的，其实并非如此，土墙泥顶不仅是温暖的，而且造型简朴，色调和谐，当家家小院开满了石榴花的季节，燕子飞来，又何尝不是桃花源呢！金黄间翠绿的南瓜，黑的猪和白的羊，花衣裳的姑娘，这种纯朴浑厚的色调，在欧洲画廊名家作品里是找不到的。每天在宁静的田间来回走好几趟，留意到小草在偷偷地发芽，下午比上午又绿得多了，并不宁静啊，似乎它们也在紧张地奔跑哩！转瞬间，路边不起眼的野菊，开满了淡紫色的花朵，任人践踏。我失去了作画的自由，想起留在巴黎的同行，听说都是举世闻名的画家了，他们也正在自己的艺术田园里勤奋耕作吧，不知种出了怎样的硕果，会令我羡慕、妒忌、痛哭吧！没有画笔，我在脑子里默写起风景诗来：

> 村外，水渠纵横，
> 路边，苇塘成片……

我的诗情画意突然被一件意外的事情击个粉碎。由于我的痔疮严重起来，走路困难，让我留在村子里副业组养鸡鸭。感谢领导的照顾，我工作中格外兢兢业业。但偏偏有一只黄毛乳鸭突然死了，有人说我心怀不满，打死鸭子是阶级报复，于是解剖小鸭，说内脏无病，只头骨有青色，证明是打死的。指导员根据"无产阶级立场坚定者"的汇报，要我向群众检查打死鸭子的思想根源。天哪，我怎能打鸭子呢？但像我这样资产阶级立场的人，讲话只能算是顽抗，指导员要发动全连批判我。夜晚，我这一向不哭泣的人落泪了。睡在同一炕上的同学劝慰我，我说这简直是《十五贯》。第二天，这位同学用不平的口吻在群众中评议此事，并又重复了我引的《十五贯》比喻。指导员又把我叫到连部，我以为他可能发现了自己的武断与粗暴，要同我谈谈思想了吧，然而他更加愤怒了，声色俱厉地责问我说过了什么，我愕然了。他盛怒之下卷了卷衣袖："老子上了《水浒传》了？"我更摸不着头脑，他看我确是尚未开窍，补充道："《十五贯》不是《水浒传》吗？你以为只你聪明，我没有看过吗？"他终于没有能发动起全连对我的批判会，因绝大部分党员和群众都主张先调查研究。

　　在部队劳动锻炼的末期，有一些星期日允许我们搞点业务，可以画画了。托人捎来了颜料和画笔，但缺画布。在村子里的小商店，我买到了农村地头用的轻便小黑板，是硬纸压成的，很轻，在上面刷一层胶，就替代了画布。老乡家的粪筐，那高高的背把正好做画架，筐里盛颜料什物，背着到地里写生，倒也方便。同学们笑我是"粪筐画家"，但仿效的人多起来，形成了"粪筐画派"。星期日一天作画，全靠前六天的构思。六天之中，全靠晚饭后那半个多小时的自由活动。我在天天看惯了的、极其平凡的村前村后去寻找新颖的素材。冬瓜开花了，结了毛茸茸的小冬瓜。我每天傍晚蹲在这藤线交错、瓜叶缠绵的海洋中，摸索形式美的规律和生命的脉络。老乡见我天天在瓜地里寻，以为我大概是丢了手表之类的贵重东西，便说："老吴，你丢了什么？我们帮你找吧。"

1972年前后，我回到北京，打开锁了多年的凶宅似的宿舍，老伴和插队的孩子们陆续返回。我在自己的家里作起画来，不必再提心吊胆。我又开始走江湖，拥抱大好河山，新作品又一批批诞生了。然而好景不长，"黑画"风波又起，我将自己的画分成许多包，分散地藏到与美术界无关系的亲友家去。心想，也许等我火葬后，它们将成为出土文物吧。

真正能心情舒畅地作画，那是在"四人帮"被粉碎以后了。家里画不开大幅油画，画了也无法存放，我便同时用宣纸作起大幅水墨画来，画后便于卷折存放。在油画中探索民族化，在水墨中寻求现代化，我感到是一件事物之两面，相辅相成，艺术本质是一致的。1979年，我的个人画展在中国美术馆举行，展出的油画和水墨画便是我探索的杂交品种。我不否认是艺术中的混血儿。有人爱纯种，说油画要姓油，国画要姓国，他们的理由与爱好，谁也干预不得，但在东西方艺术之间造桥的人却愈来愈多，桥的结构日益坚固，样式也日益新颖，我歌颂造桥派！

刘姥姥进大观园，长期与外界隔膜，突然回到三十年前的学习旧地巴黎，在现代艺术的光怪陆离中，有时感到有些眼花缭乱，有时又不无一枕黄粱之叹！看了非洲的、美洲的、日本的、南斯拉夫的与菲律宾等等的现代艺术，感到欧美现代艺术确是世界化了，面目在雷同起来，颇多似曾相识之感。尽管是五花八门，日新月异，然而真正动人心弦的作品并不太多。艺术的发展不同于科学的飞跃，它像树木，只能在土壤中汲取营养，一天天成长。标新立异不是艺术，揠苗助长无异自取灭亡，但那种独创精神和毫无框框的思路，对我们则是极好的借鉴。在巴黎已成名家的华裔老同学们的作品中，我感到一种与众不同的亲切，听到了乡音，虽然他们的作品是抽象的，但像故国的乐曲，同样是熟悉的。也由于这东方故国之音吧，他们在西方世界赢得了成功。

欧美现代艺术的世界化与民族艺术的现代化之间是怎样一种关系

呢？其间有一见钟情的相爱，又有脾气不同的别扭。我珍视自己画在粪筐架着的黑板上的作品，那种气质、气氛，是巴黎市中大师们所没有的，它只能诞生于中国人民的喜怒哀乐之中。遗憾的是，世界人民看不到或太少见到我们的作品。三十年前的情景又显现了，又记起了回国不回国的内心尖锐矛盾，恍如昨日，不，还是今日。回国后三十年的酸甜苦辣，我亲身实践了；如留在巴黎呢？不知道！秉明不已作出了估计吗："大概也走在无极、德群他们的道路上，排在他们的行列里。"无极和秉明去年都曾回国，都到过我那破烂阴暗的两间住室里。为了找厕所，还着实使我为难过。我今天看到他们优裕的工作条件，自卑吗？不，我虽长期没有画室，画并没有少画。倒是他们应羡慕我：朝朝暮暮，立足于自己的土地上，抱着母亲，时刻感受到她的体温与脉搏。我不自觉地微微摇头回答秉明的提问时，仿佛感到了三十年的长梦初醒。不，是六十年！

1982 年

而立与不惑
——五十至七十年代生活杂记

　　1950年从巴黎回到北京，我三十一岁，刚过而立之年。住进西单旧刑部街归国留学生招待所，等待分配工作。巴黎有友人托我给滑田友捎回一点东西，我送至大雅宝胡同中央美术学院宿舍，正巧碰见老同学董希文。他很高兴见到我的归来，叙谈之后希望到招待所看我的作品。翌日他就到招待所看了我在巴黎作的油画裸体，并借走了几幅，说要回去仔细拜读。他是有心人，心细而谨慎，原来他借走作品为的是拿去向中央美术学院院部负责人推荐。待院部正式明确聘任我后，他退回作品时才告诉我经过，希望我留在北京任教，不必再回杭州母校去。我脑子里仍保存着已往美术界宗派关系的印象，对董希文说："徐悲鸿是院长，他未必欢迎我的画风，我还是回杭州较自在些吧。"董希文说："老实告诉你，徐先生虽有政治地位，但今天主要由党掌握政策，你就是回到杭州，将来作品还是要送来北京定夺的。"就这样，我到中央美术学院报到，接着返故乡宜兴农村老家，接来妻子和孩子，从此落户于北京。中央美术学院的宿舍很挤，一时腾不出房子，我一家三口便暂住魏家胡同一家民居的厢房，那是老同学王熙民租住的，我们两家几乎成了一个大家庭，相处融洽。在巴黎时我和熙民无话不谈，经常争吵，关系早超过一般的友谊，同舟返国后更感是患难之交了。后来我家搬入大雅宝胡同美术学院宿舍，我每天骑自行车去学院上课，妻在家做饭、带孩子。我的工资是

01　1950年冬，吴冠中夫妇和长子可雨在北京天坛

每月七百斤小米，妻精打细算地过日子，我无意中有时会想到《浮生六记》中的芸娘和《伤逝》中的子君。

　　说实在的，除了与董希文较亲切外，我在美术学院感到很孤立。罗工柳和彦涵虽也是杭州时的同学，但他们走了革命之路，而我刚从资本主义国家的心脏返国，同他们一时难于交心吧。年轻人总是直爽坦诚，何况我亦仍年轻，于是在课室内就是我吐露情怀的愉快时刻了。我介绍西方艺术，从古至今，谈艺术是疯狂的感情事业；我出示各式各样的流派画集，从印象派到抽象派……同学们无知，连波堤切利和尤特利罗都未曾听说，但他们求知欲强，善于吸收，学习中进步很快，作业在起着明显的变化。人们不可能永远隐藏心底的语言，与年轻同学的交流中，我愈来愈坦率地表露自己的艺术观：强调自我感受、感情独立、形式法则……然而这些观点并不符合当时一切服务于政治的教育方针。教了两年课，遇上文艺整风，我于是成为被批判的众矢之的，说我是"资产阶级形式主义的堡垒"。从个人奋斗到公费留学，出于爱国热忱而返国任教，自尊心高于一切，我完全不能接受无理的批判；相反，使我想起希腊神话中米达斯王的理发师，要他隐藏真实，太痛苦了，他终于跑到郊外对着芦苇丛高声吐露：米达斯的国王有两只驴子耳朵！从此，风吹芦苇丛，便响起一片回声：米达斯的国王有两只驴子耳朵！真实终于这样传遍了宇宙。

人们也并不总能坚持自己的真实观点，曾经认为跟我学到了新知识的年轻学生开始诉说我"放毒"了，要我"学了社会主义的艺术再来任教"。社会主义的艺术到哪里去学？大概是苏联吧，看来我将离开美术学院了。果然，人事科长丁井文只给宿舍里挂了一个电话，说我已被决定调去清华大学建筑系。事情就这么简单，我调到了清华，事后知悉，美术学院要调清华的李宗津，我是作为交换条件去替代李宗津的。人事人事，事在人为。世事沧桑，决定调李宗津的江丰和李本人都已故世，往事如烟，无须重提。

正当我在美术学院教学及创作要求的压力下挣扎的时候，妻开始在大佛寺小学任教，骑辆破自行车早出晚归，晚上带回一大堆待批改的作业，够她辛苦了，我们共同生活，但谁也帮不了谁的忙，彼此的心情都不愉快。更糟的情况是她又怀孕了，我们到处打听人工流产，始知那是非法的，苏联正在歌颂母亲英雄。搬到清华后，生活情况有些改变，居住条件比大雅宝胡同好多了，跟着去清华的保姆恭喜我，说我"升官"了。

我出国之前，曾在重庆大学建筑系当过四年助教，对建筑艺术有感情，也有不少建筑师朋友，故到建筑系任教还感亲切，何况同事中又有老相识。但最主要的问题是远离了文艺界，如今着重教素描和水彩技艺，意识形态的影响相对减弱了。是逐出了伊甸园？是远避了矛盾斗争？是躲入防空洞任性作画的时机了？首先教好课，无愧人民供养的小米，我于是在水彩画中下了不少功夫，这本是我并不重视的小画种，在这方面倒从与梁思成先生等前辈的交谈中获益不少。妻任教清华附小，孩子入清华幼儿园，生活较在城里时安定，但经济入不敷出，每月还要汇款供养农村的老父母。人到中年，似乎尚未"而立"，每月还须领困难补助金，其时我已是副教授了。

"百花齐放，百家争鸣"政策的提出，使我看到了绿洲、通途。自离巴黎，与巴黎同学的通信愈来愈稀，几乎断了音讯。我自愿归来，如果入了地狱，也绝不肯向他们诉说。走进地狱的尽头去，我有牺牲自己生命的权利，宁让人咒骂，不让人嘲笑，更不愿让人怜悯。我在完全孤独中探寻自己的路，路很窄，且多独木桥。实在无法迁就当时对人物画的要求，便转向不被重视的风景画，藏情于景。官方的评论显然不可能注意到我的探索，坚持自己的路便须自甘冷落，但有两个基本观点与官方要求是一致的：依据生活的源泉与追求油画的民族化。

"双百"方针提出后不久，我被调到新成立的北京艺术学院美术系任教，又投入了意识形态波涛的文艺漩涡中。在艺术学院结识了卫天霖，他曾在日本留学，长期执教于北京，并曾去解放区，是倾向革命的老画家，但就因他的画风近印象派，文艺领导层中始终不重视他。"同是天涯沦落人"，卫老对我很信任，甚至宠爱。他当时的地位是副院长兼美术系主任，便竭力将我的妻从清华附小调到美术系资料室，他希望我从此安下心来与他长期合作，不再调动工作。我们确实真诚地、患难与共地共事了十余年，他对艺术的品位及为人的正直都令我尊敬。他是严厉而和蔼的长者，我们的情谊从未断线，他留给我永远的怀念。我在和卫老的多次长谈中，矢志要将艺术学院的教学道路开拓得宽阔，吸取西方，不一面倒向苏联，这样，潜意识中我们想在自己学院搞出出色的成绩，与美术学院分庭抗礼。

艺术学院的创立是卫老惨淡经营、呕心沥血的结果，也是他教学生涯中最重要的时期。聘教师，搞设备，招生，他事必躬亲。后来经过"反右"，提出政治挂帅，他的权力缩小了，但对学院的教学仍是一片热忱。我作为卫老的合作者、助手、"参谋"，与他成了忘年交，深深了解他内心的苦闷与难于实现的抱负。1964年北京艺术学院改为中国音乐学院，美术系分散外调至几个美术院系，我和卫老均由张仃同志点名调至中央工艺美术学院。艺术学院结束的大会上，虽然台上的发言激昂慷慨，说要向前看，但台下师生依依惜别，有的泣不成声，卫老的心情更别是一番滋味。"文化大革命"开始时，因我们到工艺美院时间不长，授课尚少，"放毒"不多，加之艺术学院时的老学生均已毕业分散，无须再回来"揭"老师的"毒"，故我们遭到的冲击倒相对地减轻了，可谓因祸得福。妻经常对我说，如果艺术学院不解散，我看你是过不了关的。

"文化大革命"期间，我们全家下放，三个孩子中两个分别去内蒙古、山西插队，最小的在流动的建筑工地当水泥工。我们送走了一个一个孩子，最后我送走了去农场的妻，她那时在美术研究所任资料员。一家五口分散到六个地点（原住房也算一个地点），家门从此长期上锁。偏偏门牌是13号，不吉利，恐是"凶宅"。我最后一个离开"凶宅"，告别了宅院里残败凌乱的向日葵和杂草。

在这"凶宅"里，我们一家前后住了二十余年，留下许多故事和痕迹。小小两间潮湿的住房，一间很暗，只一间较亮，于此作画、写字、睡觉、会客，确是多功能使用。作了画，须拿到院子里推远看，或者就在院子里画。因为任课多，又担任教研室主任，我经常在夜间和星期日作画。星期日及假日，往往由妻带着孩子们外出或走亲戚，将房门反锁，拉上窗帘，我在家里作画，谢绝任何来客。每遇寒暑假，用有限的工资做路费到外地写生，井冈山、海南岛、烟台……都是自费去的，妻对此不无意见，因家里经济已很拮据。1960年董希文和我及邵晶坤一同到西藏写生，是美协组织的，自己不花钱，而且有专车，是最幸运的一次写生了。那是困难时期，缺吃的，我们从拉萨带回些酥油，但家里人都吃不惯。

曾经从故乡农村接来我的母亲，协助照料三个孩子，但她不习惯北方生活，说灰沙太大，用水不便，终于带了一个小孙孙回故乡去养育，以减轻我们的负担。因接送孩子，她几次过过北京，参观过故宫等名胜，她满足了，说见过世面了，连皇帝家也进去过了。我们一直想接父亲到北京看看，但他在老家很忙，做家务，还照料我弟弟的孩子们，总说走不开。我们力劝，他勉强同意了，路费也寄去了，天天等他的到来，但最后还是未动身，说家里事太多，他放不了手。后来才知是乡政府不给开介绍信，不让走。灾荒时期全国上下都吃不饱，他在乡下饿得不行，想逃到北京来吃饱饭。那时我们全家吃饭也定量，也都吃不饱，而且有规定限制人口流入北京。我们虽然努力设法，他仍未能来京。后来得知他的病讯、死讯，我都因故未能回去，妻对此特别感到内疚，认为这是我一生中最大的遗憾。

1965年，我随工艺美院的师生到河北任县农村搞"四清"工作，清理村里当权干部们政治经济方面的问题，那是一场阶级斗争。我们与贫下中农同住同吃，吃的是白薯干磨面做的窝窝头，颜色灰黑倒无妨，就是牙碜得厉害，几乎不能咀嚼，只是勉强吞咽。半年下来，我病了，完全失去食欲，返京诊治，自己估计是胃病。化验结果很糟，妻在家等结果，我只能实告：肝炎！她脸顿时煞白。从此我不能再回任县工作，天天吃药、打针，经常去医院化验。几个月下来，病情无好转。人们教我种花，种不活；学太极拳，没耐心。妻买来一张竹躺椅，置于廊下，白天让我躺着休养。休养是人生中十分痛苦的经历，我感到自己是毫无价值之人了，于是夜夜失眠，完全陷入精神的空虚与恐怖之中。病中，"文化大革命"爆发了，

208

我反正已临死亡边缘，革谁的命对我似乎都无所谓了。此后便拖着病体随学院师生到农场去接受部队的再教育。

欢乐的时刻如过眼烟云，苦难的岁月却永远令人怀念。部队驻在李村，在李村我们遭到许多不合情理的对待。由于诬告我打死小鸭子事件，我长期被连队领导"穿小鞋"，在治病、探亲等等待遇方面总遭非难。然而我从不诅咒李村，反而格外怀念李村，怀念李村的父老乡亲、李村的野草闲花。最近到太行山写生，特意绕道李村，去寻找二十年前的回忆。一切都变了，新楼林立，闹市人流，红红绿绿的集市已全非苍黄古朴的旧李村了。旧房东也已难找，上年纪的大爷大娘正是当年的青壮年，他们都记得美术学院驻在村里的情况——清晨列队去河滩开垦荒地，傍晚高唱着语录歌回村，一到家，大学生放下铁锨抢着给各家房东挑水去……我翻出当年的笔记本，其中还留存一些诗篇。我非诗人，没有写诗的才能，只因被禁止作画，变相记下所见所思，也许是未发育的诗之苗，也许是窒死腹中的画之胎，且录几首：

村　外

水渠纵横绕田，
大路边，苇塘成片。
苇塘成片，倒影叶叶指云端，云端红旗展，
红旗展，岸上东风吹遍。

渠　畔

渠畔，野草闲花无人看。
军鞋军帽成排，迎朝霞，红星颗颗灿烂。

水田隔岸，插秧人健，极目红旗展，歌声远。

修　渠

步步急，通身汗湿。
抬土挑土赶又追，修渠十里人密。
人密、旗赤、渠直，秧田如织。

春节寄内蒙插队的儿子

风雪路遥人健，牛羊是伴，笑他南飞雁与燕。
云天，渐变，世事沉浮浊又清，山外青山村外村。
春节年年，乍暖还寒，天南地北异风光，离情别绪只寻常。

　　我的肝炎经多少中、西医诊治过，终未见效，太痛苦了。我甚至绝望了，想到自杀，以忘我作画的方式自戕，再度陶醉于艺术创作中，一味任性，毫不顾及体力与病情的制约。在部队劳动的后期，我在节假日悄悄开始作画，借老乡的粪筐做画架，被同学戏称为"粪筐画家"。后来被调到师部指导战士作画，则大大方方地公开画起来，精神比在连队里劳动时舒畅多了。居然，渐渐有了食欲，自我感觉好起来，失眠也减轻了，就这样通过不治疗的治疗，我回到了健康之路。有科学根据吗？也许工作中的忘我是一种气功效益吧，我怀疑我作画便是从事一种行动的气功。师部在邢台市里，我可以自由上街购物了，首先想到要为仍在乡下连队劳动的妻买点什么。我买了可以久藏的牛肉干，寄给她，但怕她收到牛肉干会遭批判，因此在包裹单上填的物品名称是"药"。妻所属单位的连队驻地离我们李村只十华里，在较宽松的后期，两地亲属每隔相当长一段时间或节日可彼此探亲一次。她来看我或我去看她，分别时不免相送一程，总是送到五华里处，即两地的中点处分手。那里有二三户农宅，一架葡萄。最后将撤离农村时，我专程去画了一幅小油画，并凭空飞来一双燕子，这是我们记忆中的"十里长亭"。

1974年，我们陆续回到耗子成群的旧居，像《十五贯》中察看油葫芦凶宅似的，稍一碰壁，满室飞尘。房子实在太旧了，但地震时只震裂几道大缝，居然并未倒塌，这证实了中国木结构建筑的优越性。又在旧宅院安下家来。学院暂时还不能开学，是奋力作画的好时机了。我画遍窗前的木槿、院里的向日葵、紫竹院的早春、什刹海的雪……更遇上好运气，北京饭店约黄永玉、袁运甫、祝大年和我共同绘制巨幅壁画《长江万里图》，并先让我们去长江写生，收集素材打草稿。我们四人从上海溯江而上，画遍苏州、无锡、南京、黄山、武汉、庐山、三峡、重庆……但到重庆时得知北京已开始"批黑画"，我们被招提前返京，抛入"批黑画"的漩涡中去，长江壁画也告流产。批判无妨，我们辛辛苦苦画来的一批画稿毕竟是难得的，后来各人都创作出不少佳作。我为中国历史博物馆和人民大会堂画的油画《长江三峡》、为北京站画的《迎客松》和《苏州园林》，都来源于那批素材。

13号"凶宅"原是民国初年有名的"会贤堂"大饭馆，如今成了破败的大杂院，住有几十户职工，很不像样了。七十年代后期，渐渐有外宾来我家访问，令我感到狼狈，怕有损国家的体面。每次待客，我总向外宾强调这旧楼当年的豪华史及门前什刹海曾出现过的繁华集市，虽然自己并未经历过。海外定居的老同窗也开始回国访问和省亲，自然不怕老同学笑我住得寒酸，但我确乎有些顾虑国家的影响。本来，我对国家不考虑我的居住条件是牢骚满腹的，而今面对外来的老友，似乎又更以国家的体面为重了。

不惑之年的前后二十余载，我一直住在这阴暗潮湿的13号大杂院里，

02

02 吴冠中全家于北京前海北沿旧宅（1974年夏）

六七十年代在外地写生的几大木箱油画也堆在这两间拥挤的破房中，或悬架在廊沿上。窗是纸糊的，易破，经常要重糊。冬天抢购烟筒，安装煤炉，　趟趟跑煤厂催送煤饼。储存过冬的白菜与堆积煤饼总是互相争夺廊沿那点有限的空间。那时我依靠自行车，骑车去学院上课，去驮运粮食，接送孩子。自行车是我的战马，更重要的是驮我去郊外写生。我背着沉重的画箱，将大幅画面放平捆绑在后座架子上，远看像是平板三轮，在京郊作的布上油画，大都诞生于这辆"平板三轮"。我也曾从遥远的山区采挖野菊之类的山花，带回种入院里，并偶或成活，有过繁花似锦的美好风光。我们种过葡萄、葫芦，让茂盛的枝叶来掩饰破落的门窗，但毕竟门窗还是经常暴露它破落的真面目。二十年忙白了少年头，当告别这 13 号旧屋时，我和妻已是鬓色斑斑的老伴了。我们永难忘怀于这生养了我们一家的古老的破房。

1990 年

他和她

　　1987 年夏天，他访印度后返国，经曼谷转机，停留两天。画家，他爱走遍天涯，到处寻找形象特色。第一次到曼谷，当然要抓紧时间看风光。但这回异乎寻常，他住下后第一件事便是跟同机到曼谷的驻外使馆的夫人们去金首饰店，买了一个金镯子。他根本不懂首饰的质量和行情，只听这些夫人说曼谷的金首饰成色最好，又便宜，她们都不会放弃这个好机会，于是他跟去买了这只手镯，式样是老式的，而别人都买新潮型的项链。夫人们问他为什么买这老式手镯，他感谢她们旅途互相照顾，又带他这个大外行来买金首饰，便吐露了自己的故事和心愿。1946 年他考取公费留学要到法国去，没有手表，很不方便，但没有余钱买表。他新婚的妻子有一只金手镯，是她母亲送她的，他转念想将手镯卖了买手表，她犹豫了，说那是假的，不值钱。她在母亲的纪念与夫妻的情意间彷徨了。可几天后，她说那是真金的，让他去卖了买手表。风风雨雨四十年过去了，她老了，他今天终于买到了接近原样的金手镯，奉还她。

　　她如今不爱金镯子，年轻时也并不爱金镯子。他出国留学时，她初怀孕，其后分娩、喂奶，便无法再在南京教小学，于是住到了他的老家，江南一个小农村里，自然更不需要金镯子了。三年的农村生活很清苦，但他的父母很疼爱这位湖南媳妇，无微不至照顾她，胜过亲生的女儿。家务都不让她做，她专心抚育新生的孩子，孩子的没有见过面的爸爸远在巴

01 1946年冬，吴冠中
与朱碧琴婚后摄于
南京

02 吴冠中夫妇和长子
可雨在宜兴老家
（1950年）

黎，小孙孙更是爷爷奶奶的掌上明珠。乡村生活平淡而单调，她给他的信
总是日记式的平铺直叙。有一次她跟婆婆坐着小木船到十里外小镇上去
给孩子买花布做衣裳，她描写途中的风光和见闻，便是书信中最有文采的
情节了。从农村寄一封信到巴黎，邮资是不小的负担，她不敢勤寄，总等
积了半月以上的日记才寄一次。信到巴黎，他哆嗦着拆开，像读圣经似的
逐字逐句推敲，揣摩。有一回他一个半月没收到她的信，非常焦虑，何以
他父亲也不代复一信呢？原来她难产，几乎送命，最后被送到县里医院全

身麻醉动了大手术，母子侥幸脱险，她婆婆为此到庙里烧了香，磕了头。

他的公费不宽裕，省吃俭用，很想汇点钱给她，但外币的黑市与官价差距太大，无法汇。有一次他用一张十美元的票子夹进名画明信片，再装入信封挂号寄回国，冒险试试，幸而收到了，她的喜悦自然远远超过了那点美元的价值。有一年秋天丰收，村里几家合雇一条大木船到无锡去粜稻，公公和婆婆要让她搭船到无锡去玩，散散心，城里姑娘在这偏僻农村一住几年，他们感到太委屈她了，很内疚。但她看到家里经济太困难，玩总要花点钱，不肯去，说等他回来再说吧。她的哥哥在南京工作，有一回特地赶到乡下来看她，她教孩子叫舅舅。那真是一次贵客临门的大喜事，引得邻居们都来看热闹：来了一个湖南舅舅。农村里婚嫁都局限在本村本乡，谁也没见过湖南亲家。

他和她萍水相逢于重庆，日本人打进了国土，江南农村的他和湖南城里的她都被赶到了重庆。他于艺术院校毕业后在沙坪坝一所大学任助教，她于女子师范学校毕业后也到了那所大学附小任教。由于他的同学当过她的美术老师，他们相识了，同在沙坪坝住了四年。四年的友谊与恋爱，结成了终身伴侣。他眼里的她年轻、美貌、纯洁、善良。他事业心很强，刻苦努力，一味向往艺术的成就。但她并不太理解或重视他的这些品质，只感于他的热情与真诚。她的父亲曾提醒过她，学艺术的将来都很穷。她倒并不太在乎穷不穷，她父亲是一个普通公务员，家里也很拮据，她习惯于俭朴，无奢望，她只嫌他脾气太急躁，有时近乎暴躁，在爱情中甚至有点暴君味道。她几次要离开他，但终于又被他火一样的心摄住了。她不忍心伤他，她处事待人总不过分，很随和。但后来她亦常有怨言：除了我，谁也不会同你共同生活。1946 年暑天，他考全国范围的公费留学，虽只有两个绘画名额，他下决心要考中。她不信，后来真考中了，她虽高兴，也并非狂喜。此后，她成了妻子，生育、抚育孩子，放弃了自己的工作，忍受别离，寂寞地，默默地，无怨地。

他唯一的一件毛衣，红色的，是她临别时为他赶织的，他很珍惜这件毛衣。有一年春天，他同一位法国同学利用假期带着宿营的帐篷，驾仅容两人的轻便小舟顺塞纳河而下，一路写生。但第一天便遇风暴，覆舟于江心，他不会游泳，几乎淹死，他身上正穿着那件红毛衣，戴着那只金镯子换来的手表，怀里有她和儿子的照片。幸而他最后还是获救了，直到他回国后她才知毛衣、手表和照片曾陪他一同淹入过美丽的塞纳河。有一回他托便人带给她很漂亮的毛线，想让她自己织件红毛衣，那是1949年巴黎最流行的一种玫瑰红。她用来织了两件小孩子的毛衣，第一件先给他老家的侄儿，第二件才给自己的孩子。她长得美，自己不稀罕打扮吧！

　　野心勃勃的他一心想在巴黎飞黄腾达，然后接她到法国永久定居。有人劝他不要进学校以免落个学生身份，这对成名成家不利。但他还是认为应进学校认真学习，摸透人家的家底，同时他是公费生，按规定也必须进正式学院。无疑，他学习是拼命的，对爱情和艺术他永远是那么任性、自信。三年下来，他感到已了解西方艺术，尤其是现代艺术的精髓。但更明悟到艺术的实质问题，艺术只能在纯真无私的心灵中诞生，只能在自己的土壤里发芽。他最爱梵·高，感其虔诚。他吃了三年西方的奶，自己挤不出奶来，他只是一头山羊吧，必须回到自己的山里去吃草，才能有奶。祖国解放的洪流激起了海外游子的心花，他想立足于巴黎的"意志"开始动摇。他给她的信中谈这个最最要紧的问题时，她拿不定主意，不知如何答复，她确乎不很理解艺术，更不理解艺术家创作的道路，但她愿他的事业能如愿，大主意只能由他拿，而她自己并不想一辈子住到外国去。她经常做梦，梦里永远为他不再来信而焦急，一直到今天，头发斑白了的她，还偶尔在梦中因等不到他在国外的来信而忧虑。他比她自私，他太重视自己的艺术生命，在回国与否的决定性问题中她不过是天平上的小小砝码，但在关键时刻，小小的砝码却左右了大局。

　　1950年秋，他终于回到了北京，他接她和三岁的儿子到北京定居，开始过团聚的小家庭生活。他在美术学院任教,他的美术观点总遭到压制、批判,他被迫搞年画、宣传画,心情很不舒畅。她又开始小学教师的工作,整天在学校里忙,晚上还带回许多要批改的作业。她疲于应付工作和生活,爱情嘛,似乎将忘怀了。当她又怀了第二个孩子时,将分娩,在家休息,阵痛难忍,而他正专注于一幅关于劳模题材的创作,对她体贴很不够,她感到伤心,作画的事有那么要紧吗?而他既没有画好这幅画,又未能索性停笔坐在床前守着痛楚中的她,他为此永远感到内疚,深深谴责自己的自私。这样的灵魂深处能诞生艺术之苗吗?

　　他后来终于被排挤出美术学院,调至大学建筑系任教,教绘画技巧,倒也避开了"左"的文艺思潮的压力。她也一同调到了大学的附小任教。他们居住的条件改善了,他的母亲从农村来到北京,照管小孙孙们。他的野心,或者说他对艺术的抱负并不因被批判而收敛,他不服气,更加发奋作画,奋力画无从发表或展出的自己想画的画。经常因作画耽误吃饭的时间,又将有限的工资花在作画的材料上,寒暑假还自费去井冈山等远地写生。她开始不满,甚至有些气愤,认为没有必要这样自讨苦吃,凭已有的能力教课不是绰绰有余了吗?她回忆在沙坪坝时他专心攻读法文,那是为了想到法国去,既然已留学回来,何苦还这样苦干,总是生活得那样紧张。她从心底不高兴,她不止一次地发誓:不管你有多大本事,下辈子再也不嫁你了。他听了何尝不感到深深的委屈和苦恼。他与她的恋爱起步于年轻和热情,如今却逐渐暴露彼此的巨大差异,他们不是同路人,他们间的距离在一天天扩大。他们已有了三个孩子,她担负着整个家庭的安排,照样照料他的生活,他很少管家务,一味钻研自己的艺术,能说不是自私吗?他也感到痛苦的内心谴责,但不能自拔。

　　一次工作的调动逐步消除了他与她之间在不断扩大的隔阂。自从提出了"双百"方针,文艺界松了一口气,他被调到新成立的艺术学院,回归美术教学的本职。接着,她也被调到这所学院搞美术资料工作。她教孩

　　　　　　　　　　　03　吴冠中夫妇在京郊百花山（1996年）

子们时一向认真负责，并感到是生活中的安慰，如今面对这外行工作，接
触的又都是大学生了，很心虚。她本来只关心他的饮食起居，不过问他的
艺术，她嫁他，并非由于重视他的艺术，当他留学归来在高等学府任教，
她感到就可以了。她看到他带回的大批高级画册，许多都是裸体画，她不
欣赏，尤其还有近代的马蒂斯、莫迪良尼等等，很反感。至于他自己的作
品，她也无从辨其优劣，她根本不评论，那与她有什么相干呢？而现在，
她整天要同美术画册、画片、史论著作打交道，不得不开始向身边的他请

教了。古今中外，她淹没在美术的海洋中，他教她游泳，他收了一个新学生，他们像是被介绍而初相识的朋友。不过她并不肯完全听他的话，她认为他太主观。他每次陪她一同看画展，在每一件作品前讲解给她听，教她，她有时肯听，有时不接受，他往往为她不接受自己的意见而生气。他教的学生远比她听话，他对她盛气凌人："教了你还不服受教。"但同事和学生们都对她的印象很好，说她耐心、认真、谦虚，对业务也开始熟悉了。一年、两年、三年、五年……她一眼就能认出范宽、沈周、弘仁、波堤切利、尤特利罗、蒙德里安，而且从马约和雷诺阿的胖裸体中能区别出壮实与宽松的不同美感来。

从五十年代中期开始，他每年几次背着油画箱到深山、老林、穷乡、僻壤、边疆写生，探索油画民族化的新路。三十余年苦行僧的生涯，一箱一箱的油画堆满了小小的住室，她容忍了，同情了，并开始品评作品的得失。有一回他从海南岛写生后，因将油画占着自己的座位，人一直从广州站到北京，腿肿了，她很难过。其实他写生中的苦难远远不止于此，他不敢全对她讲，怕她下次不放心他远走。他后来写过一些风景写生回忆录，有一则记叙了她第一次见他在野外写生并协助他作画的事。那是1972年年底，各艺术院校师生正在各部队农场劳动。他们尽了最大的努力，总算获准短短的假期，到贵阳去探望她老母的病。路经桂林下车几天，到阳朔只能停留一天一夜。多年来他似乎生活在禁闭中，早被剥夺了拥抱祖国山河的权利，即使只有一天，他渴望在阳朔能作一幅画。要作画，必须先江左江右、坡上坡下四处观察构思，第二天才好动手。但住定旅店，已近黄昏，因此他只好不吃晚饭，放下背包便加快步子走马选景。其时社会秩序混乱，小偷流氓猖獗，她不放心在这人地生疏暮色苍茫的情况下让他一人出去乱跑，但又知道是无法阻止他这种强烈欲望的，而他又不肯让她陪同去疾步选景，以免影响他的工作，她只好在不安中等待，也吃不下晚饭。当夜已笼罩了阳朔，只在稀疏的路灯下还能辨认道路，别处都已落在乌黑之中，他一脚

我负丹青 · 此情此景

04

04　家（2001年）

05

05　家（2003年）

高一脚低，沿漓江捉摸着方向和岔道回旅店去，心里很有些着急了。快到旅店大门口，一个黑黑的人影早在等着，那是她，她一见他，急得哭起来了。他彻夜难眠，构思第二天一早便要动手的画面。翌晨，却卜起细雨来，他让她去观光，自己冒雨在江畔作画，祈求上帝开恩，雨也许会停吧！然而雨并不停，而且越下越大了。她也无意观光，用小小的雨伞遮住了他的画面，两人都听凭雨淋。他淋雨作画曾是常事，但不愿她来吃这苦头。她确乎不乐于淋雨，但数十年的相伴，她深深了解劝阻是徒然的，也感到不应该劝阻，只好助他作画。画到一个阶段，他需搬动画架变动写生地点，迁到了山上。雨倒停下来了，但刮起大风来，画架支不住，他几乎要哭了。她用双手扶住画面，用身体替代了画架。冬日的阳朔虽不如北方凛冽，但大风降温，四只手都冻得僵硬了。他和她已是鬓色斑斑的老伴，当时他们的三个孩子，老大在内蒙古边境游牧，老二在山西农村插队，老三在不断流动的建筑工地，他俩也不在同一农场，不易见面，家里的房子空锁着已三四年，这回同去探望她弥留中的老母，心情是并不愉快的。但她体谅到他那种久不能作画的内心痛苦，在陪他淋雨、挨冻中没肯吐露心底的语言："还画什么画？"

这之前，还在"文革"前一年，因院系调整，他调到另一所美术学院，她调到美术研究机构。后来"文革"中便随着各自的单位到不同地区的农村由部队领导着劳动，改造思想。因几次更换地区，有一段时期，他和她单位的劳动地点相距只十余华里，有幸时能获得星期日被允许相互探望。探望后的当天下午，他送她或她送他返驻地，总送到半途，分手处是几家农户，有一架葡萄半遮掩着土墙和拱门，这是他们的"十里长亭"。当下放生活将结束返京时，他特意去画了这小小的农院，画面并飞进了两只燕子，是小资产阶级的情调了，不宜泄露天机。

回顾"文革"初期，他得了严重的肝炎，总治不好，同时痔疮又恶化，因之经常通宵失眠。她看他失眠得如此痛苦，临睡时用手摸他的头，说她这一摸就一定能睡着了，她很少幻想，从不撒谎，竟撒起这样可笑的谎来，而他不再嘲笑她幼稚，只感到无边的悲凉和无限的安慰。恶劣的病情拖了几年，身体已非常坏，她和他都感到他是活不太久了，但彼此都不敢明说，怕伤了对方。后来，他索性重又任性作画，自制一条月经带式的背带托住严重的脱肛，坚持工作，他决心以作画自杀。他听说他留在巴黎的老同学已成了名画家，回国观光时作为上宾被周总理接见过，他能服气吗？世间确有不少奇迹，他的健康居然在忘我作画中一天天恢复，医生治不好的肝炎被疯狂的艺术劳动赶跑了。肝炎好转后，又由一位高明的卢大夫动大手术治愈了严重的痔疮脱肛，他终生感激卢大夫还给了他艺术生命。面对着病与贫她熬过了多少岁月，她一向反对他走极端，她劝他休息、养病，但她说不服他。而今他的极端的行动真的奏了效，她虽感到意外欣喜，但仍不愿他继续走极端，她要人，不要艺术，而他要艺术，不顾人。

为了躲避"破四旧"，他的大量作品曾分藏到亲友家，他深信他火葬后这些画会成为出土文物，让后人在中西结合中参考他探索的脚印。三中全会的春风使他获得了真正的解放。他受过的压抑、他的不服气、近乎野心的抱负都汇成了他忘我创作的巨大动力。他在三十余年漫长岁月中摸索着没有同路人的艺术之路、寂寞之路，是独木桥？是阳关道？是特殊的历史时代与他自己的特殊条件赋予了他这探索的使命感？他早先也曾在朦胧中憧憬过这方向，并也犹豫过。终于真的起步了，不可否认，她确是其中一个决定性的偶然因素。在苦难的岁月中，他说他的命运是被她决定的；当他感到他幸而走上了真正的艺术之路时，他说他的成就归属于她的赐予。是怨是颂，她都并不为之生气或得意，她平静，客观。他的小小画室里每年、每月、每周诞生出新作品来，如果一个月中不产生更新颖的作品，他便苦恼。她劝他：哪能每月创新，那样的创新也就不珍贵了。这劝慰对他毫不起作用，她为之生气，她尤其生气吃饭时刻他不肯放下工作，孩子们都独立生活了，只剩老两口一起吃饭，还一前一后，她做好了饭往往一个人自己吃。他事后道歉，但下次又犯，恶习难改。

她退休了，一辈子守着工作和家庭，除了下放农村那年月，她几十年来没离开北京去外地旅游。如今，她每次跟他一同到外地去写生，崂山、镜泊湖、小三峡、黄河壶口、天台山村、高原窑洞……不过他已有名气，每到一地总有人接待、邀请，条件很好，她吃不到苦了，她本想多了解和体会些他一辈子风雨中写生的艰辛，但太晚了，等待她的已是舒适和欢笑。她紧跟着他在山间写生，帮他背画夹，找石头当坐凳，默默看他作画，用傻瓜相机照他作画中的状貌，也帮他选景。她选的景有时真被他采纳了，而且画成了上等作品，她感到从未享受过的愉快。她眼中平常的景物，经他采撷组织，构成了全新的画面，表达了独特的意境，她很受启发。她虽看过无数名作，但从未观察过作品诞生的全过程。她陪他一同出来写生，一方面因已晚年了，愿到处走走散散心，也为了一路照顾他的生活，近乎做伴旅游。但意外，她窥见了人生的另一面，那是他生活的整个宇宙，她以前确乎不很理解这宇宙里的苦乐，她与他共同生活了几十年，却并未真正生活在同一个宇宙里。她以帮他发现新题材为最大的快乐，他也确乎开始依靠她了，自己的着眼点总易局限在自己固有的审美范畴内，她的无框框的或天真的爱好给予他极大的启迪。每次外出写生回家后，他都依据素材创作一批作品，她逐步了解他工作的分量及每件作品的成败得失。她毫不含糊地提意见，她，旁观者清。她比他更能代表一个普通中国人的欣赏水平和审美情趣。他总考虑到他的作品前应有两个观众，一个是西方的大师，另一个是普通的中国人，那么她就是这个中国人，或者说她是他最理想最方便的通向群众的桥梁。她不仅是他作品的第一个读者，并逐渐成为他作品的权威评论者，哪件作品能放出画室，哪件该毁掉，他衷心尊重她的意见。因为有无数次刚作完画时，他不同意她对新作的评价，但过了几天，还是信服她的看法，承认自己当时太主观。在那幽静的山林或乡村，他一写生就是大半天，她看得不耐烦时，自己到附近走走。有一回住在巫峡附近的小山村青石洞，到沿江一条羊肠小道上写生，俯视峭壁千仞，十分惊险，她缓步走远了，他发现她许久未回，高呼不应，认真着急起来，丢开画具一路呼唤，杳无回音，他急哭了。在今天的天平上，她已远远重于艺术，他立即回忆到未体贴她分娩阵痛的内疚，他只要她，宁肯放弃艺术了。终于在两华里外找到了她，她正同一位村里的老婆婆在唠家常，重温她的湖南话。她自己也备个速写本，有时坐在他身旁也描画起来，反正谁也看不见，不怕人笑话。他却从她幼稚的笔底发现真趣，他有些作品脱胎于她的初稿。她一生中不知借给了他多少时间，节约了他对生活的支付，如今她又开始给他提供艺术的心灵了，他欠她太多，永远无法偿还。

他在家作大幅画时，紧张中不断脱衣服，最后几乎是赤裸的，还出汗。她随时为他洗刷墨盆色碟，频频换水，并抽空用傻瓜相机照下他那工作中的丑态，她不认为是丑态。这种情况下他不吃饭，她是理解的、同情的，但当并不作大画时他仍不能按时吃饭，她才为之生气。她总劝他，要服老，将近七十岁了，工作不能过分。他不止一次向她吐露心曲：留在巴黎的同学借法国的土壤开花，我不信种在自己的土地里长不成树，我的艺术是真情的结晶，真情将跨越地区和时代，永远扣人心弦。我深信自己的作品将会在世界各地唤起共鸣，有生之年我要唱出心底的最强音，我不服气！他一再唠叨这些老话，像祥林嫂不断重复阿毛被狼吃掉的经过，她实在听腻了：不爱听，不爱听！她认为他实在太过分，全不听她的劝告，真生气了。而他被她泼了满头冷水，也真伤心了，各自含着苦水彼此沉默了许多天，往往要等到小孙孙们来家时才解开爷爷奶奶间难以告人的疙瘩。

她退休后在家更忙，为他登记往来的画稿、稿费，到邮局退寄不该接受的汇款和包裹，代复无理的来信……她深入了他的社交关系，了解哪些是真诚的朋友，哪些是假意的客人，什么样的电话才叫他亲自接。她轻易不惊动作画中的他。他的画室不让小孙孙们进去捣乱，她什么都迁就小孙孙，但禁止小孙孙进画室去。孩子哭闹着要进去时，她抱着他们进去一

06　与夫人朱碧琴在坝上草原（1998年）

转就出来，在孩子们的眼中，爷爷的画室最神秘。

她并不喜欢来访的外国人，外国客人走后接着来朋友或昔日的学生时，她感到分外愉快自如。1987 年她随他到香港参加他回顾展的开幕式，她第一次离开大陆，飞在高空时心情很不平静，倒并非急于想看看未曾见过的花花世界，只为他的作品将在海外受到考验而心潮起伏；而他却是那样自信，自己知道自己的分量，市斤或公斤并不能改变物体本身的重量。国外的邀请展多起来，她随他飞新加坡，飞日本，也将飞美国与欧洲去吧，她比较感兴趣的是巴黎，想看看他年轻时留学的环境，想看看他几乎淹死在其间的塞纳河。不过她并不喜欢这样在国际间飞来飞去忙于展出，劝他偃旗息鼓，要他休息。每次一同到国内幽静的乡间寻找新素材，画出新颖的作品来就是最幸福的晚年了。他虽也深有同感，向往田间生活，在宁静中相互搀扶着走向夕阳，但不时又感到尚未吐出胸中块垒。

他和她总不能同一天离开人间，他们终有一天要分手，永远分手。

1991 年的早春，她突然病倒，病情严重：脑血栓。他们住宅附近的龙潭湖公园里杨柳转青，桃花吐蕾，正编织着点线朦胧的彩色诗境，而经常来此漫步的他和她消失了，他们一同堕入了恐怖的深渊，已看不见身外的世界。

以前她很少生病，但 1989 年春，从巴黎回来后身体感到不适，终于确诊患了冠心病。在巴黎一个月，她太累了，不懂法语，一步也离不开他，而他除陪她参观以外，主要是作画，因此拖着她市内郊区到处跑，吃饭的时间不规律。在他作画时，她有时在附近椅子上休息片刻，但三月的巴黎多雨，她又往往忙于打着伞保护他作画。虽然辛苦，她还是高兴的，她喜欢巴黎，她终于看到了他当年学习的旧地，她参观了他当年学习的教室及庭院。那所巴黎美术学院今天看来并不壮观，却是她在他故乡农村时日日惦念中的神秘殿堂。近几年来她已去过东京、纽约、华盛顿、波士顿、洛杉矶、旧金山、新加坡……看够了花花世界，但她最喜欢巴黎，喜欢巴黎的艺术气氛。巴黎又有他们知心的朋友朱德群和熊秉明，情谊亲切。大家一同去访莫奈故居，扫梵·高之墓，实在难得，真是愉快，她总怀疑是在做梦吧。在这里，他们不用翻译，两人自由行动，他当年在此写给她的大量书信中所谈的一切，今天都想竭力给她印证，而那大批两地情书却在"文化大革命"中烧毁了。

被确诊冠心病后，她听医嘱服药，散步，注意休息，两年来一直未发病，健康情况很稳定，这次偶然出现头晕，先以为是心脏病影响，到协和医院急诊，查心电图仍无异常，便不介意。但一周后头晕加剧，呕吐、耳鸣，脸部及手脚有麻痹感，嘴亦开始歪斜……连夜赶到三〇一医院急诊留观，经多方检查，确诊是脑椎底动脉系统血栓形成，而且血栓在要害部位。医生说潜伏着生命危险，情况非同小可。他和他们的儿子、儿媳们奔走求名医，找病房。亲友、学生们都想来帮忙，但谁也帮不上，她也不愿别人来看她，她头晕不止，说话费力，发音含糊。小孙孙采了花要送去病房，不让去，在家哭闹："我要看奶奶，是我的奶奶，我要去！"这时候，他们的长子在新加坡，正有一家大出版公司要聘他任编辑，他一面等工作准许证明，一面又犹豫是否留下工作或返京。电话打到家里总听不到妈妈接，感到有些反常。爸爸骗他说妈妈到弟弟家住了，并咬着牙回答：家里一切都好。除非二十四孝的美德能救母病，否则徒增海外游子在关键时刻的彷徨。他到病房告诉她这情况，她主张都让他们走，各家只能走各家的路，我们留住他们也无济于事。但她掩不住内心的凄怆："你把最好的名医都请来了，我的病看来已难治，你自己也做好安排吧！"其时病情仍在发展中，各自忍着泪，怕伤了对方，话不再说下去。

忙碌的他，一向被时间追赶，追赶时间，如今却被时间抛弃了，像被囚在一个死角，什么也干不下去，并不再有时间观念。块垒在胸中沉淀，无处倾吐，夜来，回到卧房，哭吧，反正她听不到，抱着她的枕头痛哭，是死别了！泉涌的泪似乎冲走了一些郁闷，哭罢倒似乎舒畅些，便吞

228

安眠药睡去。夜半突然醒来，依然失落在恐怖的深渊中。她走得太早，才六十六岁，她狠心摧毁了他最后的十年艺术生涯。他自恃坚强，其实脆弱，他继承了中国文人的气质和情思：人间信有鸳鸯鸟。

她平生最怕蛇，电视里《动物世界》出现蛇的时候，便闭上眼睛，甚至走开。怕蛇，也怕鳝鱼，但他最爱吃鳝鱼，他们在重庆沙坪坝初恋时，他第一次请她吃饭，点了一个自认为最好吃的菜：鳝鱼，她不吃，又不好意思说原因。凡蛇皮做的鞋、手提包及一切工艺品，她都不敢触摸。而如今偏偏要用毒蛇来治她的病。用由蝮蛇毒液提炼的抗栓酶，输入血液，是目前治脑血栓较新的疗法。她听到要用蛇毒，先是吃惊，但是很快就接受了，天天让蛇毒注入自己的血液，见不得蛇的她，如今盼望蛇毒救她的性命了。蛇毒的治疗使病情缓解，逐步好转，虽然见效很慢，毕竟前景显现光亮了。他随之珍惜毒蛇，体谅它吐毒原只是为了保卫自身。爱护毒蛇吧，应捕杀的倒是恶毒的人，比蛇更毒的人正多着呢！

在医院里缓慢地度过了三个月。躺卧了三个月，她开始听到鸟鸣，啊，耳聋好转了！窗外柳絮乱飞，不是雪花，视力也有了进步，歪的嘴也恢复接近原位。陪住的小阿姨扶她到院里小坐，她仰头看看蓝天，看到浮云，大自然仍那么悠闲，并未注意到她的病倒。虽然依然有些头晕，她愿被扶着自己试走，走，像学步的孩子，争着想自己独自走，走进人生去，她要走回人间。

又是初夏了。每年夏季的傍晚，他和她总要到附近农贸市场散步一圈，欣赏各式各样的菜蔬果品，观察卖菜农民的行动和心态，这往往引起他们对在他故乡农村居住时的种种回忆。从医院回来，他偶然一个人也去散步一圈，回忆他们一同散步的情景，自然那是另一种孤独心情了。突然，一只小手从背后伸过来抱他，他的小孙孙追上来："爷爷，奶奶叫我陪你散步，前天我跟妈去医院时奶奶悄悄说的。"

她的病情刚开始缓解，另一种急剧的情绪向他袭来，那是永远在啮

07　　　　　　　　　　　　　　07　与夫人朱碧琴在坝上草原（1998年）

咬他、吞噬他的恶魔，或许有人认为那是艺术之神，是天使，但他却为之付出全部身家性命而不得解脱。他曾转念这回跟她走了，也就逃脱了魔掌，安息了吧，他总记得梵·高的最后一句遗言：苦难永不会终结。他突然翻开尘封的画具，展开素纸，思绪纵横，落笔泼墨失去指挥，挥毫似撒网，春如线，理还乱，网不尽人间欢笑哀怨，他抒写的也许就是情网。他愤怒了，巨笔落浓墨，团团黑，绘成不祥之花黑牡丹，自题：妻病，心情恶，丹青久闲搁，落墨成黑花，有人遭身戮。

　　多年来她经常记日记，她不推敲文辞，只记下生活中的真情实事，记的都是关于他或小孙孙们的事，不谈她自己。别人发表了他的年谱，错误多，要校正，他们的儿媳担任校正工作，主要的依据便是她抽屉里那一

我负丹青·此情此景

堆大大小小的日记本。病倒后，日记中断了，他想为她续写，写她，但心忧如焚，写不下去。病情缓解，痛定思痛，夜阑人静，是回忆病房朝暮的时候了。

急诊观察处在地下室，条件不好，护理人员少，她的儿媳喂她饮食时，她坐不住，他用胸顶着她的背，维持她上身的平衡。曾有人发表过文章，说他在野外写生时，因限于环境条件，她曾用自己的背为他当画板，这说得太夸张了，她只是在大风中帮他扶住画架，助他完成作品。今天他用自己的胸顶住她病中的背，苦于仍不能解除她丝毫痛苦。她只吃几口饭或喝几口水，就累得满头大汗，甚至呕吐。他看着她那痛苦的模样，伸手抚摸她的额头，想缓解她的苦难，他记得，当年他患严重的失眠时，她用手抚他的额头，并发誓保证：我这一摸，你定能入睡。但今天她却意识不到他抚摸她的心情与隐痛，只立即肯定地、科学性地作出反应：不发烧。他明知她不发烧，她大概以为不发烧便足以安慰他了。

香港寄来一份英文版《亚洲周刊》，其中发表了他和她的几幅彩色大照片，是他们去年应香港土地发展公司之邀，在香港街头作画被记者采访时拍摄的，她显得健康而愉快。小孙孙抢着要将画报送去病房给奶奶看，他挡住了。奶奶的嘴正歪得厉害，五官不正，病情恶化中，看了她会更难过。后来，脸部肌肉瘫痪好转，嘴也正过来，便给她看画报，她显得很平静。她从来不爱出头露面，更不愿以他的荣誉来增自己的光彩。1990年新加坡电视台拍摄他的专题片"风筝不断线"，她被劝说多次才肯出场，她顽固地继承了中国妇女的传统美德和素养。

他们虽都已退休，但昔日的学生来问候及探望的仍不少。她同他一样了解每个学生的业务水平、人格品德、艰苦条件及不同的遭遇。他构思要搞一次师生画展，因感到自己这一页将被历史翻过去，该学学钟馗嫁妹，了却心头夙愿。她虽深感搞展览太麻烦，但却很同意组织并资助这样的展览。后来又有海外友人热心资助，促成了展出，并出版了《师生作品选》。

五月间，展览在中国历史博物馆的正厅开幕时，场面热烈，展览性质和展品质量也颇引人注目，但遗憾她无法出席。各届毕业同学，包括从外地赶来的，都在展厅找她，才知她已病倒。他们要集体去医院看她，几番联系，她都婉谢了。前些时，他的一位研究生曾偷偷打听了地址到病房看她，一见她的模样便止不住流泪，怕影响她的情绪，便借口她该休息，急匆匆离去，而她已深深感受了彼此一晤间的悲凉。

从劲松的家到五棵松的三〇一医院，相距甚远，轿车要跑一小时，乘公共汽车或地铁要近两小时，她的儿子儿媳们几乎整天轮流奔走在拥挤的交通道上。他们不让他走公共交通路线，怕他心绪不宁，路上走神发生意外。他只能每次打出租车往返医院，每月工资不足付车钱。他绝不吝啬车钱，但感到让车在医院等太不自在。有一天下午，他突然想去医院，但事先并未定好车，便自己偷偷乘公共汽车赶去看望她，抵达医院已值下班时刻。她惊讶他的突然来临，怨言甚于喜悦，她叫陪住的小阿姨电话通知他们的儿子，儿子临时约他学院的轿车来接他。司机正要吃晚饭，等饭后赶到医院已晚上九点。他回到家大约已过十点，小阿姨及儿子们相继来电话询问是否平安到家。她的不安的心态及孩子们的周密安排，使他不再能随时任性去看她，他感到失去了自由，感情的自由。

她虽然头晕、眼花、听力差、说话困难，但神志却始终很清晰。几年来在东西方各国的见闻，参加了各种场合的活动，接触到各式各样的人，都增加了她淡泊处世的意愿。她劝他悬崖勒马，远离名利，经常到幽静的山林与小村子里享受轻松的晚年，没有真正的新意就不必再作画。他逐渐被她说服，倾向接受她的观点，以后一同多往偏僻的山野走，少出国或不再出国。这场恶病的剧变，却又粉碎了他们向往隐遁生活的晚年梦。失去了谁，就失去了所有的路，通向闹市和通向僻壤的路，通向荣誉或通向淡泊的路。当他长期在逆境中搏斗、挣扎，在不断遭批判中能坚决走自己的路，她的淡泊与善良始终是他精神上的保护伞。如今他老了，曾经沧海，即使

无风雨，似乎也依然离不开那保护伞了。他曾经常怨她拖后腿，因她总劝他少作画。今日病重而神志清晰的她，却劝他少来医院，叫他回家作画，她深知他只有作画才能忘我，但这回不，他不画了。当她病情好转，他真的又想作画了，他想将方庄新住所的画室先收拾起来，以便作巨幅。方庄的新住所将是他俩的新居，画室较宽敞，若不是因为她的病，则已搬新居了。但她听说他想一人去新居作大画，太不放心了，立即叫儿子儿媳们阻止，决不让他一人去作画。她心里确也没有了蓝图，她不知他们的明天，明天的他和她。

　　五月中旬的一个下午，他在卧房独坐，似乎什么也不想，听凭时光流逝。电话铃响了，他懒于接电话，电话总是太多，如果她在家，所有的电话几乎都是她先接，过滤，尽量不打扰他的工作。话筒里直呼他的名，

他和她

是女人的声音，他估计大概是哪个老同窗来问候她的病情吧，但，偏偏是她本人。她居然从病房被扶到电话机前自己同他直接通话了！他居然听不出她的声音，这突然和偶然使他丧失一切经验和理解，他哭了，哭她复活了。人们哭死亡，哭生离死别，恐很少哭过复活。第二天傍晚他出门散步，回家后儿媳告诉他这期间妈（她）来过电话。于是他几乎每天不敢出门，但她并没有再来电话，她为了显示病情的好转，挣扎着去打电话，其实是颇费力的。

因为长子已确定在新加坡工作，儿媳和小孙孙必然将离开爷爷奶奶，并已开始办理出国探亲手续，十岁的孙孙似乎也已看到未来的情况。自奶奶发病住院后，每周总有一两次中午饭只有爷爷和孙孙两人吃。爷爷等孙孙放学回家后商量如何做饭，其实只需煮面条，菜在冰箱里，是儿媳早晨去医院探望前先准备好的。虽然这样简单，还是孙孙指导爷爷煮面及弄菜的步骤，爷爷平时全不懂厨房里的任何操作程序。孙孙叫爷爷趁早跟他妈妈学做饭，担心日后谁来做饭呢，这本是奶奶操心的问题，奶奶似乎管不了了，但她真能不再操心吗？而他自己倒真没操心到吃饭问题。他告诉小孙孙，说爷爷在抗日战争年代当穷学生时，曾经用脸盆煮一盆饭和青蚕豆，分三天吃，就是说煮一次吃三天。

一经发现树枝冒芽，那芽便日夜不停地生长，展叶，不多久就绿树成荫了。病房设在一个部队的大院之中，这里也许原是郊区丛林墓地，今日保留着松林乔木，又参种了各类灌木花果，蔷薇与月季吐开了一簇簇红、白花朵。随着病人情况的逐步好转，探病人觉察了花开花谢的生命递变，生、长，显然都是奔向消亡，那又何必急匆匆追赶呢？但生命的旅程既停不了脚步，也放缓不了脚步，都由不得自己。他扶着她到病房旁幽静而寂寞的林园里小坐，她看到松林里有一棵白皮松，感到很亲切，指给他看：这不是白皮松吗？她知道他一向爱画白皮松。芍药已经开过，只剩下叶丛，她记得她母亲当年在景山公园买了一束鲜艳的芍药花，送家来给他画，他画了一幅油画及一幅水彩，那水彩送了朋友，前几天香港画商寄来这幅水彩的照片，要求鉴定真伪。同时寄来的还有一幅葫芦，小孙孙说爷爷从未画过葫芦，肯定是假的。奶奶说："我们住前海大杂院时种过葫芦，爷爷画过葫芦，那时你爸还是小学生，不过这幅葫芦画得不好，像是别人伪作。"病中的她，不愿现实的事来干扰，也不愿过问现实的事，但遥远的事却桩桩件件浮现到眼前来。到林园小坐逐渐成了每天的功课，医生也说今后要多靠自己锻炼。她试着独自走，围绕一个椭圆形花坛走，如头晕或感吃力，随时可扶住花坛的水泥围栏。她已绕过一个花甲的人生，又回到了幼儿时代的小圈子里打转转，脱落了枯叶的干枝等待再度冒新芽。

医院春秋，几家欢乐几家愁，逐渐恢复健康的病人早晚都挣扎着到园里学步，学步中的病友彼此虽并不熟识，但相互显得颇关心，大家知道她不久将出院了，恭贺她，羡慕她。她向来探望的他谈得最多的便是一个个病友的病情，各人走路的姿势和症状的要害。已潜伏在深水几个月，她观察和熟悉的只是身边各种鱼类的活动。

出院的日子一天天接近，她将浮出水面，回家去。他记得他们在南京结婚后一同回到他农村的老家时，他的家人放爆竹欢迎她这位湖南新娘。法国文化部将授予他文化勋位，授勋的日子正巧是她出院的日子，他愿以这荣誉作为她回家的志庆。但因法国大使临时回国，授勋活动改迟一个月，他因她而为此感到遗憾。在没有爆竹，没有荣誉的平淡中她被接回家了，守大门的老大爷，扫院子的老阿姨，亲热地过来叫她大姐，恭贺她的归来。由小阿姨搀扶着，她自己一步一步缓慢地登上三楼，他帮着搀扶，她不要，嫌他不会扶，她在住院时已和小阿姨合作着试登过多次楼梯了，她早已练习攀登，为了攀登到自己的家。

她确乎感到又回到人间了，抚摸着卧床、桌椅、衣柜，自己走，自己坐到沙发上，自己摸进厕所，又摸到他的画室。为了让她有较宽的步行余地，他收起了画室的大案子，这阶段只缩在一角画小幅油画。晚上，在新加坡的儿子来电话，急于想听到病后母亲的声音，至少已四个月没听到慈母之音。通话很短，遮掩了口齿发音不甚清晰的症状，也避免了情绪的激动，这是家人最担心的一个电话，此后，便切断了她卧室的电话，隔离红尘，让她安心静养，照常服药，病状并未完全消失。

吃饭的时候，她起来坐到桌前吃。病前，只是她和他两人吃，儿子儿媳一家在另一室吃，如今儿子远在新加坡，儿媳和小孙孙便和爷爷奶奶一同吃。小孙孙叫吴言，但她几次都叫他可雨，引得小孙孙大笑，因他爸爸才叫可雨，把他当爸爸了，奶奶说病了便糊里糊涂，弄错了。其实不怪她弄错，她自己觉得回到人间了，真真实实回到人间了，她从头开始生活，她回到了年轻时代，给孩子喂奶，小孙孙吴言和儿子可雨小时候又长得那么相像。

有一回她自己学着从暖瓶里倒出开水来，沏了茶自己举着茶杯送到正在作画的他的面前，叫他休息喝茶。他从无作画中停下来喝茶的习惯，以往她每叫他停下喝水，他都反感，不听她的劝。这回他接过她颤巍巍送来的茶，眼前浮现出孟光故事。她的病像天气阴晴般变化，感情也随着变动。另一回，当他为急于赴宴而找不到袜子着急时，她责备他，并抱怨自己过去照顾他太多了，这些生活琐事本该自己处理。在她病后家里早已凌乱不堪，里里外外的事已忙得他头脑超载，心烦意乱接近精神错乱的边缘，再听她责怪，几乎想砸烂衣柜发泄闷气，屈于她的病，他捺下了难耐的暴躁，也许将由此孕育某种恶症吧。

北京遇上一个多雨的夏天，林荫道上总是湿漉漉的，清晨更是凉爽。保留了住院的作息习惯，她六点多钟便起床，由小阿姨扶着下楼，沿着穿绕楼群的林荫道练习走路，他跟着走。每过一片小树林，总有三五成群的老年人在默默锻炼身体，蝉尚未开始高唱，很寂寞，挂在枝头鸟笼里的百灵鸟的鸣叫成了晨曲中的主旋律。她谨慎地、认真地走，唯恐头晕或摔倒，顾不得欣赏叶上的水珠，也不听鸟的歌唱，倒往往停步注视老人们锻炼的姿势，猜测别人的病情。人，最注意同路人。在与疾病搏斗的险途中，她觉得自己是孤独者，失去了生活的情趣，失去了笑容，他不被认为是同路人，他感到被她冷漠的无名悲凉。如果她的病不再能完全康复，他不知他和她将坠入怎样相同或相异的苦难中去，他似乎逐渐明悟到生、老、病、死的人生之所以会酿造佛的宇宙，他能入禅吗，他一向嘲笑佛与禅的虚妄。

　　七月十七日，法国驻华大使克洛德·马尔当先生代表法国文化部给他授勋，授予法国文化最高勋位。马尔当先生在授勋仪式的致辞中介绍了他的简历，准确地点到了其历程之艰难，并热情洋溢地评价了他的艺术特色及对中、法两国人民的影响，致辞的真挚触动了他的心弦，他原以为大使先生只是执行一种官方的手续。他的答词只说自己诞生于农村，是土生土长的中国人，接受了中国的传统文化教育，留学法国也使他爱上了法国的文化、人民和土壤，那里确是他学习中的第二故乡。这时他脑海中又泛起了当年回国与否的旧矛盾、旧波涛，波涛中呈现出她的形象，她不是洛神，鬓色斑斑的她此刻正躺在病床上。他持回勋章和法国文化部部长杰克·郎先生签名的证书给她看，这本是他曾盼望作为迎她出院的喜讯，如今喜讯迟到了，但她对此颇为淡泊，不急于看，让小孙孙抢着金光闪闪的勋章先看，只从旁补了一句：你也真不容易。他想回答：你也真不容易。但他没说出口。这毕竟是一种荣誉吧，是苦难织成的荣誉，而且是两个人的苦难。荣誉及有关荣誉的一切都来得太晚，对他俩已是昨日的花。他想起印象派的猛士莫奈，在被官方嘲笑和咒骂中探索了一辈子，当其艺术被世界鼓掌时，法兰西学院终于提供一把交椅，请九十高龄的大师进入这堂皇的殿堂，莫奈婉谢了。"文化大革命"前，人民美术出版社已印就石鲁画集，但被迫要抽掉《南征北战》一幅作品，不得不征求作者的意见，石鲁断然拒绝，并退回了稿费。他崇敬这些忠贞于艺术的探索者，感到自己确乎不该享有法国文化部的勋章，何况目下北京的《美术》杂志还发表讥讽他的文章，他并未到达真正的坦途，探索中本来永无坦途。

他和她也许正挣扎在夕阳中，夕阳之后又是晨曦，愿他们再度沐浴到晨曦的光辉。

1991 年 7 月

后续

她成了婴儿。

病作弄她，她忘记了有几个儿子，但能说出三个儿子的名氏。早上他守着她吃了药，说好中午、晚上再吃，转身，她将一天的药都吃了。于是他只能按次发药给她吃，平时将药藏起来。

她自己知道糊涂了，很悲观，连开放水管与关闭电视也弄不清。家里不让她接触火、天然气，但她习惯每晚要到厨房检查一遍，检查煤球、煤饼炉有没有封好火，封火，是她平生的要事。现在只须开关天然气及电门按钮，但她仍说是封火，每次试着开关多次，最后自己还是糊涂了，不知是开是关，于是夜里又起床到厨房再检查。家人只好将厨房上锁，她不乐意，到处找钥匙。无奈，他只好开了锁，跟她走进厨房巡视一遍。

每晚，他们各吃一盒酸奶，总是她从冰箱里取出酸奶，将吸管插入奶盒，然后分食。最近一次，刚好只剩一盒酸奶了，谁吃，互相推让。因吸管也没有了，她找来小匙，打开奶盒，用匙挖了奶递给他，像是喂孩子，是她没有忘记终身对他的伺候呢，还是她一时弄错了，该递给他盒奶而不是用小匙喂奶。夜，并坐沙发看电视，她不看，看他毛衣上许多散发，便一根一根捡，深色毛衣上的白发很好寻，她捡了许多，捏成一小团，问他丢何处，他给她一张白纸，她用白纸仔细包起来，包得很严实，像一个日本点心，交给他，看着他丢进纸篓，放心了。

他的妹妹是医生，从湖北常来电话时刻关心她新近的病情，哭着说

238

报不尽琴姐（嫂子，即她）的恩，因家穷，已往总穿琴姐的衣服。他同她回忆这些往事，她弄不清是说事还是说情，反问：是衣服太瘦？欣喜与哀愁一齐离她远了，她入了佛境。有 次，她随手抽出 张报刊画页看，看得很细致，她想说话，但说不出来，看来她在画页上没找见他的作品，有疑问，想提问。他见她语言又生了障碍，更心酸，拍着她的背说：不说了，不看了，早些睡觉吧，今天输液一天太累了。她很听话，让他牵着手走进卧房，他发现她忘了溺器，这本是她天天自己收拣，连小阿姨也不让碰的工作。

他两年前病倒，像地震后幸存的楼，仍直立，并自己行走，人家夸他身体好，不像八十六岁的老人。其实机体已残损，加之严重的失眠，他是悲观的，他完全不能适应不工作、无追求的生活，感到长寿只是延长徒刑。最近她的病情骤变，他必须伺候她。她终身照顾了他的生活，哺育了三个孩子，她永远付出，今日到他反哺她的时候了。他为她活着，她是圣母，他愿牺牲一切来卫护圣母。他伴着她，寸步不离，欲哭也，但感到回报的幸福。但他们只相依，却无法交谈了。她耳背，神志时时不清醒，刚说过的话立刻全部忘掉，脑子被洗成了白纸。他觉得自己脑子的底色却被涂成可怕的灰暗。

医生诊断她是脑萎缩，并增添了糖尿病。因此每顿饭中他给她吃一粒降糖药。有一回儿子乙丁回来共餐，餐间乙丁发给她降糖药，她多要一粒，给他吃，她将药认作童年分配的糖果。

春光明媚，阳光和煦，今天乙丁夫妇开车来接她和他及可雨去园林观光，主要想使她的思维活跃些。到她熟悉的中山公园，但无处停车，太多的车侵占了所有的街道和景点的前后门，他们只好到旧居什刹海，停车胡同中，步行教她看昔日的残景和今天的新貌。老字号烤肉季新装修的餐厅里，一些洋人利用等待上菜的时刻，忙着在印有圆明园柱石的明信片上给友人写短信。她看看，并无反应。又指给她看自家旧居的大门，她说不进去了。她将当年催送煤球、煤饼、倒土、买菜、买糖的事一概抹尽，这住了二十年的老窝似乎与她无关，或者从未相识。

她和他在家总是两个人吃饭，吃饭时他正忙事时她便自己先吃了。有一回晚间他发烧，立即去医院，家里正晚餐时候，叫她先吃，她很快吃完，但吃完后一直坐在饭桌前不走，等他回来吃饭。偶尔他因事晚回来，冬日下午五点钟，天已擦黑，他进门，厅里是黑的，餐厅是黑的，未开灯，不见她。卧室阳台的窗户上，伏着她的背影，她朝楼下马路看，看他的归来。

一次，她自己在床上摆弄衣裤，他帮她，她不要，原来她尿湿了衣裤，又不愿别人协助。她洗澡，不得不让步让小阿姨帮忙了。他洗澡都在夜间临睡前，她已睡下，听到他洗澡，她又起床到卫生间，想帮他擦背。年轻的时候，谁也没帮谁擦，她只为三个孩子洗过澡，那时是用一个大木盆擦澡。面对孩子，她的人生充实而无愧。她今天飘着白发，扶着手杖，走在公园里，不相识的孩子们都亲切地叫她奶奶，一声奶奶，呈现出一个灿烂人生。

他有时作些小幅画或探索汉字造型的新样式，每有作品便拉她看，希望艺术的感染能拉回她些许情丝。她仍葆有一定的审美品位，识别作品的优劣，不过往往自相矛盾了。有时刚过一小时，再叫她重看，她问：什么时候画了这画，我从未见过。他不能再从她那里获得共鸣。没有了精神的交流，他和她仍是每天守护着的六十年的伴侣。他写"伴侣"二字，凸出了两个人，两个口，两道横卧的线，两个点，浓墨粗笔触间两个小小的点分外引人，这是窥视人生的眼，正逼视观众，直刺观众的心魄。

1946年在南京，教育部公费留学发榜，她从重庆赶到南京结婚，"洞房花烛夜，金榜题名时"。他们享受到了人生最辉煌的一刻，但她，虽也欣慰，并非狂喜。这个巨大的人生闪光点也很快消失在他们的生存命运中。最近，像出现了一座古墓，他无比激动要以"史记"为题记录他年轻时投入的一场战役。陈之佛先生作为教育部部聘的美术史评卷者，发现一份最佳答案，批了九十几分。发榜后他去拜访陈之佛，陈老师谈起这考卷事，才知正是

240

他的，他泪湿。但谁也不会想到陈老师用毛笔抄录了那份一千八百字的史论卷，但抄录时他也不知道谁是答卷者。六十年来，陈老师家属完好地保存那份"状元"卷，那是历史的一个切片，从中可分析当年的水平，年轻人的观点。陈老师对中国美术发展的殷切期望，其学者品质和慈母心肠令人人敬仰。他家属近期从他有关文集中了解到他正是答卷人，并存有陈老师为他们证婚的相片及为他们画的茶花伴小鸟一双，也甚感欣慰。他同她谈这件新颖的往事，六十年婚姻生活的冠上明珠，她淡然，似乎此事与她无关，她对人间哀乐太陌生了。他感到无穷的孤独，永远的孤独，两个面对面的情侣、白发老伴的孤独。孤独，如那弃婴，有人收养吗？

因一时作不了大画，他和她离开了他的大工作室，住到方庄九十年代初建的一幢楼房里，虽只有一百来平方米，但方向、光线很好。前年孩子们又给装修一次，铺了地板，焕然一新。春节前后，客人送的花铺成了半个花房。孩子们给父母不断买新装，都是鲜红色，现代型的。她穿着红毛衣、红袄，手持杖，笃！笃！笃！在花丛中徘徊，也不知是福是禄。

但老年的病痛并不予他安享晚年。他不如她单纯，他不爱看红红绿绿的鲜艳人生，他将可有可无之物当垃圾处理掉，只留下一个空空的空间，他的人生就是在空间中走尽，看来前程已短，或者还余下无穷的思考。思考是他唯一的人生目标了。他崇拜过大师、杰作，对艺术奉之以圣。四十年代他在巴黎时去蒙马特高地参观了那举世闻名的售画广场，第一次看到画家伸手要法郎然后给画像，讨价还价出售巴黎的风光和色相。呵！乞丐之群呵，他也只属于这个群族，仿佛已是面临悬崖的小羊。从此，居巴黎期间他再也没去过这售画场，而看到学院内同学们背着画夹画箱，似乎觉得他们都是去赶高地售画广场的。今天住在姹紫嫣红丛中的白头人偏偏没有失去记忆，乞丐生涯是自己和同行们的本色。在生命过程中发挥了自己的全部精力，对生生不绝的人类做出了新的贡献，躯体之衰败便无可悲哀。他和她的暮年住在温暖之窝，令人羡慕，但他觉得同老死于山洞内的虎豹们是一样的归宿。她不想，听凭什么时候死去。她不回忆，不憧憬。他偶尔拉她的手，似乎问她什么时候该结束我们病痛的残年，她缩回手，没有反应。年年的花，年年谢去，小孙孙买来野鸟鸣叫的玩具，想让爷爷奶奶常听听四野的生命之音，但奶奶爷爷仍无兴趣，他们只愿孙辈们自己快活，看到他们自己种植的果木。

载《文汇报》2006 年 3 月 27 日

风景写生回忆

　　我作风景画往往是先有形式，先发现具形象特色的对象，再考虑其在特定环境中的意境。好比先找到有才能的演员，再根据其才能特点编写剧本。有一回在海滨，徘徊多天不成构思，虽是白浪滔天也引不起我的兴趣。转过一个山坡，在坡阴处发现一丛矮矮的小松树，远远望去也貌不惊人，但走近细看，密密麻麻的松花如雨后春笋，无穷的生命在勃发，真是于无声处听惊雷！于是我立即设想这矮松长在半山石缝里，松针松花的错综直线直点与宁静浩渺的海面横线成对照。海茫茫，松苍苍，开花结实继世长！我搬动画架上山下山，山前山后捕捉形象表达我的意境。

崂山渔村

　　崂山一带渔村，院子都是用大块石头砌成的，显得坚实厚重，有的院里晒满干鱼，十足的渔家风味。我先写了一首七绝：

　　　　临海依山靠石头，
　　　　捕鱼种薯度春秋。
　　　　爷娘儿女强筋骨，
　　　　小院家家开石榴。

我便要画，在许多院子中选了最美最典型的院子，画了院子，又补以别家挂得最丰盛的干鱼。画成，在回住所的途中被一群大娘大嫂拦着要看，她们一看都乐开了，同声说这画的是×家，但接着又都惊叹起来："呵！他们家还有那么多鱼！"因她们知道这家已没有多少鱼了。

粪筐画家

在林彪、"四人帮"控制时期，我们学院全体师生在河北农村劳动，生活无非是种水稻、拉煤、批判、斗争……就是不许作画。三年以后，有的星期天可以让画点画了，我们多珍惜这黄金似的星期天啊！没有画具材料，设法凑合，我买了一元多钱一块的农村简易黑板，刷上胶便在上面作油画，借房东的粪筐做画架。我有一组农村庄稼风景画，如高粱、玉米、冬瓜……就都是在粪筐上画出来的，同学们戏称我为"粪筐画家"！河北农村不比江南，地形是比较单调平缓的，不易找到引人入胜的风景画面。同农民一样，几乎天天是背朝青天面向黄土，因此对土里生长的一花一叶倒都很熟悉，有了亲切的感情，我画了不少只伴黄土的野花。有一次发现一块形状不错的石头，照猫画虎，将它画成大山，组成了"山花烂漫"，算是豪华的题材了！

井冈写生

1957 年我到井冈山写生，当时山中人烟稀少，公路仅通到茨坪。我黎明即起，摸黑归来，每天背着笨重的画具、雨具和干粮爬数十里山地。有一回在双马朝天附近的杂草乱石间作画，一个人也不见，心里颇有些担心老虎出现。总算见到来人了，一位老大爷提个空口袋，绕到我跟前略约看看我的尚看不清是什么名堂的画面，无动于衷地便又向茨坪方向去了。

下午约莫四点来钟，这位老大爷背着沉甸甸的口袋回来了，他又到我跟前看画，这回他兴奋地评议、欣赏图画了，并从口袋里抓出一把乌黑干硬的白薯干给我，语调亲切，像叔伯大爷的口吻:站着画了一天了，你还不吃?

1977年，我第二次上井冈山，公路已一直通过我前次步行了四小时才到达的朱砂冲哨口。我在哨口附近作了一幅油画，画得很不满意，几乎画到了日落时分，才不得不住手。公路车早已收班，硬着头皮步行回住所去，大约要夜半才能走到。幸好拦截了一辆拉木头的卡车，木头堆得高高的，爬不上人，驾驶室里也已有客人，我勉强挤下，一只手伸在窗外捏着遍体彩色未干的油画，一路上，车疾驰，手臂酸痛难忍，但无法换手，画虽不满意，像病儿啊，不敢丝毫放松，及至茨坪，手指完全痉挛麻木了!

站

1959年，我利用暑假自费到海南岛作画，因经济不宽裕，来回都只能买硬座。从广州返北京时，拖着大包尚未干透的油画，而行李架上已压得满满的，我的画怕压，无可奈何，只好将画放在自己的座位上，手扶着，人站着。一路上旅客虽时有上下，但总是挤得没个空，谁也不会同意让我的画独占一个座位。就这样，从广州站到北京，双脚完全站肿了，但画平安无恙，心里还是高兴的!

乐山大佛

四川乐山大佛，坐着，高七十一米，是世界第一大佛，如他站起来，还不知有多高! 不过，单凭巨大倒未必就骇人，主要是由于岷江和青衣江汇合的急流在他脚下奔腾，显得惊险万状。当我了解到由于此处经常覆舟，古代人民才凿山成佛以镇压邪恶，祈求保佑过路行舟的安全时，我于是强烈地想表现这种劳动人民的善良愿望和伟大气魄。迎着急流险滩，我雇小舟到江心写生，大佛虽大，从远处画来，也不过是一个普通的石刻，只能靠画中船只的比例来说明其巨大的尺度，但这只是概念的比例，逻辑思维的比例，并不能动人心魄。我于是重新构思，到大佛脚下仰画其上半身，又爬到半山俯画其下半身，再回转头画江流……是随着飞燕的盘旋所见到的佛貌，是投在佛的怀抱中的佛的写照，佛的慈祥安宁，似佛光的雨后彩虹……想让观众同作者一起置于我佛的庇护之中。

群众评画

我作画，追求群众点头、专家鼓掌。一般讲，我的画群众是能理解的，我在野外写生时经常听到一些赞扬的话："很像""很好看""真功夫，悬腕啊！"这些鼓励的话对我已不新鲜，引不起我的注意。只一次，在海滨，一位九十多岁的老渔民坐在石头上自始至终看我作完一幅画，最后一拐一拐离去时作了一句评语，真真打动了我的心弦。他说："中国人真聪明，外国人就画不出来！"估计他没有看过多少外国人的画，可能年轻当水手时吃了不少帝国主义的苦头，那强烈朴素的爱国主义感情使我永难忘怀！

塞纳河之溺

我年轻时在巴黎美术学院学习，有一年复活节，照例放假一周，一位法国同学邀我一同去塞纳河写生。

他的设想很美，我们两人自己驾驶一只小船，带上帐篷、毛毯、罐头……自然还有画具，沿塞纳河漂流而下，哪里风景好，便在哪里多住几天。他父亲在巴黎当医生，在乡间塞纳河畔有自己的别墅，周末和节日全家便到别墅度假。我们先在他家漂亮幽静的别墅住了一夜，夜晚观光了乡间的

246

露天舞会。第二天一早，我那同学他自己扛起一只小船，什么船呀，几根细木条做的构架，其间用防水帆布蒙满而已，就像在海滨游泳时用的玩具小舟。他家保姆、弟弟和妹妹帮我们背着画具和用品送到河边去，他父母也送出了大门。

郊野的塞纳河可不是巴黎市内的状貌了，十分宽阔，浩浩荡荡，像江流一般，那小舟放到河里时，不过是一片小小的树叶，被波浪打得飘摇无主。我心里发寒了，但能表露恐惧吗？中国人害怕了？何况他家保姆和弟妹还正在高高兴兴祝贺我们这一趟别致的旅行呢。塞满什物，再坐进两个人，小舟里已无丝毫空隙，我们顺水而去。不仅顺水，而且顺风，我那同学立即又挂起了布帆，真有两岸风光看不尽，千里江陵一日还之势。可只飞了一个多小时，我们就遭了覆舟灭顶之灾，两人几乎同时抓住了半浮半沉的小舟，在波涛中挣扎。我童年在农村学过一点土法游泳，被讥为狗爬水，而且只能在平静的小河里爬那么四五公尺，此后再也没有下过水。生死关头人总要竭力自救，我先用一只手脱去了皮鞋，再想脱西装和毛衣，但脱不掉了。漂浮了大约二十来分钟，不见有船经过，我那同学说他先冒险游上岸试试，他放开小舟，冲着风浪向遥远的彼岸游去，我紧盯着他的命运，暂时忘了自己的命运，因他的命运也紧紧联系着我的命运。他抵岸了，他向四面呼喊，但杳无回音，不见人啊！春寒水冷，我已冻得快麻木了。终于有一只大货船经过了，在我们声嘶力竭的呼救下，大船缓缓停下来，放开它尾后拖随的小舟来将我捞起，送到了岸边的沙地上，其时我大约已在水里泡了五十分钟。得救了，打着寒战，回头看那可怕的江面，我们的小舟和毛毯尚在漂浮，还有面包，像泡肿了的女尸的脸。我们两人赤脚往村里跑，被人们热情地接待，烤火，打通电话后，同学的父亲开车来接我们回到了别墅里。

塞纳河是印象派画家们笔底最美丽的河流吧，我几乎就葬身在印象派的画境中！

偷画码头

山城万县面临长江，江畔码头舟多人忙，生活气息十分浓厚，是最惹画家动心的生动场景。

我 1973 年到万县，"四人帮"控制期间，规定码头保密，不让画，我不甘心。我这样构思：从后山背面画层层叠叠的山城气势，其间还有瀑布穿流，再将江畔码头嫁接到画面底部的山城脚下。在后山写生又比山城正面僻静，少干扰。我先躲在一个小弄堂角落偷画了码头，然后又提着未完成的油画急匆匆走偏僻小巷赶到后山去。发觉后面有人追来，我加快步子，那人也加快步子，他穿着一身旧呢子军服，像转业军人模样，我心想糟了，公安部门追来了，码头已画在画面上了！他追上了："你是哪里的？""北京。""哪个单位的？""中央……""你叫什么名字？"我正预备摸出工作证来，他接着说："我是文化馆搞美术的，这里画画的人我都认得，老远见你在画，没见过，想必是外地来的，你走得这么快！我们文化馆就在前面，先去喝点水吧！"

听香

1980 年的春天，我带领一班学生到苏州留园写生，园林里挤满了人，行走很困难，走不几步，便有人嚷嚷："同志，请让一让！"原来他们在拍照，那国产的海鸥相机大概价格便宜，很普及，小青年都在学照相。那些姑娘们拍照真爱摆姿势，有斜着脑袋扭着腰的，有一手捏着柳叶的，有将脸庞紧贴着花朵的，她们想在苏州园林里留下自己最美丽的身影吧！园林里有什么好玩呢？于是嗑瓜子、吃糖果、打扑克……与其说听音乐，倒不如说显示自己手提了新式录音机更得意吧，满园都在播放邓丽君的歌，邓丽君

248

成了园林里的歌星，不，是皇后！学生们诉苦了，无法写生，我只好采取放羊措施，宣布自寻生路去罢！

到了晚上，我的研究生钟蜀珩不见了，她回来得特别晚。她曾躲进了园林里一个极偏僻的角落，藏在什么石头的后面，悄悄地画了一天，静园关门的时候值班人员未发现她，她也没注意园林在什么时候已关门了，当她画完时已无法出园。她在园里来回转了好几遍寻不到出园的任何一个小门，最后只好爬到假山上对着园外的一个窗户呼喊，才引来管理员开了门。她说，她在园里转了一个多小时，没遇见一个游人，她才真正感受到了园林的幽静之美。我没有这样的好运气，真羡慕她遇见了园林的幽灵！狮子林的走廊里写有两个字"听香"，道出了园林的美之所在。

犀牛洞

我看过不少岩溶洞，宜兴的张公洞、善卷洞、灵谷洞，桂林的芦笛岩、七星岩，南宁的××洞，贵阳的地下公园……所有这些旅游洞里都安装了彩色电灯，照耀得五光十色，色彩斑斓，但并不吸引我。

1980 年，我和贵州的同行们坐了吉普车去黄果树大瀑布，中途，同车的人告诉我，我们将经过一个犀牛洞，里面发现一只古代犀牛的化石，化石犀牛虽已移去博物馆，但洞仍很有意思，值得一看。我为了不逆别人的心意，便勉强同意绕道去看一眼犀牛洞。洞在野山脚下，庄稼地间，刚接通一段简易的泥土公路。由生产队派人管理、卖门票、引路、开电灯。因参观的人少，洞门常锁着，我们请孩子们去村里叫来管理员。因为灯暗，洞大，深入进去曲折多变，纵横错杂的岩石变化神奇莫测，昏昏蒙蒙中有孙悟空闹过的天宫、有中世纪哥特式的庞大教堂、有半坡社会的村落……待到招待所吃完中饭，我不肯休息，立即凭印象勾画出在洞中的强烈感受，总觉得意犹未尽，于是我决定开车折回犀牛洞去。再次进洞，我准备了较大的画夹，借了张凳子搬进去坐下来仔细描绘。时间一久，在幽暗的灯光下瞳孔逐渐放大，处处都能看清了，我加意刻画了各个局部，将转折的来龙去脉都交代得清清楚楚，然而，我只画下了满幅呆石头，太乏味了。

我灰心丧气地出了洞，那位管理员小青年也埋怨起来："你们这几角钱门票画这么久，我们可要贴不少电费呢！"

速度中的画境

1972 年，我第一次路过桂林，匆忙中赶公共汽车到芦笛岩去看看。汽车里人挤极了，没座位倒无所谓，但我被包围在人堆里，看不见窗外的景色，真着急。我努力挣扎着从别人的腋下伸出脑袋去看窗外的秀丽风光，勉强在缝隙中观赏甲天下之山色。一瞬间我看到了微雨中的山色，山脚下一带秋林，林间白屋隐现，是僻静的小小山村，赏心悦目谁家院？难忘的美好印象。我没有爱上芦笛岩，却不能忘怀于这个红叶丛中的山村。翌晨，我借了一辆自行车，背着油画箱，一路去寻找我思恋了一夜的对象。大致的地点倒是找到了，就是不见了我的对象，于是又来回反复找，还是不见伊人。山还在，但不太像昨天的模样了，它一夜间胖了？瘦了？村和林也并不依偎着山麓，村和林之间也并不是那样掩映衬托得有韵味啊！是速度，是汽车的速度将本处于不同位置的山、村和林综合起来，组成了引人入胜的境，速度启示了画家！

监牢被卖

1960 年到宜兴写生，发现一条幽静的小巷，一面是长长高高微微波曲的白围墙，另一面也全是白墙，多属时凸出时凹进的棱角分明的垂直线。两堵白墙间铺着碎石子的小道，质感粗犷的路面一直延伸到远处的街口，

250

那里有几点彩色在活跃,是行人。从高高的白围墙里探出一群倾斜的老树,虽不甚粗壮,但苍劲多姿,覆盖着小巷,将小巷渲染得更为冷僻。我一眼便爱上了这条白色的小巷,画了这条小巷。

事隔二十年,去年我再到宜兴写生,这条白色的幽静小巷依然无恙。这回是早春,这白围墙里探出的老树群刚冒点点新芽,尚未吐叶,蓬松的枝条组成了线的灰调,与白墙配得分外和谐,我于是又画了这条白色小巷,画成了我此行最喜爱的一幅作品。在宜兴住了一个月,画了一批画,临走时许多美术工作者和朋友们来看画,他们赞扬,因感到乡土情调的亲切。只是有一位好心的老同志提醒我,说那幅白色的小巷不要公开给人看,因那白色的围墙里是监牢。

回北京后不久,中国美术家画廊邀请我在北京饭店举办一次小型个展,同时出售少量作品,售画收入支援美协活动。我同意了,展出作品中包括了我自己偏爱的那幅白色小巷,但说明此画属于非卖品。展出结束后,工作人员来向我交代,"白色小巷"偏偏列在已售出的作品中了,我很生气,他们直道歉,说一位法国人就坚持要买这一幅。我所爱的监牢就这样被悄悄卖掉了!

今年我因事又经宜兴,匆忙中又去看望一次白色的小巷,白墙已被拆除一半,正在扩建新楼了。

牧场与毛毯

我在新疆白杨沟的山坡上用油彩画那一目了然的大片牧场,一群学生围在背后看我作画。我画得很糟,可以说彻底失败了,我的调色板上挤满了大堆大堆的各种绿色,硬是表现不出那辽阔牧场的柔软波状感。心里很别扭,傍晚躺在床上沉思,探索失败的关键原因。同学们进屋来看望我,我立即坐起,偶一回头,看到刚被我躺过的床上有文章了!黄黄的单一颜色的毛毯覆盖着棉被和枕头，因刚被我躺过，那厚毛毯的表面便形成了缓和的起伏，统一在富有韵律感的皱纹中，这不就像牧场吗？牧场的美感被抽象出来了！

我于是便和同学们谈开了，总结了我白天的失败，认识到要着重用线的表现来捕捉牧场的微妙变化，一味依靠色彩感是太片面了，如绿色的牧场染成黄色的牧场，构成牧场美感的基本因素不变，毛毯给了我们启示，第二天同学们在色彩画中果然用偏重线的手法表现了牧场，效果比我画的好多了。

银鳞龙

我走在故乡附近的小道上，遇见一位妇女提着一篮糕团走亲家，她刚好放下篮子整一整里面的食物。揭开覆盖的大红纸，现出一条用米糕捏塑的不小的龙，遍体密密的龙鳞，全是用五分钱的镍币嵌入龙身来表现。这一新颖的构思和独创的手法令我大为吃惊，虽然又感到太不卫生，钱币上不沾满着细菌吗？但从形式上看十分吸引人，从含义，亦即从内容讲，则又充分表达了发财、吉利的好兆头。我问大嫂：这是送汤吧（家乡方言，亲家生了孩子，送贺礼谓之"送汤"，汤饼之喜）？她说是"剥壳"，即亲家孩子种了牛痘脱痂时也要庆贺的。

冷和热

事情记得清清楚楚，但忘了是在西藏的哪一个山坡上了。我和董希文一同写生，都画那雪峰，我们进藏五个月中反正经常在雪峰下讨生活。我的画架安扎在向阳坡上，大晴天，乌蓝的天空托出白亮亮的大雪山，亮得几乎使人难以睁开眼睛。画着画着，太阳愈来愈温暖，愈来愈热，我于

我负丹青·此情此景

　　　　　　　　　　　　　　　01　在坝上草原（1998年）

是开始脱去皮大衣，画不一会儿，还得脱棉袄，奇怪，太阳几乎烫人了，灼热难忍，我又脱，脱得只剩衬衣了，才感到很舒服，在那高寒的雪峰下居然碰到这样一个温暖的天然画室，太美了，而且无风。大约下午三点来钟我的画结束了，译员和司机同志劝我快穿衣服，说太阳很快就要落山了，而我额头还冒汗呢。待穿好衣服，去找董希文，我还不知他在何处落户呢。他躲在阴影处，太阳整天没有发现他，他还正披着皮大衣在战斗，一面流着清水鼻涕，冻僵的手已显得不太灵便。"太阳下去了，太冷了，快收摊吧！"我催他，他说从早晨到现在一直就是这么冷啊！他根本没有脱过皮大衣。

误入崂山

　　1975 年的夏天，我和青岛几个朋友一同去崂山写生，当时青山和黄山一带不让通过，吉普车绕道李村将我们送到华岩寺下渔村旁的一个连队里落脚。送到驻地放下行李后，小车就要回青岛，有人想了个好主意：我们随车回去，到北九水下车，然后从北九水翻山到华岩寺，据说只要两个多小时，这样对崂山先认识个全貌，以便以后慢慢选景。事情就这样决定了，司机也同意绕一点道先送我们到北九水。

　　我们在北九水吃了饭，问清了方向路线，出发进山时大约将近下午一点钟。一路美景可多了，茂密的林，怪样的石，还有被遗弃了的德国人盖的漂亮别墅。渴了，随时可遇到崂山矿泉，边走边评论景色，讨论构图，说说笑笑，无拘无束，像进入了世外桃源。然而不知从什么时候开始，早已看不出道路了，连人走过的痕迹也没有，我们仗着有六个人，不怕，朝着估计的方向攀登，爬过一岭又一岭，那山总比这山高，始终被陷在山丛中，总望不见海，渴了也遇不着矿泉了。日西斜，"着急"在每个人的心底暗暗升起，但却互相安慰，说没关系，离华岩寺大概不远了。傍晚了，天色暗下来，我想起白天解放军的介绍，说崂山里有狼，毒蛇也多，还曾出现过没有查清楚的信号弹……我们高高低低在杂草里乱钻，有时攀着松树跨过滑溜的峭壁，管它毒蛇不毒蛇，逃命要紧，首先要辨清海在哪一方啊！如今是方向也弄不清了，六个人又有什么办法呢，六十个人也抵不住黑暗的袭来。我们继续挣扎，但预感到糟糕的下场了！终于有人隐隐听到了广播，于是立即朝广播的方向进发，珍贵的广播声千万别停下来！我们猛赶，通身汗湿，广播的声音愈来愈近，得救了，终于在月色朦朦下绕出了山，进入了村庄，见到人家灯火时已近晚上十点钟。这里属胶南县，我们所住的华岩寺渔村属崂山县。第二天，主人请我们吃了一顿最名贵的红鳞佳吉鱼，由公社的拖拉机将我们送回崂山县住址。后来别人捡了一块很坚实的崂山石送我，我请工进家同学在上面刻了四个大字留念：误入崂山。此石迄今保存在我的案头。

想起了雪花膏

万幸逃出了崂山，深夜叩门，住进了生产队的一间什么屋子里。管他什么屋子，我们六个人挤着睡。德依向谁提出意见了，叫他注意不要把两只臭脚伸在我的鼻子跟前，我说没关系，因我先天性嗅觉不灵。他们以为这是自我克制的托词，仍竭力重新安排他们睡的位置和姿势，反正怎么安排也是挤。

大约由于脱险后的愉快心情吧，我想起了一件几十年前的旧事，足以证实我的嗅觉确是先天不灵，不是为了客气。我讲开了：我在国立杭州艺术专科学校读预科一年级时，主要学素描，也学点水彩，还未接触到油画。比我高一班的朱德群已在课外自己试画油画了。有一个星期天，他叫我用他的油画工具也试试，为了节约，他的白色是自己调配的，装在一个旧雪花膏瓶里，他交代后便外出办事去了。傍晚他回来，一进门便说好香，原来我弄错了新旧瓶子，将一瓶真的雪花膏当白色调入油画，难怪我感到油画真难画！这就是我用雪花膏画的第一幅油画。

遗忘了画箱

从乌鲁木齐到阿勒泰，新疆有关方面给我配了一辆吉普车，供我写生使用。但这条路比较艰苦，有的司机不愿去，有的青年太莽撞，领导又不放心，最后决定由一位老司机去。我从内心感谢这位老师傅，一路上同舟共济的生活使我们逐渐建立起真诚的友情，坐车的和开车的之间真能这样坦率、友好地相处吗？他也许有些不解，便私下问随我前去的同志：老吴是教授吗?

从阿勒泰市区到白桦林深处的达子湾山村,车虽只需走一个多小时,但路极其难走,坑坑洼洼,处处乱石挡道,车跌跌撞撞连滚带转地爬行,像一只受了伤乱窜的野兽,根本辨不清哪里算路。老师傅吃力了,我暗暗心疼他。

车停到了目的地,我们一车四五个人都是画油画的,画箱、板、水壶、干粮一大堆,大家立即七手八脚地帮着卸车,霎时间行装堆了满地,自然是年轻同志们手脚快,他们又坚决不肯让我插手帮忙。卸完车,老师傅还要跌跌撞撞地回去,晚上再来接我们。朝阳透过宁静的白桦林,洒到潺潺的溪流里,光影闪烁,对岸哈萨克的村落则正被阳光照耀得通红。我们陶醉在这祖国边境的阿尔泰山麓了,大家开始选定对象,准备投入战斗。突然发觉不见了我的油画箱,遍寻不见,大家着急起来,他们感到比丢失自己的画箱更不安。再回到卸车的地点去寻,显然没有,会不会根本没有装上车呢?装车卸车大家抢着干,已很难记清楚细节,但我是明明白白将自己的全套画具先送到招待所门口的装车处的,我从来不会在出门之前遗忘画具,哪怕是一个夹子或一盒按钉之类的些小用具也总是考虑得极其周密的。我凉了半截,别人也凉了,大家像面临了灾祸。于是阿勒泰本地随同来的同志让出他的画箱给我用,他说他以后来的机会多,这次主要看我画。木匠大都爱用自己的锯和刨,我也一向习惯于用自己的画具,但这次也只好将就着用了。大家围着看我画,让画箱的同志更不断为我添挤颜料,我一面画,一面感到心里不自在。咕咚!咕咚!什么响?孩子们立即投奔到桥头去,一辆吉普车闯入了宁静的山村,啊!我们的车回来了!老师傅说他到市里加油,发现我的画箱被遗忘在车里了,便立即赶着送来,我多么想紧紧拥抱他,亲亲他啊!

02

02　在陕西华山写生（1982年）

03

03　在京郊写生（1996年）

焚帐

在鼓浪屿写生，住在福建工艺美术学校的招待所，招待所是刚开设的，设备尚未搞齐，校方专门为我临时上街买了一顶价值四十元的方形尼龙蚊帐。白天我将蚊帐撩上帐顶，露出墙面好张挂未干的油画。

无锡轻工业学院造型系主任王一先是我的学生，他正好领着一班学生到厦门实习，碰见后他一定要让他的学生们来看我的画，说是难得的学习机会。白天我都在外作画，只有晚上在宿舍，便说定晚上来。他们从厦门渡海到鼓浪屿，到我房内时，临时停电，于是只好点煤油灯。青年学生们学习如饥似渴，他们擎着灯，贴近画面细细看、细细看，看了好久，灯光还是太暗，我感到十分抱歉，送他们走后总有些耿耿于怀。临睡时，蚊帐拆不开了，不知怎么回事。正好电灯也亮了，我仔细观察，才知是同学们擎着灯凑近画面时将灯举得太高，高温将尼龙蚊帐熔化了一大片！

夜缚玉龙

抗日战争期间，我们国立艺术专科学校从杭州迁到云南，又从云南迁到四川，中途，有几个同学不搭车，学徐霞客的样，徒步走上云贵高原。他们走进玉龙山，路上李霖灿同学给我寄来明信片，一面描写见闻，另一面是用钢笔画的玉龙山速写，真叫人羡慕，遗憾未能跟着去。从此，我一直向往玉龙山，它深深印在我的脑子里。

1978年我到昆明，便专程去访玉龙。在丽江街头遥看玉龙，高空中那点点白峰和几小块黑石头，很不过瘾，尽管诗人们在歌唱："遥看玉龙年年白，更有斜阳面面红"，但诗意重于画意，形象太远了，不能感人。进入山麓的黑、白水地区去，交通很不方便，我和小杨找到进林场拉木头的卡车，路险，卡车怕出事不肯拉人，感谢当地领导协助派了辆吉普车。

暴雨天我们到达了林场，住进伐木的工棚里，用油毛毡补盖屋漏，铺板底下新竹在抽枝发叶。吃干馒头和辣椒，喝大块木柴火上煮得滚烫的茶，蛮好的，只是雨总不停，一天、两天、三天……似乎没有晴意。王龙山在哪里？看不见，只在头顶上，云深不知处！它也有偶尔显现一角的时候，立即又躲藏了，像希腊神话中洗澡的女神苏珊，不肯让人窥见。我于是将铺板移到小小的木窗口，无论白天、黑夜，坐着、躺着，时刻侦察雪山是否露面。我悄悄地窥视，唯恐惊动它，若发现有人偷看，它会格外小心地躲进深深的云层里吧！一个夜半，突然云散天开，月亮出来，乌蓝的太空中洁白的玉龙赤裸裸地呈现出来了，像被牛郎抢去了衣服的织女，它无法躲藏了。我立刻叫醒小杨，我们急匆匆抓起画具冲出门去，小杨忙着替我搬出桌子，我哪里等得及，将大幅的纸铺在石板地上，立即挥毫。战斗结束，画成后，我一反平常的习惯，居然在画面上题了几句诗：

崎岖千里访玉龙，
不见真形誓不还。
趁月三更悄露面，
长缨在手缚名山。

肥皂的身份

每次到外地写生，画具材料必须准备得十分齐全。1978年到西双版纳，当时外地肥皂供应紧张，洗油画笔离不开肥皂，我带的肥皂有限，便分外重视，每次洗完笔，便立即将肥皂收藏好，洗脸从不动用。日子久了，总得洗一次内衣吧，洗衣总不能不用肥皂。但洗衣和洗笔时完全是两种精神状态，洗笔必须严格要求，一丝不苟，洗衣服洗个大概就算了，往往还心不在焉。洗完衣服后突然想起肥皂遗忘在水池边了，洗笔时从来不可能遗忘肥皂，因肥皂的重要性只同洗笔紧紧联系在一起，而洗衣服时便忘其重要的身份了。我惶恐地立即奔到水池边去找重要的肥皂，不见了！

"脏饰"

1974 年，我和黄永玉、袁运甫及祝大年从黄山写生后到了苏州，住进比较讲究的南林饭店。我们在黄山晒脱了一层皮，脸被风刮得枯涩枯涩的，头发蓬乱，背着那么多画具，一眼就知是一群画画的。穿得整齐干净的服务员问：你们中有画油画的吗？他偏对油画感兴趣。永玉立即回答：老吴就是画油画的。服务员便转向我：小心别将颜色弄脏房间。黄山玉屏楼为游客备有出租的棉大衣，几乎每件棉大衣上都抹有油画颜料，招待所的褥子上也常擦着油色，画家太多了，油画家尤其讨厌！我要学学我们宜兴的周处严格要求自己的作风，不让别人认为是一害，不让别人讨厌油画。我每次作完画，总用棉花将染在地上的颜料擦得不留一点痕迹。大概是在旅社里，有一回擦洗洗过笔的脸盆，用了许多肥皂和棉花也还是擦不干净，怎么回事呢？仔细观察，那不是我弄上的颜料，原来那是属于脸盆本身设计中的色彩！是装饰艺术，不是"脏饰"艺术！

冰冻残荷与石林开花

夏天，北京的北海公园里映日荷花别样红，确是旅游和休息的胜地。我长期住在北海后门口，得天独厚，当心情舒畅的时候或苦闷的时候，便经常可进北海去散步。"四人帮"控制期间的一个隆冬，我裹着厚棉衣因事进入北海，见水面都早已冰冻三尺，但高高矮矮枯残的荷叶与枝条却都未被清理，乌黑乌黑的身段，像一群挺立着的木乃伊。齐白石画过许多残荷，但何尝表现出这一悲壮的气氛呢？这使我想起了罗丹的雕塑"加莱义民"。

260

　　　　　　　　　　　　　04　在印尼海滨写生（1994年）

强烈的欲望驱使我要画这冰冻了的荷尸，我想还应该添上一只也冻成了冰的蜻蜓。亲人和朋友们坚决制止我作这幅画，我没有画。

　　1977年我到云南石林写生，石林里都是石头，虽具各种状貌，但也还是僵化了的石头嘛！然而石林里开满了白色的野蔷薇，都是从石头缝隙间开出来的。"四人帮"倒台了，我心情很舒畅。倒台前知识分子们的心情还能舒畅吗？我曾以为冰冻的荷尸正是自己的写照呢！我于是大画其石林开花，还题了一句款：今日中华春光好，石头林里也开花。

忆苏伊士运河所见

　　现在从北京直飞巴黎，只十三个小时，很方便。三十多年前我们留学生从上海乘船去欧洲，航行一个月，太慢了，不方便吧，但这种美好的旅行今天已很少有人能享受到了。船过苏伊士运河,在塞得港要停留很久，许多当地的小木船便围向我们的大海轮来，木船上的埃及人来卖手工艺土特产：皮包、地毯、壁挂……大船高，小船低，买卖彼此联系不上，于是埃及人果敢地爬上小船的桅尖，在摇摇欲坠中挣钱。他们那干瘦的身影，晒得焦黑的皮肤，在我刚离开的祖国的农村里是到处可见的，虽已是遥远的异域异国了，贫穷和苦难总是那么相仿！

天热，水里浮游着成群的儿童，从大船高高的甲板上凭栏向下看，赤裸着的孩子们在水中灵活地出没，像许多可爱的青蛙。孩子们要钱，船上的旅客抛下硬币去，硬币扑通扑通沉入水底，孩子们立即钻入水底，一个一个拣出来了，将拣到的钱高高举给抛钱的旅客们看，满脸欢喜，旅客们看了也十分高兴，满足地笑了。有旅客抛下半支点燃着的纸烟，孩子举手在空中接住纸烟，将燃着的烟含进嘴里，再钻入水去拣那位旅客紧接着抛下的钱，拣出钱来举给旅客看，再取出嘴里的纸烟，那烟仍未熄灭。

三十多年过去了，我不会再过苏伊士运河了，却永远清晰地记得这群活泼可爱的青蛙似的儿童们！

1985 年

262

黄金万两付官司

电话潮

1994 年 12 月 29 日，伪作"炮打司令部"案在上海中级人民法院再次开庭，于是我家电话铃声不断，来自海内外的问讯频频，都是亲朋好友及正直人们的关怀，我衷心铭感。这是第二次开庭，第三次电话高潮。我必须将事件作最简要的介绍：

上海画店朵云轩与香港永成拍卖公司，于 1993 年 10 月 27 日联合主办中国近代字画及古画拍卖会，事前印出的目录中有两幅冒我之名的伪作，一幅《乡土风情》，另一幅《毛泽东肖像——炮打司令部，我的一张大字报》。我当即通过文化部艺术市场管理局，正式通知朵云轩，请撤下两幅伪作。对方不撤，结果"炮打司令部"以五十二万八千港币拍卖成交，并宣扬此画创他们这次拍卖的最高价。海外报纸直截了当讽刺"这是利用毛泽东诞辰一百周年的热潮，不择手段牟暴利"，赤裸裸揭穿了交易的丑恶本质。我当即在《人民日报》海外版撰文《伪作炮打司令部拍卖前后》，揭露真相。而朵云轩却咬定此画确是吴冠中所作，并宣言不须吴本人承认，他们自有权威鉴定。我于是委托中央工艺美术学院，于 11 月 30 日代我以侵犯姓名权、名誉权为由，向上海中级人民法院起诉。

1994 年 4 月 18 日，上海中级人民法院民事庭开庭审理，我家第一次电话如潮。

辩论焦点针对画的真伪问题。画面画毛泽东右手持毛笔的半身像，背景书：炮打司令部，我的一张大字报·毛泽东（原画上分行书写，无标点），左下角落款：吴冠中画于工艺美院 一九六：年。这是一幅完完全全抄袭王为政先生原作的劣作（包括毛泽东手书字样）。1967年8月5日《人民日报》头版套红发表《炮打司令部》后，当时中央工艺美术学院学生王为政便以此题材创作了这幅主席像，还煞费苦心地从毛主席已发表的许多手书稿中，集合拼凑成画中字样。伪作者抄袭了王的作品，并加上"吴冠中画于工艺美院 一九六：年"。被告说"六："就代表"六六"，也罢，1966年谁敢以1967年发表的重大政治题材作画，而且公然署名？当时批判个人主义，谁作画也不署名，王为政也只盖了个"扫除一切害人虫"的印章。我这个被剥夺创作权的反动学术权威，就是吃了豹子胆，也不可能书写自己的姓名。被告在法庭上居然说，当时作为学生的王为政1967年之作，是抄袭了1966年吴冠中老师之作（即今日之伪作）。三十年代我曾从潘天寿老师学过传统中国画，以临摹山水、兰竹为主，从未画过人物，在油画中则主要画人体。四十年代后便没有接触水墨工具。留学返国后，七十年代中开始探索彩墨画创新，采用大板刷及自制滴漏等工具，强调对比，突出节奏，画面与传统中国画程式差距甚大，我这些表现手法完全不适合表现受对象局限较大的肖像画，故迄今我从未用水墨画过肖像。伪作张冠李戴，一味为获利而存心欺蒙，根本不顾及风格手法之迥异。

这次开庭没有作出判决，法律专家们认为此案主要是侵犯著作权，于是我又决定聘请北京纵横律师事务所沈志耕律师和上海天人律师事务所柳三泓律师，另以侵犯著作权为由向上海中级人民法院起诉。立案后，根据法律程序，撤去了前一个诉讼请求。

就在知识产权庭即将开庭的前一个多月，1994年11月18日，我家发生了第二次电话高潮，这次大都是来质疑，甚至质问，大家都感到惊讶。

我没有订上海《文汇报》,原来这天的《文汇报》上,刊发了这样一条消息:

> 本报讯(记者徐亢美)老年画家吴冠中不久前令人费解地向上海市中级人民法院提出了撤诉申请。日前,经裁定,市中院民事审判庭根据法律规定,准许其撤回起诉。于是,在海内外媒介上热闹经年的吴冠中"《炮打司令部》假画案"落幕,被告上海朵云轩及香港永成古玩拍卖有限公司自然退出本案。吴冠中在交出减半收取的8800元案件受理费后,留给人们的仍是一个大大的问号:"炮打司令部"一画,假兮真兮?

此次著作权的开庭自然照明了这条新闻的面目和背景。早在这条新闻发出前,沈志耕律师为二次开庭已向法院提供了有力证据,即中华人民共和国公安部的刑事科学技术鉴定,证明伪作上的落款署名不是吴冠中亲笔所写。被告这回感到情势严峻,于是朵云轩向法院提出了管辖权异议,说官司要到香港去打,被法院驳回。永成则干脆不应诉了,后未出庭,似乎已山穷水尽,朵云轩便炮制了这条新闻,《文汇报》记者未与法院或原告核对便排上版面。

我不了解世界上哪些国家的法律是保卫伪劣假冒或纵容污蔑他人人格的。就说香港,大约是1994年9月份前后,因《东》周刊发表了一篇有损香港大学法学院院长张五常教授名誉的文章,张诉讼,《东》周刊虽道歉,法院仍判定罚款二百四十万港币。这消息《北京晚报》亦曾转载。

这回著作权案开庭,辩论的焦点已转到法律适用方面,虽然朵云轩出示了他们专家证明伪作系我真作的鉴定书,我的律师建议请出了这几位专家到法庭做证,令人惊讶的是,这几位专家在答辩中对我的绘画风格、作法及一般鉴定知识等等一问三不知,他们全是朵云轩的职工,他们这个鉴定小组是在伪作早已卖掉而我向法院起了诉,为开庭而受命组合的。案件虽尚未判决，但人们在乐观中等待着这宗明知故犯、公然贩卖假画案的结果，因这首例美术假画官司，关系到今后对伪造、贩卖冒名作品是开绿灯还是红灯的问题。绘画的真假，有时确乎难于分辨，尤其有些古画更是情况复杂，但有时也能一目了然。这幅"炮打司令部"伪作，根本无须在艺术问题上纠缠，因为这是"文化大革命"中的现实问题，是特定政治史实案件。众目睽睽，凡经历过"文革"的人，不用查资料，都能立即作出确切、深刻的答案。请教大量正直的历史见证人吧，他们遍布全国、全球，他们注视这宗官司，也正因由此唤起各自苦难的回忆吧！1994年我随全国政协主席李瑞环访北欧，每到一个国家，当地使馆工作人员、留学生、华侨，都曾向我问及这宗非同寻常的假画案真相。

这样黑白分明的事实，加之已有明文立法，我起先将事情看得很简单，以为很快就能解决，然而一年多的时光流去了，事不息，人不宁，我依然不能恢复正常的创作生涯。一寸光阴一寸金，七十五岁晚年的光阴，实在远非黄金可补偿，黄金万两付官司，我低估了人的生命价值！

一年来，我天天默念着朱自清的《匆匆》，还有法国十九世纪诗人拉马尔丁的《湖》。《湖》是情诗，但其对生命流逝的敏感深深刺我内心，试译其开篇第一句写湖水："就这样！永远推向新的边岸，我们能够？曾经能够？抛一天锚，仅仅一天！"

我抛不了锚，虽来日无多，眼看光阴白白流逝，也无法抛锚！我企望我家第四次电话铃响的高潮，谁知何时？

牌坊其厄

朵云轩与永成联合拍卖，很明显，是利用朵云轩老字号的信誉招徕买主。荣宝斋也几度与香港"协联"联合拍卖，荣宝斋负责作品真伪的鉴定。有一回他们的拍卖目录中，出现了冒我之名的伪作，我电话通知荣宝

266

斋，他们立即撤下伪作，保护老字号的声誉。最近报道荣宝斋拒绝回扣，只凭货真价实作经营，这是值得表扬的老字号风格，也只有这唯一的正道，才能建立、保持名店信誉。正规拍卖行如失误拍出了赝品，买主在一定期限内证实其伪，则可退货。信誉建立在有错必纠的实事求是作风中。遮丑，欲盖弥彰，则将彻底摧毁百年老店。令人痛惜的是，名店、名牌在经济大潮中眼红伪劣假冒能轻易获暴利，便大胆出卖自己的声誉，杀鸡取卵。朵云轩推托该伪作是永成所提出，管不了对方。合资或合作，首先应考虑到民族利益与国家信誉，联合拍卖中如对方提供黄色、反动的作品，你朵云轩又管不了对方，咋办？

新华社四川分社主办的《蜀报》于1993年8月21日报道了一条新闻，标题是《上海朵云轩首次拍卖蜀中画家作品——彭先诚〈贵妃出浴图〉竟是赝品》，文如下：

> 《蜀报》成都讯（记者蒋光耘）记者近日获悉，在解放前就开始经销字画的上海老字号朵云轩首次举行的拍卖活动中，拍卖一幅四川著名画家彭先诚的彩墨画《贵妃出浴图》，竟是一幅极为低劣的赝品。
>
> 据画家自己介绍，此事他是今年5月从一朋友口中得知的，当即便给上海朵云轩去信，讲明此画系别人仿制的赝品。朵云轩艺术品拍卖公司在复函中称：这是由于他们工作中的缺点和考虑不周所致，但现在他们是受客户委托拍卖，已刊入拍卖图录之中，公司单方无权撤下。
>
> 据悉，这幅编号117，底价为1.2万—1.5万元的《贵妃出浴图》，在6月的拍卖活动中，以2.2万元成交……

报道不必再抄下去，赝品之出手沾了老字号的光。记者问画家为何不诉诸法律，画家说打官司是件相当耗精力的事，只希望国家能尽快整顿一下字画市场。那次朵云轩是单独经营拍卖，不存在管得了管不了对方的问题，于是创造"印入图录便无权单方撤下"的弥天大谎，这是你家行规？真是欺侮老实人，欺侮老百姓。

我曾年年走江湖，踏遍祖国的角角落落，看到一些尚残留的贞节牌坊。封建时代的贞操观已不适应于今朝，但当年的贞节烈女牺牲了终生生活的幸福，牌坊之矗立是以生命为代价的，来之不易，非一般人所能企及，因之乡间骂人："又要当婊子，又要树牌坊"，含义是广泛的，不仅仅指荡妇。贞节牌坊早已淘汰，烈士纪念碑永远受人朝拜。我想起牌坊或烈士碑，都源于有感成功与荣誉来之不易。但唯利是图的经营方针中，名店名牌已在变质，牌坊其厄！有人来传言，朵云轩想和解了，我问什么前提，答：吴先生既说是伪作，他们尊重吴先生的意见（仍保留他们认为是真作的意见——其实就是保个面子），他们想这样保住自己的名声，这是他们想保住老店信誉的最后上策吧，牌坊其厄！

唐僧之肉苦

老伴大病后，尚未痊愈，夜静灯明，我陪她并坐沙发上闲话，话题总围绕共度过的五十个春秋往事。我先学工程，弃而从艺，一味苦恋美术而不考虑生计，真是太任性了。我们恋爱时，她的父亲就担心学艺术的日后总是贫穷，为她着想，不同意我们的结合。她年轻单纯，也任性了，随我投入了预料中的贫穷苦难之海。人生一瞬，今日白发已满头，不意我的画价不断上涨，我成了海内外商人眼中的唐僧肉，被啃咬得遍体鳞伤，我们几乎遭到杀身之祸。

约四年前，自称"来自国防前线的战士"送来一封信，要我给他们战士画若干幅画，必须精品，同时告诫我考虑我及我家人的安全。我们报

268

了案。感谢北京市公安局的同志们，经几个月认真、细致的侦查、研究，某一天，他们突然来到我家蹲点，说"战士"当天就可能上门作案。吓得我家小保姆直发抖。大约过了一小时，公安人员手中的电话报警，告知案犯已在来我家途中被截获。据后来报道，这伙案犯中的主犯在济南已有杀人前科，早在被追捕中，这次被获，很快便被枪决了。

七十年代末，为人民大会堂湖南厅制巨幅湘绣韶山，湖南省委邀我到长沙绘巨幅油画韶山作绣稿。我被安排住入湖南宾馆，因那里的大厅便于作巨幅油画。画成后，湖南宾馆要求我作一幅巨幅水墨悬挂厅堂。我便作了巨幅《南岳松》，画面大于整张丈二匹宣纸，宾馆酬我一箱湖南名酒白沙液。此画曾发表于某刊物，事隔二十余年，渐渐淡忘。终于出事了，约两三年前，有妇女携女儿从湖南来京找到我家旧居，哭哭啼啼要见我，我儿子接见了她们。湖南宾馆那幅《南岳松》被换了一幅伪作，在宾馆开省政协会议时，被一位有眼力的政协委员发觉，于是案发。后来破案了，人赃俱获，巨画尚未出手，案犯就是来京找我求诉的那位妇女的丈夫。当地估价此画值一百万元。盗窃物价值一百万元，该判何罪？我没有接见不明其真相的啼哭妇女，我也无由插入案件。后来案犯的律师又从湖南赶来找我，我也无接见的必要。事隔大约两年，不相识的案犯从狱中给我来信，表示忏悔，并说出狱后要学习绘画云云。我愿他先学做正直的人。

作完巨幅油画《韶山》，湖南省委征求我对报酬的意见，我只提一个唯一的愿望：派一辆专车让我在湖南省内寻景写生。就是这一次，我无意中发现了张家界，大喜，撰文《养在深闺人未识——一颗失落的风景明珠》，发表在1980年元旦的《湖南日报》上。后来张家界扬名海内外，成为旅游热点，最早的导游手册上，将我的撰文列于篇首。

我们在张家界住在工人们的工棚里，我借工人伙房的擀面大案板，由几个人帮助抬到大山脚下当写生画板，画了几幅水墨风景。其中宽于两米高于一米的一幅，曾公开展出，印入画集，后经人要求赠给东北某大宾馆，还付给我三百元材料费。事过二十余年，几个月前，由友人介绍求我给鉴定一幅画，说那画来自哈尔滨外事办公室，原来就是那幅宽于两米的张家界。大幅画被叠成了一本杂志大小的一厚沓块块，这能是堂堂正正拿出来的吗？

北京一家著名周刊××年纪念时，我应邀赠了一幅《春笋》，并被印入该刊纪念刊中。约四年前，海外藏家买到了这幅落款××周刊纪念的作品，消息反馈到周刊办公室，感到惊讶，一查，此画曾由某美编借出，留有收据。便问这位美编，答：此画由吴先生本人借去出版了。追问：应请吴先生写个借条。答：吴先生已定居香港。办公室很快与我直接取得了联系，眼看破案在即，美编说画已取回，他照印刷品仿了一幅伪作。

故事实在数不清了，我曾在《光明日报》发表过一文《点石成金》，倾吐情谊被金钱吞灭的悲凉。新故事仍在不断发生。由于价高，买方千方百计通过各种渠道要让我亲眼鉴定，因之海内外接连不断寄照片来请我鉴定，百分之九十以上是伪作，偶有真的，则其间往往潜藏着令人惊讶的故事。有些画商也许会感到请吴冠中鉴定他的作品，总说是假的。我能冒领儿女吗？我觉察冒我名的伪作正在大量繁殖，蛆虫的繁殖速度何其惊人！

《西游记》其实早就告诫人们，唐僧肉是苦的。据说朵云轩也在诉苦，他们不得不吞下自己酿造的苦酒、黄连。

老伴体弱，说多了话便累，我们不想再回忆如许丑闻，倒是在丑事中，我们更了解到人际关系的底层。善良的人们，年轻的朋友，你们见到的人不少，你们几曾见过人的心魂？我不幸而成为唐僧之肉，却有幸窥见了形形色色的白骨精、黑骨精，光怪陆离的人间变幻之景！

娄阿鼠新市场

"儿子无才能，找些小事情做做，千万不可当空头文学家和美术家。"

我忠实遵循了鲁迅先生的遗教。蒋南翔任高教部长时，在一次报告中谈道："给我足够的条件，我可以培养出五十个杰出的科学家，但我不敢保证培养出一个杰出的艺术家。"我当时一听便起共鸣，并因有理解艺术本质的高教部长而深感欣喜。谁培养了鲁迅？半殖民地的祖国、苦难落后的人民、专制独裁的统治、传统文化的深厚功底、西方文化的素养、犀利的眼力、敏锐的感觉、超人的智慧……还有：硬骨头。谁能集中那么多条件和机遇呢？而成功的出色艺术家，确乎有其非一般人所具备的条件和机遇。我不让我的孩子学画，怕他们当空头美术家。但我一辈子当美术教师，学生们既然进了修道院，我严格要求他们同我一样当苦行僧，否则不如还俗。西方古代有一位国王说："诗人像一匹马，不能不给它吃，不吃要饿死；又不能吃得太饱，吃得太饱它就跑不动了。"这番话，正道出了艺术家的命运。虽甘于苦难，学艺者没有不想获得惊人成就的，但绝于捷径。梵·高、李贺等短命天才，毕竟只是凤毛麟角，艺术之成长大都依凭漫长岁月的艰苦耕耘，"大器晚成"是艺术成熟的普遍规律。王母娘娘的蟠桃三千年成熟，倒像是揭示了艺术创作规律。最近一位人过中年的画家请我题词，我赠言："佳酿晚晴熟，霜叶吐血红。"

我年轻时进艺术学校，发现同学们的文化水平普遍偏低。当时确有不少学生因考不取正规中学或大学，便只好学美术、音乐及体育等最不受重视的学科。我的大量同学、学生早改行了，淘汰了，固然大都由于社会环境，迫于生计，但也有自身的因素，缺乏较深的文化素养，在艺术道路中难于不断深入探索。路遥知马力的"力"，往往体现在文化素养中，故解放后的艺术院校，对文化课的要求日益严格。绘画绝非那么轻易能获得成就，它是苦难的事业，学画甚至是灵魂的冒险，但却反被误会为最方便的行当，拥入这个行当的人越来越多，专业的、业余的、速成的，空头美术家满天飞扬。书画被作为业余爱好，修身养性，美意延年，是普及美育的方向，应予以鼓励提倡。但今天书画有了价，于是"书画家"遍地崛起，如雨后春笋。空头美术家之易于成活，也因环境优越：寰宇美盲多。

真正优秀的文学艺术之诞生，都是作者真诚感情的倾吐，感到非写不可，非画不可，动机毫无功利目的。优秀作品最终产生社会价值、商业价值，往往为作者始料所不及。如今逆其道而行之，一味为赚钱、骗钱而粗制滥造，画家等同于乞食者。无论东方西方，外国街头近乎乞食者的卖艺人也不少，但外国的穷艺人倒是本本分分凭自己的手艺谋食，冒名伪造他人作品的情况少见。到巴黎蒙马特广场去买一幅画，你看中了，质量价格合适就可买，价钱不高，上不了大当，那里也绝不会有假冒马蒂斯等名家之作。外国人，老外，来到中国，也许觉得东西都便宜，买了冒名伪作书画的情况比比皆是，他们先是感到震惊，于是了解到某些中国人真狡猾，无道德，无耻。一位香港客人来北京买画，打电话问×画店有没有××名家的作品，回答说有；×××的呢？也有；××××的呢？也有。任你点任何名家的作品，货色齐全。客人于是请了一位画家朋友一同去画店选画。老板一见同来一位知名画家，回答说，管仓库的将钥匙带走了，今天看不成。

《著作权法》的颁布不是为了锦上添花，而是为了确切保护知识产权，促进我国文化事业的健康发展。法律不是抽象的，有具体明文规定，凡制作或销售冒名假画均属侵犯艺术家著作权的行为，违法所得数额巨大或情节严重的，除处罚金外，可判三年以上七年以下有期徒刑。而朵云轩竟公然宣称他们的拍卖行规，说拍卖作品真伪无须画家本人认可，否则他们以后拍卖就无法进行。此话有"道"，否则作伪者们凭什么生存呢？作伪者之族真要感谢朵云轩的救苦救难，不，岂止救苦救难，更为他们开辟了广阔的新市场。伪作"炮打司令部"的作者尚躲在法纪之外，正在庆幸吧？你，你显然学过画，你显然知道王为政、知道我，你可能还认识我们！无疑，你识字，但不知你写不写日记，自从"炮打司令部"案发后，你怎样记日记呢？如果将这本真实的日记发表出来，倒是震撼人心的不朽之作。你在

272

狂笑、内疚、战栗？……你仍平静地生活着，与妻、儿、父、母、朋友天天见面，谈笑自若？尼采宣布上帝已死亡，只有你，能够站起来宣布"真人复活了"！但你毕竟只能永远躲在阴暗里。看来也许你比娄阿鼠幸运多了，因为况钟比你早死。今日呼吁况大人，只缘阿鼠太猖狂！

文中所涉事和人如有差误，本人完全负责，与报刊无关。

吴冠中
1995 年元月

杂记狂人

他疯了。

疯子都爱狂笑，他不笑。没有疯之前，他也不爱笑。假笑、媚笑、奸笑、狞笑、苦笑、微笑、大笑……他都见惯，但自己笑不出来。医生说他的病是由于心胸不开阔，要他达观，笑一笑，十年少。但他笑不了，已病入膏肓，没法治。他不承认自己有病，他曾欣赏皓月当空，但过不了几天，那月便暴露出钩钩样的面目，想勾人心魄。他从此专心研究月亮的光明，但始终测不出月亮的温度，只亮不温，怎么可能呢？他伸手摸电灯，电灯是烫手的，发亮的月与发亮的灯何以不一样？他想摸月亮，太高了，摸不到，于是想爬上侯宝林手电的光柱去摸月亮，又怕侯宝林一关电钮摔死他。

家属给他转医院，请另一位大夫诊治，那大夫说首先要治他的失眠。他长期失眠，因为不睡，他看到别人睡着的时候所看不到的各式形象。确有许多形象在阴暗中活动，互相交接，传递什物，可惜他眼力不好，看不清交换了什么东西。但却能听到窃窃的耳语，而且谈的是关于他的事，他想起了《狂人日记》中吃人的事，确乎有人在谋害他，他越发睡不着，并看见谋害他的人已渐渐结成了盘根错节的一伙，他于是又添了呕吐病。

指鹿为马的故事是真的吗？他不信，但指鹿为马的笑话居然对簿公堂，闹得沸沸扬扬，是鹿？是马？而且是指他自己，他自己是鹿是马？正由别人来鉴别。他弄不清自己是马是鹿，也分不清自己是男还是女，他知

274

道强奸的事经常发生，他祈求上帝保佑他不变成女人。他怕人，他逃奔到荒山野地，遇暴雨，恰巧碰上一个小小土地庙，庙门口写着"保佑一方"，便进去躲雨，却见里面有一行歪歪斜斜的字·莫看我庙小神微，不烧香试试。他害怕了，又逃出来，匆忙间忘记那菩萨是红脸还是白脸。几天没回家，积了一大堆信件，大都是从香港、台湾及美国邮来的，里面都是冒他名的假画照片，要他签名画押承认，阿Q在公堂上画圆圈结果画成了瓜子形，他能画得圆吗？于是他又往外逃，想找个没有土地庙的方向跑。

他老了，他还有爱情吗？他记得有过，他爱过长城，爱过他的家乡华东，爱过艺术……他为修长城为华东水灾为艺术节捐画拍卖，拍卖的高价引来无数毒蛇，他被咬得遍体伤痕，疯病也许起因于蛇毒吧，他的爱情被毒杀了。他大骂李甲的负情，要怒沉百宝箱，他忽而发觉自己是男人，不是杜十娘，也根本没有百宝箱。突然他大哭大笑，孩子们围拢来看疯子，看他哭，看他笑了，他终于像一个真疯子了，大笑了，孩子们这回才觉得真好看了。

1996年3月他的疯病治愈了，据说治病的大夫费了极大的心血。他清醒过来，才知时光已逝近三年，霜雪三载伴残年，今桑榆晚景，犹沐夕阳，而此木朽矣。

1996年

毁画

　　二十年前我住在前海北沿时，附近邻居生了一个瞎子婴儿。我看着这双目失明的孩子一天天成长，为他感到悲哀，他将度过怎样的一生！我想，如果这孩子是我自己，我决不愿来到人间。但父母总是珍惜自己的小生命，千方百计养育残疾的后代。作者对自己的作品，当会体会到父母对孩子的心情。学生时代撕毁过大量习作，那是寻常情况，未必总触动心弦。创作中也经常撕毁作品，用调色刀戳向画布，气愤，痛苦，发泄。有时毁掉了不满意的画反而感到舒畅些，因那无可救药的"成品"不断在啮咬作者的心魂。当我在深山老林或边远地处十分艰难的条件下画出了次、废品，真是颓丧至极，但仍用油布小心翼翼保护着丑陋的画面背回宿处。是病儿啊，即使是瞎子婴儿也不肯遗弃。

　　数十年风风雨雨中作了大批画，有心爱的、有带缺陷的、有很不满意但浸透苦劳的……任何一个探索者都走过弯路和歧途，都会留下许多失败之作，蹩脚货。暴露真实吧，何必遮丑？然而，换了人间，金钱控制了人，进而摧毁了良知和人性。作品于今有了市价，我以往送朋友、同学、学生，甚至报刊等等的画不少进入了市场，出现于拍卖行。五十年代我作了一组井冈山风景画，当时应井冈山管理处的要求复制了一套赠送作为藏品陈列。后来我翻看手头原作，感到不满意，便连续烧毁，那都属于探索油画民族化的幼稚阶段，但赠管理处的那套复制品近来却一件接一件在佳士得拍

276

卖行出现。书画赠友人，这本是我国传统人际关系的美德，往往不看金钱重友情。郑板桥赠友之作并不少，他那篇出色的润笔词我是当作讽刺人情虚伪的鲁迅式杂文来读的。

艺术作品最终成为商品，这是客观规律，无可非议。但在一时盛名之下，往往不够艺术价值的劣画也都招摇过市，欺蒙喜爱的收藏者，被市场上来回倒卖，互相欺骗。我早下决心要毁掉所有不满意的作品，不愿谬种流传。开始屠杀生灵了，屠杀自己的孩子。将有遗憾的次品一批批，一次次张挂起来审查，一次次淘汰，一次次刀下留人，一次次重新定案。一次次，一批批毁。画在纸上的，无论墨彩、水彩、水粉，可撕得粉碎。作在布上的油画只能用剪刀剪，剪成片片。作在三合板上的最不好办，需用油画颜料涂盖。儿媳和小孙孙陪我整理，他们帮我展开六尺以上的巨幅一同撕裂时也满怀惋惜之情，但惋惜不得啊！我往往叫儿媳替我撕，自己确乎也有不忍下手的隐痛。画室里废纸成堆了，于是儿媳和小阿姨抱下楼去用火烧，我在画室窗口俯视院里熊熊之火中飞起的作品的纸灰，也看到许多围观的孩子和邻居们在交谈，不知他们说些什么。画室里尚有一批覆盖了五颜六色的三合板，只能暂时堆到阳台上去，还不知能派什么用场，记得困难时期我的次品油画是用来盖鸡窝的。生命末日之前，还将大量创作，大量毁灭，愿创作多于毁灭！

1988 年

01 毁画

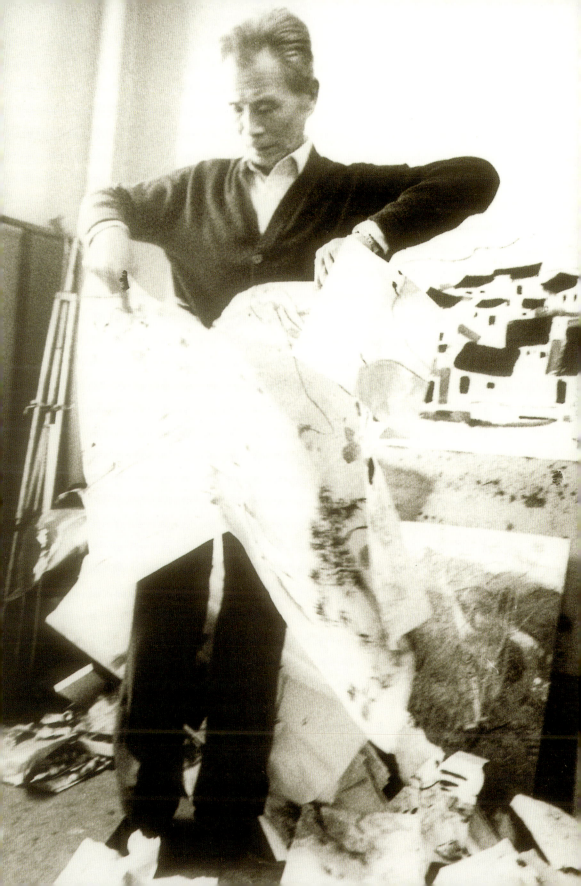

展画伦敦断想

　　今年三月至五月，大英博物馆举办我的个展，这确是他们首次试展二十世纪中国画家的作品，因而朋友们祝贺我。我被首选也许是一种幸运，关键问题是缘于古老博物馆的改革开放，人们期待中西方现代艺术高层次的交流，我自己当然也珍惜过河卒子的重任。

　　众所周知，大英博物馆珍藏着全世界的古代瑰宝，尤其是亚述、埃及、希腊、罗马的雕刻更胜于卢浮宫之所藏。四十余年前留学巴黎时我曾利用暑假到伦敦参观一个月，在大英博物馆看到陈列着我们的古代绘画，特别引我注意的是顾恺之的《女史箴图》。当时首先感到愤愤不平，我们的国宝被人窃据。继而又觉得我国古代艺术能在这重要博物馆与全世界的艺术品同时展出，倒也未必不是一种让人了解、识别、比较与较量的机缘。这回我的个展就在陈列我们古画的原展厅展出，我的一幅横卷《汉柏》就展出在原《女史箴图》陈列的位置，这令我心潮起伏，夜不能寐。因古画暂时收藏未展出，博物馆的法罗博士特别为我打开一些珍品，我首先要再看《女史箴图》。《女史箴图》已精裱改装藏于玻璃立柜内，柜暂安置于东方文物部的高台上，外加木板遮盖保护。老同窗朱德群从巴黎赶来看我的画展，当然我们要一同看《女史箴图》，我们脱了鞋爬上高台，匍匐在玻璃柜下用手电照着细读画卷，蹲着看不便，就跪着看，随同我们去的摄影师想摄下这子孙膜拜祖先的真情实景，但博物馆严格规定不让摄影。

280

除了《女史箴图》，我们还看了一些石涛、石谿、文徵明等的册页、手卷及挂轴，我们缺乏文史及考证知识，不能细细品味推敲画外意蕴，但感到中国传统绘画往往宜于案头细读，江山卧游，当张挂上墙在一定距离外观赏，往往就失去吸引人的视觉魅力，像范宽、郭熙具造型特色的磅礴气势只属少数。绘画必须发挥视觉形式效果、墙上效果、距离效果、建筑效果。蔡元培归纳：西方绘画近建筑，中国绘画近文学。就近文学这一观点而言，画中有诗，这诗应是画中细胞，而非指题写在画面上额外增添的诗句。视觉形象是世界语，无须翻译，用世界语传递中国情怀，我深信是中国绘画发展的美好前景。记者及评论员在我展厅中首先提及的问题便是这条中西结合的道路。我完全承认我的艺术是混血儿，如今这混血儿长大了，第一次回到欧洲来展出，欧洲的亲属是否能认出有自己血缘的东方来客？

偶然的机缘，伦勃朗回顾展的素描部分就在大英博物馆与我同时并肩展出，有友人为我担心在大师的光芒前失色，也有记者提及这样的问题。我倒感到很高兴，十七世纪的荷兰大师与二十世纪的中国画家是可以相叙的，绘事甘苦滋味同，并不因时代和地域之异彼此格格不入。伦勃朗只活了六十三岁，我已七十三岁，长他十岁，人生甘苦当也有许多同感吧。当然，我沾了他的光了，多半观众主要是来看他的，附带也看了我的。博物馆的大门外左边是伦勃朗的横标，右边是吴冠中的横标，我感到受宠若惊。摄影师在横标前给我照相留念，一位牵着狗经过的老太太问摄影师是怎么回事，答是给作者照相，她于是立即牵着狗走到我面前与我紧紧握手，说她看了我的画展，喜爱极了。她不是评论员，不是记者，是一位退休了的老妇人，由于她的欣赏，我又联想起自己风筝不断线的观点，风筝能放到欧洲仍不断线吗？当有记者谈到我这混血儿已被欧洲认可时，我虽高兴，但说为时尚早。因我确也见到有观众看完伦勃朗，走到我展厅门口，往里一张望便回头走了，不屑一顾。

作画为表达独特的情思与美感，我一向主张不择手段，即择一切手段。

在大英博物馆作的一次讲座中，谈笔墨问题，我认为笔墨只是奴役于特定思绪的手段，脱离了具体画面的孤立的笔墨，其价值等于零。实践中，我作画从不考虑固有的程式，并竭力避免重复自己已有的表现方式。这次展品选了油画、墨彩及速写，并包括不同时期的不同面貌，有一位并未看简介的观众问：这是几个画家的联展？也许他并不内行，也许我缺乏一贯的风格，但我听了这评语倒是喜胜于忧。这使我回忆起"文化大革命"中在中国历史博物馆举办的一次大型油画展，主题全是表现毛泽东主席，作品选自全国各省，有一位外宾看后不禁发出惊叹：这一位画家画这么多作品，真是精力旺盛！

细看伦勃朗的回顾展，他始终只是一个肖像画家，一生在肖像画中精益求精，他很少离开故土，画的大都是他身边最熟悉的人物。后来我又去南方参观了莎士比亚的故里，我对莎士比亚毫无研究，故居的讲解员介绍说莎翁一直生活在故乡，很少出远门。我联想起塞尚、倪瓒，他们都只吸取最亲切的乡里题材，源泉无尽，情真意切。艺之成一如树之长，首要土壤，土生土长。土生土长是根本，孤陋寡闻是缺点，这是两个不同的概念。

我参观了正在进行拍卖的苏富比总部，墙上挂满了名家、大师们的作品，包括尤特利罗、马尔盖、弗拉曼克、丢非等人的油画及马蒂斯的速写，都是蹩脚货。欧美经济衰退，名画市场不景气，藏家不会抛出精品来。如果由我鉴定，其中不少作品是伪作。不过也难说，因大师非神，只是一个普通劳动者，是勤奋的劳动者，是失败最多的劳动者。只从博物馆里，从画集上看到大师们的精品不足以全面了解其创作历程，作为专业画家，能看到大师们的失败之作是一种幸运。

常听说有些西方人认为中国画画在宣纸上，材料不结实，因此不能同油画比，要低一等。我自己同时采用油画和水墨两种材料，主要根据不同的表现对象选定更适合的媒体，对布或纸、油或水毫无成见，哪一种材

282

料更耐久也并无深入研究。但也观察过博物馆里那些古代名画,不少布上的油彩已龟裂,德拉克洛瓦的色彩早已变暗,他自己生前就已发现这个问题,席里柯的作品则几乎变成单一的棕色调了。这次在伦敦得知,报载博物馆已发现不少现代大师们如霍克纳(Hockney)、波洛克(Pollek)等等的作品其材料已开始变坏。宣纸时间久了偏黄,花青更易退色,但墨色儿乎永不退色,元代的纸上作品大都仍甚完好。我无意宣扬纸胜于布,或比布更耐久,只希望有人在材料方面作科学的研究,先不抱成见。不过任何材料都有其优缺点,驾驭材料与艺术技巧本来就血肉相连。

大英博物馆专辟一室,第八展厅,以陈列举世闻名的雅典娜神庙(帕提侬)的雕刻,这组见诸各种美术史册的艺术瑰宝被珍贵地展示给全世界的游人,人们都渴望来此瞻仰、膜拜人类创造的艺术高峰。这是希腊的宗庙,宗庙被劫走,子孙是不答应的,听说希腊政府仍年年提出要求归还的交涉。在巴黎的吉美博物馆,也陈列着我们祖先的头像、佛像。东方古国的古代艺术被西方强大的帝国占有了,但他们将之陈列展出于全世界人们的面前,却也发扬了作品的精神力量。每天,成群的孩子由老师们带领着来学习,博物馆是最有实效的社会大学。经济效益席卷全球,各国的博物馆大都收门票,门票日益昂贵。大英博物馆迄今不收门票,据了解,博物馆认真考虑过,如收票,大英博物馆这样丰富的收藏,这样的身价该定多高的票价?票价高了则对社会教育将起堵塞作用,博物馆的意义及作用便变质了。大英博物馆的展品大都来自世界各地,如原件由各国取回,博物馆关门大吉,人们要学习研究便只好分赴各国去寻找,确乎远不如集中在这大博物馆中有效。但人家有权索回家珍,怎么办?是否可交换,以英国的重要艺术品赠送到各国陈列,起到真正的文化交流作用?国与国之间应交换陈列博物馆的藏品,秀才不出门,能看天下画。印象派的作品当时没人要,便宜,流散了,广为流传了,如当时全部保存在巴黎,其影响当局限多了。当我们在纽约大都会博物馆看到仿造的网师园殿春,感到很高兴,为苏州

BRITISH
MUSEUM
North Entrance

BRITISH
MUSEUM

26 March –
10 May 1992

Monday–Saturday 10–5
Sunday 2.30–6

Closed 17 April and 4 May

Admission free

WU GUANZHONG
a twentieth-century chinese pa

91

01   01　在大英博物馆（1992年）

园林出国欢呼！不过，有往有返，该引进什么？

伦勃朗展的油画部分陈列于国家画廊（其实应称美术馆），展出五十一件作品，但像《夜巡图》等重要的代表作并未能借来。倒同时展出其工作室的学生、助手们的作品，质量不高，似乎主要为了商品而制作。国家画廊主要陈列自文艺复兴至十九世纪的欧亚绘画，洋洋大观，数量质量均可与卢浮宫媲美。用半天时间粗粗看一遍，像访问那么多不同性格的大师，聆听各样的高见，感到体力和脑力都颇疲劳。一出画廊的大门，满眼喷泉、湿漉漉的雕刻群、高高的石柱、群鸽乱飞，令人精神松弛下来。这是著名的托拉法尔格广场，典型的欧洲广场。满地是鸽群，空中也飞满鸽群。游人伸手展开手里的小豆，于是鸽子飞来争食，爬满双臂、肩头，甚至大模大样落在我的头上，有照片为证。此地何处？名副其实应是鸽子广场，广场是属于鸽子的，有了鸽子，广场才有了活的生命。我无意了解托拉尔格广场名称的来历，大概是纪念高高站立在柱顶的那位将军吧，不过人们已很少抬头去瞻仰那冰冷的将军石像，他太高了，也瞻仰不着。一将功成万骨枯，请到泰晤士河塔桥附近的古堡里参观，里面主要陈列各时期的兵器，刀、枪、剑、戟，血腥弥漫。古堡底层是金库，珠宝金冠闪闪发光，乃珍宝馆也。刀枪剑戟之为用，就是掠夺金银珠宝，历史的陈列，将事实摆得明明白白。但参观金库的人群比参观国家画廊拥挤得多，国家画廊是免费参观，这古堡的门票价甚高，但购票还要排长队。不记得哪一位英国人说过："我们宁可丢掉印度，也不能丢掉莎士比亚。"真是一语惊人！

大英博物馆法罗博士邀请并陪同我去参观北部乡村，从伦敦乘火车三个小时，到一个什么站，然后她租一辆轿车，自己开车绕了一百七十余公里，观光山区风光，地区已接近苏格兰边缘。是丘陵类型的山区，看来山不甚高，山顶尚积雪，英国人一批批开车来爬雪山。曾经玉龙、唐古拉和喜马拉雅，这样的山在我眼里只是模型式的小山丘。法罗之所以选这地区，因这里不少山村里的树木、丛林及溪流很像我的画面，估计我会喜爱。确乎，山村里古木老树多，小桥、流水、石屋，很像贵州，而且房顶也不少是用石板盖成，进入画图，恐无欧洲之分。我们在乡村小旅店住了一宿，小店两层楼，楼上是几间客房，从客房的窗户外望，正对一座古朴的小教堂，教堂被包围在墓碑之林中。楼下是酒店，酒吧、小餐厅、球场，处处结构紧凑，色彩浓郁，非常像梵·高的画面。我兴奋起来，考虑可画些速写素材。我们在别处吃了晚饭回到旅店，店里已挤满了人，老人、小孩、妇女、相偎在沙发上的情侣，还有大狗和小狗。人们喝酒、下棋、打球……高高低低的灯光，壁炉里熊熊的火光，夜光杯里各式饮料反映着红、白、蓝、黄，诱人的画境，但要想写生则已无回旋余地。因嘈杂喧哗，怕听不见电话铃声，我们据守在电话跟前，先等待伦敦约定的电话。白天，村里几乎碰不见人，显得宁静而寂寞，夜晚都被吸引到小酒店来畅饮欢聚。四月的伦敦春寒料峭，北方乡间近乎北京的冬季，但酒店之夜温暖如春，村民们春风满面，尽情陶醉。这是咸亨酒店，这是洋茶馆，中国人习惯早茶，西洋人喜爱夜酒，各有各的传统，各爱各的传统习惯。与四十年前相比，伦敦及其郊外的外貌似乎无多大改变，民居仍是二三层的小楼，即便新盖的亦基本是老样式，很少高层公寓。人们偏爱这种传统风貌，但保留这种风貌恐有一个基本条件，即人口增长速度。近一二十年来高楼建得最多最快外貌变化最大的，据说首推香港和中国大陆，除经济发展外，还有其剧变的人口原因吧。四十年前旧巴黎、旧伦敦，旧貌依然，而我的故乡十年来却"江南抹尽旧画图"，令怀旧的老年人若有所失！

1992 年

286

蜂蝶何处觅芬芳
——展画东京题外话

　　远处青山,山顶云雾缭绕,却非游云轻烟,那是活火山,前几天刚喷发,余热成云。红树疏黄,通过美丽的公园,踏着满地枫叶,我们被引进九州熊本县美术馆。先有本馆,又新建分馆,一馆比一馆更现代化,后来居上,已胜于纽约、巴黎的展厅与设备。日本小小一个县,行政等级相当我国一个省,其经济实力则难比较了。琴声悠悠从美术馆中播扬,底层正在举办一位钢琴家的演奏会,国家电视台 NHK 正在录摄。据介绍,那位演奏者是盲人。在听众肃然欣赏的气氛中我眼前掠过荷马的形象,荷马忽而又幻化为瞎子阿炳。阿炳的《二泉映月》牵动无锡人的心弦,牵动大江南北知音的心弦,不过他如果真能活到今天,也享受不到这位日本民间盲琴师的尊荣。

　　上楼看展品,展览主要是突出本县作者的作品,这是各县美术馆的共同守则。前天参观大分县美术馆,馆方介绍该县高山辰雄的作品时感到无比骄傲,他们正在建高氏的专馆。除本县、本国的作品,西方是崇尚的对象,一小幅雷诺阿的人像,仿佛是镇馆之宝,到处张挂其印制品。油画基本是仿西洋的,水墨显然是中国水墨的翻版,但并未见高水平的中国画。中国现代具创造性的作者如齐白石、林风眠、潘天寿、李可染、石鲁等在东京很少人知道,在县里更是陌生了。

　　尸骨可焚,但愿作品长存,这是画家们的共同心态吧。不少当代中国画家在营建自己的纪念馆，事实上造这类家庭式小庙是非常吃力的，而且，如作品价值愈高，则其安全系数愈小，反而令人担忧。我的家乡宜兴县，居然成立了一位名画家的纪念馆，但陈列的都是复制品及荣宝斋的水印，一次被盗，窃走了多幅水印。中国美术馆经费不多，廉价收购作品，所藏当代画不少，如将其全部藏品曝光，则将展现历届收藏者的眼力及政治背景的嘲弄。五十年代我作过一组井冈山风景，初探油画民族化，因画的是革命圣地吧，作品被发表及出版。当时井冈山管理处（博物馆）要求我复制一套，于是就复制赠送。前几年翻看旧作我毁了这批过于幼稚的原作，但复制的那套却一幅一幅陆续出现在香港佳士得拍卖中。我有理告状，但想到将引来调查、联系、研究、公安部门的填表及签证等一系列手续，赔不起时间。东北一位画家给宾馆作了一幅大画，因稿酬引起纠纷，对簿公堂，最后宾馆付酬十余万致歉，但官司打了九个月。我为北京饭店作了两幅大画，分文未取。有一次海外友人到北京饭店看画，我顺便在饭店请吃饭，付了现款。曾有人问在北京饭店作画稿酬几何，有画家答曰：三百（白吃、白住、白画），则我不足三百。无酬也罢，但愿作品保持完好。我十余年前为湖南宾馆作大幅《南岳松》，悬挂在大厅的丈二匹居然被人以伪作替换。后虽破案，原作破损不堪设想。熊本县美术馆里陈列着一幅壁画，背面带着复杂的钢筋构架，重数十吨，那是本县的一位画家作于美国的壁画，县里花巨资从美国购运回乡供奉。当年拿破仑攻占意大利，想将达·芬奇的《最后的晚餐》运回巴黎，因工程师没有迁移壁画的本领而作罢。

　　东京显然比县里气魄更大了，单说那箱根的雕塑公园，购置了布尔特尔、亨利·摩尔等西方现代大师的大量原作，专题专区陈列，流派纷呈，景观非凡。我那十岁的小孙孙初次到东京，问他对东京最深的印象是什么，他毫不犹豫地答：雕塑公园。在世界一级大师的作品间，同时陈列了日本作家的作品。日本人民、资本家及政府，显然都盼望本国的艺术家能与国际级大师并驾齐驱，对艺术的荣誉感似乎胜于运动会的金牌。

288

01

01　在日本展厅中与加山又造（右）交谈（1989年）

　　鲁迅所倡的拿来主义在日本得到最彻底的实践。德国的照相机、瑞士的手表及欧美的电子科技被日本拿去了，自己面临淘汰的威胁。至于美术，早在本世纪初，法国的马蒂斯、特朗、卢奥等等在日本都有模仿者，但日本的西洋美术至今赶不上法国，且差距甚远。我向一位日本友人提出了这一看法，这位友人略略思索，答：艺术属于感情，感情难于模仿。他点到了要害，效颦的东施被人嗤笑，但今日环顾国内外艺坛，时时处处入目的倒偏偏大都是东施的后裔们。

　　日本美术馆珍藏、展出浮世绘，理所当然。印象派及其后，尤其梵·高受了浮世绘的影响，大大提高了浮世绘的国际知名度。日本曾不惜巨资举办过"日本主义"之展，即展示浮世绘对印象派的影响。中华民族五千年的艺术积累，其博大、精深与浮世绘相比如何？但西方世界了解我们民族

蜂蝶何处觅芬芳

艺术精粹的学者真是凤毛麟角。别人不了解，我们自己了解，冷暖自知。拿来西方，结合自家精髓，我想，当比结合浮世绘的表面形式要复杂、深刻得多。如今，有些西方画家捕风捉影地吸取我们的书法，已属标新立异，引人瞩目。愿我们民族真的已处于腾飞的起点，我们艺术的腾飞有着最坚实的基地。玄之又玄的东方其实缘于人们尚未能窥其真形，故曰大象无形。

在庆贺中日邦交正常化二十周年的喜庆期间，我展画于东京新宿三越新馆。展画，确是文化交流，无言的感情交融。从观众们看画的眼神中，可了解他们的喜恶。老王之瓜有甜、酸、苦、涩，一般日本人爱甜味，喜清淡，日本的作品因之讲究干净利索，严谨的制作多于疯狂的挥写。中国画家以往举办画展主要要求艺术效果，很少考虑迎合顾客趣味求出售作品，因国内根本无人买得起艺术品。日本的中产人家看画展是想买画的，买适合自家张挂的小幅淡雅之作，这与香港画商为倒卖而收购有别。如此，为探求艺术高峰而创作与为服务于市民家庭而作画，形成了不同的道路。为了谋生，画家不得不先选择后者，或暂时屈服于后者。但暂时再暂时，人生易老，歧途其日远兮，难返。那些大幅巨构，不合时宜之作，似乎只是为博物馆而作，但博物馆只能收藏历史上已有定评的重要杰作。日本富，日本的名画家生活在富裕中。他们的作品价再昂贵，自有日本国内购买，毋须去欧美市场竞争，在苏富比或佳士得的拍卖中很少出现日本画家的作品。倒是西洋的名画以天文数字之价被日本人收购。中国古、今的名画谁买？身价不高！多半还是海外华人买，台湾人买。比大陆富裕的台湾开始从海外买回流失的文物，愿向这些富裕了的华人致敬！我倒并非认为必须将这些珍贵的民族精华都库存在家里，但确乎应竭力提高其经济价值以引起世界性的认识和评价，为遭遇不公平的屈辱者鸣冤。

数年来我多次在西方和东方展画，希望听到我这种中西混血儿式的艺术在中西方的反应。似乎反应比在中国本土更令人兴奋。扎根本土，批判多于首肯，总被视为离经叛道，不属正统。1979 年中国美术馆首次举办我的大型回顾展。中央电视台录像后迟迟不播，最后洗掉了磁带。而新加坡国家电视台、英国 BBC 和日本 NHK 倒都在展出期录像并播放了。他们录像中都要求我在当地有写生的镜头。为录像而演"写生"显然是虚假的了，是东施效颦，这东施和西施都是我自己。我在祖国深山老林和穷乡僻壤写生数十年，千辛万苦，真真心痛中的西施绝无人关怀。今衣履整洁地在他国大城市写生，全非本来面目，不觉令我念及："将军未挂封侯印，腰下常悬带血刀！"今年中央电视台有意录我的艺术与生活，并到我的故乡去寻找我那破旧的老窝，只剩矮矮的后门和半堵残墙。老乡们向我们围拢来，鹅群向我们围拢来，好奇乎！依依乎！我返京后作了一幅《鹅群图》，空无一人，题款：白发满头故乡行，鹅群嘈嘈皆乡音。

1988 年

巴黎札记

1988 年 10 月，日本东京西武百货店举办规模庞大的中国博览会，这期间包括我的个人画展，作品都是用墨彩抒写的祖国山川。在展览即将闭幕的庆贺晚宴上，西武社长山崎光雄先生向我提出了建议：明年此时，我们将在东京举办巴黎博览会，想请您画一批巴黎风景作为展题参展，先请您及夫人去一趟巴黎，尊意如何？山崎先生恐并未料到他这一构想深深触动了我的心弦。我年轻时在巴黎留学，如饥似渴吸取西方艺术的营养，并陶醉其间。幸乎不幸乎，终于又回到了条件艰苦的祖国，从此在封闭的环境中探索了数十年自己的艺术之路。那路，深印在祖国土地上，并一直受影响于人民感情的指向。四十年岁月逝去，人渐老，今以东方的眼和手，回头来画旧巴黎——新巴黎，感触良多，岂止绘事！我接受了山崎先生的建议，于今年春寒料峭中抵达巴黎。

从蒙马特开始

出乎意料，整个巴黎不足五千辆出租车，在巴黎找出租车与北京一样不方便。大街、小巷、近郊、远郊，搜尽风光打草稿，我的活动量大，主要只能依靠地铁，巴黎的地铁复杂而方便，我头一个夜晚彻底重温了地铁路线图，四十年来路线基本未改，车站如故，只大部分车厢更新了，但许多车厢被"艺术家"涂画得一塌糊涂，连许多交通图也被涂改，洋流氓居心莫测。

我首先奔向蒙马特，那尤特利罗笔底的巴黎，全世界艺术家心中的麦加。曲折倾斜的坡上窄街风貌依旧，错落门窗还似昔日秋波，街头游人杂沓，奇异服饰与不同肤色点染了旅人之梦。豁然开朗一广场，这里便是最典型的卖画"圣地"，世界各国的艺人麇集，都打开各样的伞，遮雨亦遮阳，亦遮卖艺人内心的羞愧与创伤。他们拉客给画像，只为了法郎。四十年前学生时代，我只到过一次这举世闻名的民间卖画广场（其实不广阔），那时年轻自傲，信奉艺术至上，又是公费留学生，暂无衣食之忧，看到同行们从事如此可怜的职业，近乎乞食者，感到无限心酸和无名凄怆，从此不愿再去看一眼这生活现实。时隔四十年，重上蒙马特，依旧！依旧！此地并未换了人间。岂止蒙马特，岂止巴黎，在纽约街头、东京公园……我到处见到为路人画像以谋生的艺人、同行。莫迪良尼当年在咖啡店为人画像只索五个法郎，别人还不要，他兴之所至，往往就在铺桌子的纸垫上勾画有特色的人像。艺术，内心的流露；职业，适应客观需要的工作。两者本质完全不同，艺术创作原本绝非职业，谁愿雇用你一味抒发你自己的感情？但杰出的艺术品终将产生社会价值，无人雇用的梵·高死了，其作品成了举世无价之宝。艺术家要生活、要职业，于是艺术家与职业之间发生了错综复杂的关系，艺术家有真伪，画商有善恶，彼此间或曾结一段良缘，或时时尔虞我诈。以画谋生，为人画像，为人厅堂配饰，必须先为人着想，得意或潦倒，各凭机遇。鬻画为生古今中外本质一致，只是当代愈来愈重视经济收益与经营方式，从巴黎和纽约的许多现代画廊出售的作品中去揣度时势和风尚吧，风尚时时变，苦煞未成名的卖艺人。回忆学生时代，上午在巴黎美术学院上完课，就近在学生食堂吃了饭，背着画箱便到大街小巷众多的画廊里巡看，注意新动向。画廊里多半是冷冷清清，少有顾客，除非某个较重要展出开幕时才有特邀的与捧场的来宾。如今画廊依然，但进门要按电钮开门，电钮的响声引起主人的注视："先生、太太好！""先生好！"彼此打过招呼，悄悄看画，心里有些不好意思，因往往仅仅只我和老伴两个客人，我们又绝非买画的主顾。宫花寂寞红，各式各样的作品少有知音。所谓作品，真伪参半，有虚张声势的，有扭捏作态的，有唬人的，有令人作呕的，当然也有颇具新意的、敏感的，但往往推敲提炼不够，粗犷掺杂粗糙，奔放坠入狂乱，扣人心弦者少见，标新立异的生存竞争中似乎不易听到艺术家宁静的心声。艺术进展与物质繁荣同步？今日纽约的不少高级画廊以出售法国印象派及其后的名家作品为荣，仿印象派的蹩脚作品更充斥美国画廊，当然美国有为的年轻一代画家已不肯囿于法兰西范畴，大胆创新，泼辣新颖，从整体看，正奔向新领域，从个别作品分析，理想的不多，缺内涵者总易予人外强中干之感。

高更的大型回顾展正在大皇宫展出，密密麻麻等待入场的观众排开长队，队伍围绕了半个大皇宫，要入场，须排队近两个小时。展出四个来月，从开幕至闭幕，每天从上午开馆到下午闭馆，队伍永远是这么长，我只能去排队，除非不看。专业者、业余爱好者、旅游者……来自世界各地的人们争着来瞻仰客死荒岛的画家的遗作，作品的色凝聚着作者的血，件件作品烙印着作者的思绪、时代的歌与泣。同时在大皇宫展出"五月沙龙"，从另一门入口，门庭冷落，进入展厅只三两个观众。"五月沙龙"亦属当代主要沙龙之一，何以如此失宠于观众？展品总是良莠不齐，有些作品虽不乏新观念，但效果或令人费解，或一目了然少含蕴，引人入胜或可望不可攀的具有高度艺术境界的作品确乎不多。作家抛却观众，观众便不看作品。相思断，恩情绝。问题绝不止于画廊与沙龙，试看博物馆或蓬皮杜中心，作品的沉浮都须经时间的考验，几代观众的考验。

新旧巴黎

正遇上卢浮宫的新进口玻璃金字塔落成开放，于是又是人山人海的长

294

队。天光从玻璃塔透入，照耀得宽敞的地下门厅通亮，熙熙攘攘的游人由此分道进入各展区。美术学院与卢浮宫只一桥之隔，当年课余我随时进入卢浮宫，对各展区都甚熟悉，但这回却迷了道，需不断查看导游图，那图用四种文字说明：法文、英文、德文、日文。东方文字日文被欧美博物馆采纳是新动向。待见到站立船头的古希腊无头胜利女神雕像时，我才认出记忆中的路线，但布置还是大大改变了。画廊里挂满举世名作，上下几层，左右相碰，仿佛参展作品正待评选，比之美国大都会等博物馆，这里布置太拥挤，但有什么办法呢，都是历史上的代表性作品。悠久的文化传统使后人的负担愈来愈重，豪富之家的子孙往往失去健康的胃口。

玻璃金字塔确是大胆、新颖、成功的创造，解决了进口拥挤的难题。在古建筑群的包围中突出了现代化的玻璃工程，塔虽庞大，因其透明，不以庞然巨物的重量感令古老的卢浮宫逊色，而那金字塔之外形，与协和广场中央高矗的奥培里斯克（埃及方尖塔）遥相呼应。设计师贝聿铭先生在世界建筑领域里做出了杰出的贡献，他是华裔，我们感到无限欣慰。虽然我对建筑是外行，但到华盛顿国家博物馆和波士顿博物馆参观时，便首先特别观察了贝聿铭先生设计的部分，其与原有建筑的衔接与配合，承先启后，独树一帜。

纽约街头摩天大厦矗立，雨后春笋争空间，街窄人忙，诸事匆匆，似冒险家的乐园。我和老伴走在人行道上，一位卖花的东方女子善意地指指我老伴的提包，示意要注意被抢劫。巴黎气氛不一样，田园大街宽而直，楼房均不超过六七层，大都戴着文艺复兴时代的厚屋顶，稳重端庄。大街显得很辽阔，沿街咖啡店林立，悠闲的人们边喝咖啡边欣赏各色行人，行人步履缓慢，边走边欣赏喝咖啡的各色仕女和先生们，人看人，相看两不厌。巴黎，永葆其诱人的美好风韵，除在蒙巴纳斯建立了一幢四五十层的黑色高楼外，老市区基本不改旧貌，协和广场那么多古老的灯柱，使法兰西人常常回忆起那马车往返的豪华社交时代，莫泊桑和巴尔扎克的时代。城市不能不发展，新巴黎在拉·台芳斯。卢浮宫与凯旋门在一条中轴线上，仿佛我们的故宫和正阳门。新巴黎从凯旋门延伸出去，拉·台芳斯便属中轴线的延长，街道更宽，两旁各式各样的高层新楼林立，呈现代建筑之长廊，长廊一头，跨在新街上是一巨大白色画框，近看，框上都是层楼窗户，那是各类办公大厦的汇总。这造型单纯的白色框框与凯旋门遥遥相对，这是凯旋门的后代。地理位置上，拉·台芳斯扩展了巴黎；造型形式上，拉·台芳斯发展了巴黎。巴黎向拉·台芳斯的拓展不但解决了空间问题，并显示了历史的进展，蓬皮杜文化中心似亦应迁来此处。我想起了梁思成先生，他在建国初期竭力主张保留北京古城风貌，并曾为三座门及古城墙的拆除而流泪。西安、苏州、绍兴……同样情况的问题太多了，我们不仅仅受到物质条件的约束。

怀念

德群夫妇驾车陪我们去齐凡尼参观莫奈故居，我还是头一次去访问，因四十年前故居尚未开放，当时只能在奥朗吉博物馆的地下室里感受莫奈池塘的风光，他的几幅巨幅睡莲环布四壁，令观众如置身池中。车行两小时，经过许多依傍塞纳河的宁静乡村，抵故居。细雨湿新柳，繁花满圃，绿荫深处闪耀着清清池水，水里挂满倒影。一座嫩绿色的日本式桥弧跨池头，紫藤攀缘桥栏，虽非着花时节，枝线缠绵已先入画境。这小桥，举世闻名，多少睡莲杰作就诞生在这桥头。其实，优美的池塘、垂柳与睡莲世界各地不知有多少，天涯何处无芳草，而莫奈的创造为法兰西增添了殊荣，小小乡村齐凡尼宇内扬名。北京西山那几间小土房，如确是曹雪芹写《红楼梦》的故址，虽无花圃，亦将吸引愈来愈多有心人的瞻仰。莫奈的工作室十分高大、明亮，令我兴叹，他晚年已得政府重视，巨幅睡莲据说就是政府首脑克莱蒙梭委托他创作的，所以才能建造如此规模的工作室

296

吧。莫奈的客厅、卧房、内房通道随处挂满了日本版画，可见东方艺术对印象派及其后的影响，今日并已被提到"日本主义"的高度。看莫奈晚期的作品，画布往往并未涂满，着重笔触与色的交错，与中国文人画追求的笔墨情致异曲同工。

秉明夫妇驾车陪我们重游枫丹白露及巴比松，我们的目标是米勒及卢梭等人的故居。米勒的故居变了样，故居如何能变样呢？原先的正门是开在院子里，爬几级木扶梯进入室内，室内是空荡荡的土地土墙，品物不多。如今这院子已属人家私屋，被隔断了，于是故居傍街另开了一个侧门。进得门去，琳琅满目挂满了米勒作品的复制品，无可看，而且临窗街上车辆不绝，小镇闹市，已尽失当年巴比松的乡村气氛。我和秉明坐在"米勒故居"牌子下的石条凳上合影留念，因背景墙上爬满藤萝，是唯一透露古老回忆的画面了。秉明说：我上次陪余光中来，也坐在这石凳上照了同样的镜头。秉明问：你从前来是坐火车来的吧？我记得是的，但四十年前的印象比这次好多了。我告诉秉明，绍兴青藤书屋也已修复开放，里面陈列些粗劣的复制品。我对修复故居加修改很反感，绍兴沈园正在重修，当是一个创作难题。

仍由秉明夫妇驾车，我们去奥弗·休·奥洼士，去扫梵·高之墓。春寒料峭挟着凄风苦雨，秉明正患感冒，坚持开车。偏僻的远郊小镇，梵·高在此结束了他最后的岁月，长眠在曾被他画得繁花似锦的乡土里。我们的车就停在梵·高画过的市府前面，面对市府树立一大幅梵·高自画像的复制素描，那阁楼上便是画家生存与死亡之角落。面对着画像，我们就挤在车里用简单的午餐。小小的公园被命名为梵·高公园，里面有名雕刻家查吉纳塑的梵·高像，很糟，全非梵·高风貌，这作品还曾见诸发表，我很反感。本地的教堂居于全镇的高点，梵·高将这教堂画进乌蓝的色调，已为世人熟知，原作今展出于巴黎奥赛博物馆。我打起雨伞勾画教堂，虔诚中夹杂着惶惑，是否梵·高在注视我！

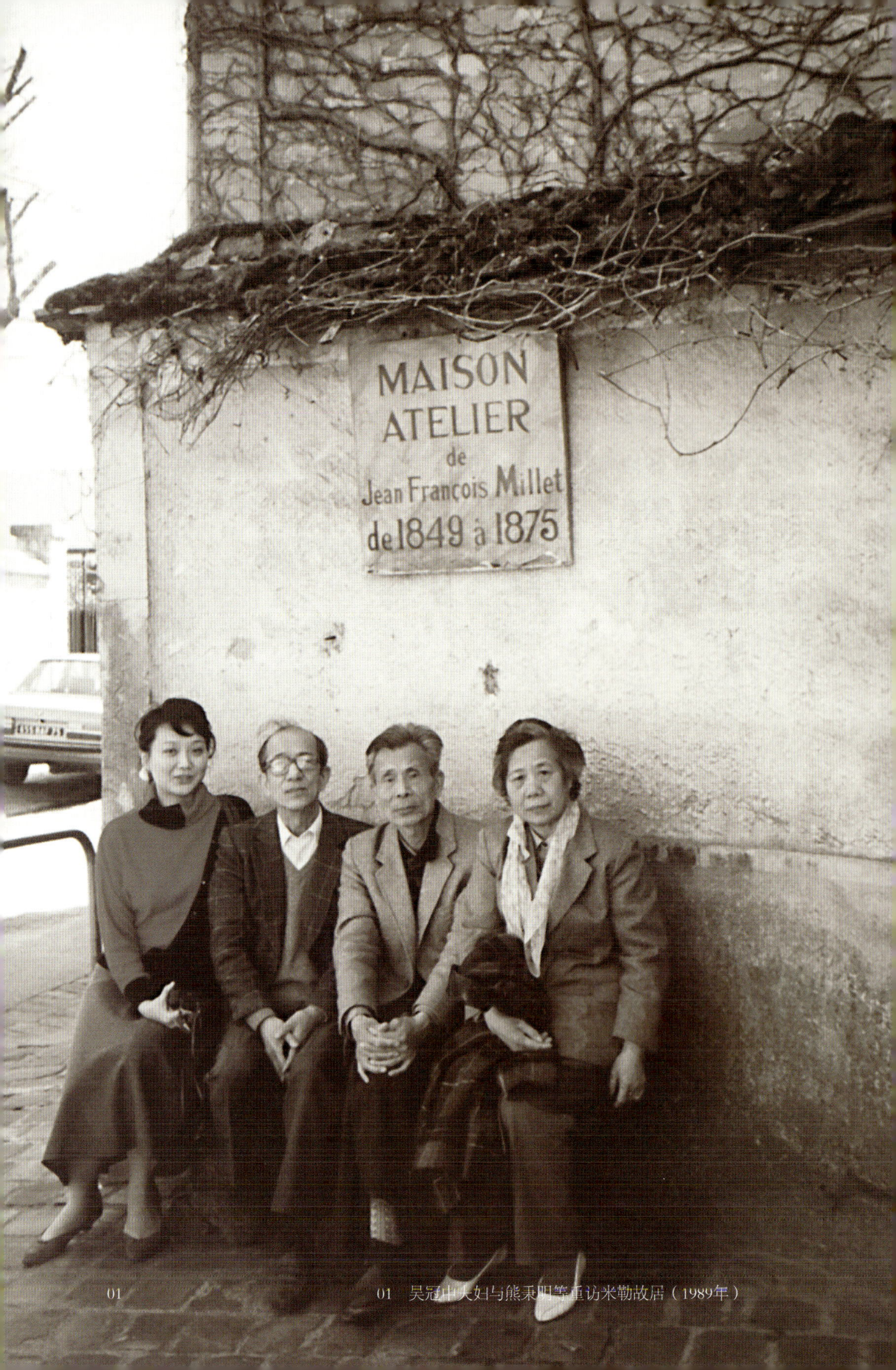
MAISON
ATELIER
de
Jean François Millet
de1849 à 1875

01

01　吴冠中夫妇与熊秉明等重访米勒故居（1989年）

车抵公墓，雨大起来，将众多大理石墓棺、碑石、雕刻冲洗得干净光泽，丛丛鲜花或塑料花也显得分外鲜艳。终于找到了梵·高之墓。紧靠围墙边，并立着两块墓碑，一块刻写着：这里安息着温森特·梵·高（1853—1890），另一块是戴奥托尔·梵·高（1857—1891）。两块碑前地面上平铺一片常春藤，覆盖着土里两兄弟，如不留心墓碑，我认为这只是一小块被遗忘了的白薯地。没有鲜花。终于我发现谁送来的一小束干麦穗，其间包扎一枝断残的油画笔。我突然想起鲁迅的《药》，在瑜儿墓前哇的一声飞去两只乌鸦。乌鸦，梵·高在此画过许多乌鸦，它们今天并不飞来。秉明同我步行察看那画家眼中倾斜的大地、战栗的树丛、歌唱的苹果花。早春的麦地一片宁静青绿，也许秋天麦穗金黄，骄阳似火时，会再度拨动长眠画家错乱的神经。

反思

老伴吃不惯洋饭，白天我们到处作画，吃饭的时间和地点无定，碰机会随便吃，晚上我便陪她找中国饭店吃大米饭。数十年来中国饭店确乎大大发展了，数量倍增，生意兴隆。不止巴黎，在旧金山、纽约、横滨……熙熙攘攘的唐人街上主要是饭店。真正正在大步走向世界的中国文化，看来首先是烹饪。烹饪也是艺术吧，而我们的绘画艺术还远远未被大众理解、发现。专门陈列东方艺术的吉美博物馆，其间中国部分主要是古代雕刻、陶瓷及伯希和送去的敦煌文物，西藏作品竟被归入喜马拉雅地区，不属中国。将近半个世纪了，中国在吉美博物馆里无丝毫新反映。塞纽齐博物馆也专门陈列东方艺术，规模更小，门庭冷清，平时几乎没有观众。纽约大都会博物馆及波士顿博物馆等虽也陈列少量中国画，但均观众寥寥。中国绘画大都表达作者的生活情趣及其人生观，用笔墨在纸或绢上透露内心的思绪，重意境，但多半忽视画的整体形式效果、视觉效果。纸或绢旧了，变得黄黄的，远看只是一片黄灰灰的图案。相比之下，西洋油画色彩鲜明，节奏跌宕，易满足人们视觉的刺激。古代中国杰出的艺术家何尝不重视构成，书法中的每一个字都是一个独立的构成天地，当代西方画家哈当（Hartung）和克莱因（Kline）的每幅画也不过是一个字而已，我们难道温故不知新？大量的中国中、青年画家奔向西方，祝愿他们一帆风顺，打开个人的前途，并为中国的艺术夺取奥运会的金牌。他们的路显然都十分艰辛，凭写实的功力及东方人的敏感当然也能取得一些成功，然而燃眉之急是谋生，谋生的技艺与艺术创造之间往往存在着鸿沟。近代东方画家最早在巴黎扬名的大概是三十年代日本画家藤田嗣治，他以纤细的线画东方情味，我在学生时代看他的画就很不喜欢，格调不高，这次在巴黎市立现代博物馆又看到他的一幅裸体，很差劲。我想，生活在日本本土的画家比他强的恐怕很多，艺术家不必都要巴黎颁发证书。扬名，似乎是艺术家普遍追求的目标，有了名，作品价高，于是引来利。然而盛名之下多虚士，当代扬名之道更是不择手段，欺世媚俗。最近翻看自己六七十年代的油画作品，那些在极端艰苦条件中冒着批判风险创造的风景画，凝结着真挚的感情，画面均无签名，也不记年月，抚摸这些苦恋之果，欲哭无泪，但突然想到市场上已出现了许多我的假画，一阵恶心。

原估计自己在长期封闭中远远落后了，近几年重新到世界环视一周，更坚信艺术永远只诞生于真诚的心灵，珍珠生在蚌壳中，人参长在山野里，傲骨风姿黄山松，离不开贫瘠苦寒的石头峰。逝去的时代毕竟已逝去，旧时代的艺术品已成珍贵的文物，今日中国艺术必然要吸取西方营养，走中西结合之路。闺阁藏娇绝无前途，大胆去追求异国之恋，采集西方现代形式语言表达隽永含蕴的东方意境。西方世界的中国画廊还处于萌芽状态，地位不高，作品质量低，缺新意，但从中国餐馆的发展历程看，事在人为，毋庸气馁，更盼望以官方的力量直接间接扶植民间画廊，创办公私合营中国文化餐厅。今年六月，在纽约佳士得的中国画拍卖中，一卷表现蒙

02　在巴黎凡尔赛宫（1947年）

03　重访巴黎凡尔赛宫（1989年）

古人生活的轶名作以一百八十七万美元售出，董其昌的一幅轴画也以一百数十万美元售出，这些信息，显示了高级中华文化餐厅的美好前景。

别

匆匆一月，告别巴黎。少小离家老大回，晚年回到久别的"故乡"，总有无穷感触。巴黎不是生养我的故乡，但确是我艺海生涯中学习的故乡。临别前，我为怀念而悄悄回到母校美术学院，寻找到当年教室楼下的小小院落。院里有四五个年轻学生在聊天，我打听我那故去的老师，当年威望极高的苏弗尔皮教授，但他们都不很清楚了。人走茶凉，倒是我这个海外学子总记得他的教诲，尤其他经常提醒：艺术有两路，小路作品娱人，大路作品感人。也是他劝我应回到中国，去发展自己祖国的传统。当年告别巴黎不容易，经过了很久的内心斗争，同学间也为去留问题不断讨论、争辩。秉明著述《关于罗丹》一书中亦记及我们曾争辩了一夜，直至天明他才回去睡觉，入睡后噩梦连连，梦醒已是1983年，各人在不同的环境和条件中做出了各自的努力。秉明和德群等留巴黎的老友都做出了可喜的成就，我自己忙白了少年头，也问心无愧。这回再次告别巴黎，心境是宁静的，没有依恋，更无矛盾，我对秉明说：回去作完这批巴黎风景，大概该写我自己的"红楼梦"了。

1989 年

又见巴黎

法兰西的祖宗不抽鸦片，收集了大量艺术珍品，巴黎众多的博物馆永远是民族的骄傲，永远吸引着全世界的艺术朝圣者……

本已向巴黎永远告别了！

1989 年春回到巴黎写生一月，旧情脉脉，返国后发表了一篇《巴黎札记》，我想我向巴黎永远告别了。不意巴黎市立基纽介博物馆（东方艺术博物馆）邀我今年在该馆展出新作，并以市长希拉克先生的名义授我以巴黎市金勋章，因而又见巴黎。

罢工时刻威胁着旅客，机场是否能畅通无误，总令人担心。法国失业人数已达三百二十多万，而德斯坦当政失业人数达百万时，已被政敌嘲笑他是百万统帅了。我和几个朋友正在地铁中候车，突然广播：本线罢工，请旅客绕道转车。于是人群转入尚在运行的车厢，车厢里挤成"沙丁鱼"似的罐头。下车后我的朋友发现他藏在里衣口袋的钱包丢失了，惊叹小偷技术高超。至于车厢里的乞讨者，虽也有抱了孩子的妇女，但大都也还是壮年人。谋职难，职业的位置又不断在缩小。我带了孩子们坐火车去凡尔赛，剪票自动，月台、车厢自己找，四周冷清清如入无人之境，机器夺去了人的职业。沿途无人报站，我得随时留心站名，唯恐过了站。

大皇宫关闭了，要大修，至少将关十八个月，许多展览便无法进行，或另找展厅。蓬皮杜文化中心初建时曾红极一时，引起全世界的瞩目和争议，如今不无门庭冷落鞍马稀之感，尤其现代艺术陈列部，参观人数少，气氛较前寥落多了。最前卫的代表性作品以陈列于蓬皮杜中心为荣，但这个擂台也难坐稳，每隔几年便又桃符换旧，面目全非了。这次陈列品中有三块空空的白板，虽用玻璃罩罩着，仍是空空的白板，我无意近前去探寻作者姓名或标题，皇帝的新衣何须说明。艺术中探新无疑是艰辛的工作，甚至是生命的冒险，然而道高一尺，魔高一丈，以前卫标新，欺世盗名的现象遍及全球。欧美经济发展中一度以高价哄抬前卫，这与以政治权势或宗教威望拔高作品声誉同属脱离群众，"艺术"反成了隔离广大人民真情实感的高墙，人为的墙，那是柏林墙，人们欢呼柏林墙的拆毁。

世事沧桑的转化愈来愈快速了，我的老师苏弗尔皮教授曾是法兰西学院院士，美术界的一代巨子，在大型展出中他的位置曾与勃拉克等大师平起平坐，但今天他的作品已被现代博物馆撤下，到处找不见他的作品了，书店里也没有他的画集，人一走，茶就凉，巴黎人遗忘了巴黎美术学院的著名教授。有一位评论家来我展厅看画，他颇赏识并分析了我作品的龙脉，我于是与他谈起苏弗尔皮，并表露了我对老师的怀念与惆怅，他极坦率：苏弗尔皮是一位好教授，但不是好画家，你比他强。我头一次听到这样锋利的意见，立即回忆老师当年赠言：回到自己的国度里从自家的传统中着根。五十年来我深切体会到孤陋寡闻是不利因素，而土生土长是珍贵品质，我们的路格外不平、格外长。留在巴黎的老友们将东方引进了西方，做出了让西方人瞩目的贡献，他们是巴黎的重要画家了，他们宽敞的画室令人羡慕，相比之下我没有画室，或只有袖珍画室，袖珍画室里的故事说不完。

萧条，经济萧条波及艺术萧条。巴黎居，不大易。巴黎美术学院门前沿街商店清一色是画廊，一家挨一家，家家少顾客。美术学院背着画夹出出进进的学生们看到这些冷冷清清的画廊，或去蒙马特看看硬拉游人画像的同行，能不为自己的前途忧虑吗？我一直为职业画家的生存问题杞人忧天，和几个老友回忆常玉和潘玉良。常玉之死，因贫穷路绝而自杀；潘玉良住的阁楼无自来水，须自己下楼提水，我们曾帮她提过水。这次我想去寻访她的旧居，照张相片，国内有些人不正在被她的身世所迷惑吗？不仅房子已拆除，连整条街也拆掉了。

时过境迁，"英国无日落"的时代也已成过去，曙光在东方升起时欧洲开始投入暮霭。亚洲"四小龙"的崛起，中国的开放，东方成了西方人心目中的新大陆，经商的、拓荒的、卖艺的都拥向东方。1993年11月香港亚洲艺术博览会中，欧美不少画廊送来梵·高、毕加索、夏迦尔、波洛克等大师的作品，孔雀东南飞，好一番盛况。欧洲的画家被长期广泛宣传，早具世界声誉，其实每个画家的精品总不会太多，而失败之作倒是大量的，由于盲目崇拜，名家笔下的蹩脚货也价值连城。然而情况在转变，不久前印象派的作品到台湾拍卖，成交不多，看来难于欺侮乡下人不识货了。倒是中国的优秀作品长期遭到不识货的待遇，石涛的荷花与莫奈的睡莲不一样，东方西方有较量，但市价行情不公道。说起睡莲，这次在奥朗吉博物馆看过莫奈的巨幅睡莲，我的小孙孙观察那些出售以睡莲作装饰的文具，背面有英文标记：中国制。

圆明园成了废墟，凡尔赛依然矗立。法兰西的祖宗不抽鸦片，收集了大量艺术珍品。巴黎众多的博物馆永远是民族的骄傲，永远吸引着全世界的艺术朝圣者。五十年前漂洋过海来求学，谈何容易！今天趁我画展之机，儿孙也来巴黎观光了。在鲁弗尔（卢浮宫）中，目不暇接，只能走马观花，但十三岁的小孙孙永远掉队，他看得仔细，似乎对件件展品感兴趣，我们总要回头到人群中去找他。有一回遍找不见，大家真着急了，原来他挤在一集体参观团中正专心听向导用英语讲解作品。我立即忆及当年初到巴黎时，大学里的美术史课听不很懂，有一次在鲁弗尔听小学教师给小学生上课讲希腊雕刻，全听懂了，非常高兴。剪不断，巴黎缘，爷爷和小孙孙都在鲁弗尔接受了启蒙教育，只是小孙孙听的是英语讲解了。

01　巴黎塞纽齐博物馆"吴冠中画展"时巴黎市受勋仪式（1993年）

01

纽约人在北京似乎很平常，而北京人在纽约却引起国内外华人，甚至洋人的关注，因一百年前美国就立了排华法案，虽然1943年撤销了这条法案文字，但华人总是处于被排斥的境况。北京人在巴黎自然也不同于北京人在北京，当自己家里吃饭尚有困难，显然不欢迎不速之客。有本领的人，像为鲁弗尔建造了玻璃金字塔，毕竟是少数，而多数想淘金的，则摸错了门。须知：在法国学华语的人愈来愈多，他们想到东方来淘金吧。我们这里没有排外情绪，也许会成为他们的乐园。五十年代我从马赛乘船返国，内心充满矛盾，似乎是冒着险投向未来；八十年代曾两次乘飞机离巴黎返国，均怀着说不尽的感触与企望；这次飞离灯火辉煌的巴黎，却感到飞回明日更辉煌的祖国。告别两次授予我金勋章的法兰西，思绪万千，在机舱里一分钟也未能入睡，黑夜如此之短，巴黎时间才两点钟便见旭日东升了。

1993 年

土土洋洋　洋洋土土
——油画民族化杂谈

　　我生长在江苏农村，叔伯父老、姑姑阿姨都是乡下佬，小学同窗都是赤脚伙伴。谁家的女儿嫁到上海，偶尔回到家乡来探亲，穿戴漂亮，烫头发，擦口红，我和伙伴们都感到这模样儿很丑，哧哧地嘲笑她。后来我进县城念中学，到杭州上艺术学校，不仅渐渐看惯了烫头发和擦口红，而且欣赏人体美，追求西方现代绘画的变形美了。生活在巴黎，陶醉于形形色色的现代诸流派的探索中，我体会到西方人的审美口味了，也为他们许许多多有深度的艺术作品所感动。但我的爱好，我的努力，我的追求却与故乡的叔伯父老、姑姑阿姨、赤脚伙伴、我祖国的多少亿同胞全不相干了！我忘记了出身于贫寒之家啊！

　　旧中国去欧美的留学生在生活中遭到歧视是常事，我不愿去写许多更令人心酸、气愤的事情。但在学习中，在老师和同学间，我们却得到真挚的友情和尊重。我所敬爱的老师苏弗尔皮教授劝我要回到中国去，回到中国才能从自己传统的根基上发出新枝。其时祖国还是黑暗、落后、战乱和饥饿的旧中国，我们留学生可以说是从火坑里跳出来的幸运者！

　　中国人民站起来了，新中国诞生了，受尽歧视的海外学生格外感到兴奋，同学们大都在考虑响应号召回国参加建设的问题。我几番下决心回国，又几番否定了，思想斗争曾是剧烈的：一面仍恋念着西方的学习条件；

01   01   在巴黎塞纽齐艺术博物馆画展开幕式上，接受市长

希拉克授予的巴黎市金勋章（1993年）

02   02   与巴黎塞纽齐博物馆馆长波波交谈（1993年）

另一面又感到脱离了祖国的土地和人民，感情犹如飘荡的幽灵，艺术凭什么诞生呢？

我终于回到了新中国，脚踏实地地开始摸索油画民族化的道路。

我从第一天学画开始，本来一直是画人物的，但"丑化工农兵"像紧箍咒在紧勒我的脑袋，我又坚决不肯向庸俗的艺术观点低头，迫不得已，我只得将重点转移搞风景画了。

学生时代我临摹过不少中国画，从宋元到明清，从人物、山水到兰竹，从勾勒到泼墨，特别喜爱老莲、石涛和八大。传统的形式是多样的，形式本身也是永远在发展的，油画民族化当然不是向传统形式看齐。我先不考虑形式问题，我只追求意境，东方的情调，民族的气质，与父老叔伯兄弟姐妹们相通的感受。人们永远不会忘记母亲，人们永远恋念故乡，"喜闻乐见"的基本核心是乡情，是民族的欣赏习惯。

"七九、八九，隔岸观柳。"早春时节，垂柳半吐新芽，须隔岸远看，才能感觉到那刚刚蒙上的薄薄一层绿意，新柳如烟。我国古代画家画了不少烟柳堤岸的景色，抒写了"任东风梳弄年年"的诗情，其间自有不少表现了柳丝多姿的佳作。但我不满足于那近乎剪影的笔墨线条，我想捕捉住那通过半透明的新柳所透露出的深远含蓄而又充实丰富的形象世界，那色彩变化极其微妙，似有似无，可望不可攀。每年此时，在这短短的数日里，我总要试用油画来表现披纱垂柳，可是数十年来我一次也未能差强人意地表现出那种形神兼备，既发挥了油画色彩的潜力，又体现出气韵生动特色的画面。

我也曾经历过鲁迅《故乡》中所写的那种回到相隔两千余里、别了二十余年的故乡去的感受。我认不出自己的老家了，因为江南农村到处都是一样的白墙黑瓦和竹林，我只吟出了一句诗："竹映粉墙认家乡。"竹林确是我家乡的特色之一。古人画竹的可多了，我曾大量临过文与可和郑板桥的墨竹，虽清风亮节体态绰约，但止于纸窗月色下的竹影，依然不能令我满足。我用油画来画竹林，竭力想表现那浓郁、蓬松、随风摇曳的竹林风貌，以及那干枝交错、春笋密密的林间世界。"其间似乎确凿只有一些野草，但那时却是我的乐园。"竹林，其间似乎确凿只是一色青绿，被某些学西洋画的人们认为是色彩单调不入画的，但却令我长期陶醉在其中。

我研究过莫奈的池塘睡莲垂柳，我研究过塞尚的绿色丛林，我喜爱他们的作品，但他们的技法都不能用来表现我的垂柳与竹林。油画的色感和浓郁与国画的流畅和风韵，彼此可以补充吗？是的，应该是可以的，但其间存在着各种矛盾，矛盾如何解决？只能在不断的实践中去体验甘苦吧！

孙悟空大闹天宫后被二郎神追到人间，变来变去，变了一座山神庙，那尾巴不好藏，便变了一杆旗幡，但终于还是被二郎神识破了。我最近带学生外出写生，他们爱画自然的野景，不爱画建筑物，认为建筑物呆板无味。但中国古典建筑都是有机的整体组织，是有情有意的，因此我以孙悟空变山神庙的例子启发他们，让他们去体会，古典建筑中都有孙悟空、猪八戒、沙和尚……西方建筑师的追求与我国古代大师的匠心也是异曲而同工，歌德早就说过："流动的建筑是音乐，凝固的音乐是建筑。""道是无情却有情"，画家作画应该总是有情的，画建筑、树林、山川草木……都寄寓了作者的感情。古长城附近有一棵古老的劲松，浓荫覆盖在一座烽火台似的古堡上，同学们围着它写生，但都未能表现出那坚实而缠绵的整体形象美。我突然感到，这是孟姜女哭长城啊！孟姜女与其夫范喜良抱头痛哭，远远近近蜿蜒的长城都为之倾塌，松与堡应构成紧紧拥抱着的整体。最近，医学上将坐骨连接在一起的连体婴儿成功地分割成两个独立的生命。而我们，却往往要将两个以上的单独的形体在造型上结构成一个整体生命。绘画中的复杂对象并不就是简单对象的数学加法，树加树不等于林，应该是 1+1=1。一般看来，西方风景画中大都是写景，竭力描写美丽景色的外貌，但大凡杰出的作品仍是依凭于"感情移入"。梵·高的风景是人化了的，仿佛是他的自画像。花花世界的巴黎市街，在尤特利罗的笔底变成了哀艳感伤的抒情诗。中国山水画将意境提到了头等的高度，意境蕴藏在物景中。到物景中摄取意境，必须经过一番去芜存菁以及组织、结构的处理，否则这意境是感染不了观众的。国画中的云、雾、空白……这些"虚"的手段主要是为了使某些意境具体化、形象化。油画民族化，如何将这一与意境生命攸关的"虚"的艺术移植到油画中去，是一个极重要而又极困难的问题。简单化地仿国画是东施效颦，只能取消油画。如何在松与堡的构成中表达出类似夫妻拥抱哭泣的悲壮情调呢？又如何表现中国园林建筑回廊曲折的幽深呢？逼真的描写与罗列对象，不仅达不到目的，而且结果只能相反。相当于国画中的"空白"，油画中也必须有极重要的"视而不见"的部分。这些部分既为意境服务，又能给观众以美的享受，要"虚"而不虚，不空洞，不乏味！

想表现辽阔的田野那边几间引人入胜的小小白屋吗？画面真正的主角是"辽阔"，要在这"辽阔"的形象上下功夫，那几间小小白屋不过是折子戏《红娘》中的莺莺小姐。

今年在四川的小县城里，我看了几场小剧团演出的川剧，我很喜爱这些土里土气的民间戏曲。其中一出戏叫《一只鞋》，演的是老虎报恩的故事。另一出戏叫《萝卜园》，描写因一些本来可以解释清楚的误会而引起的悲欢离合的故事。剧本是虚构的，充满了浪漫色彩，但具体情节却表现得很真实细腻，入情入理。这些真实的表现手法使得观众完全信服剧情的发展是真实的、可信的，观众在感情上接受了剧本的大胆构思。长期以来，在油画风景中我采取的创作方法与此颇有些相似。我的大部分风景画是通过构思、选取不同的素材组成的，作一幅画，往往要数次搬动画架，从几个不同地点去写生。说得明白点，就是"移花接木"或"移山填海"。我为什么要如此吃力地搬动画架当场写生呢？因为要追求具体形象的真实生动感，满足人们的欣赏要求，让人们乐于接受大胆的构思构图。我竭力想使观众感到大自然确实就是如此有气势，如此丰富。作者总是将自己的费劲处藏起来，擦掉自己劳动的汗水，奉献给观众的只是欣赏与享受。这也许是笨办法、土办法，或过渡时期的无法之法吧。我为此确实是吃尽了苦头，例如往往要靠双手攀着树根爬上坡陡无路的山巅作画。作完画，双手要捧着油色未干的画幅，无法下山，只好先将画箱扔出让它滚下坡去，我自己则像儿童溜滑梯似的从坡上慢慢滑下去。

"文化大革命"中有张大字报批判华君武同志和张仃同志，说华评张的艺术是毕加索加城隍庙。这也许是华给张开过玩笑吧，但我却认为这真真道出了张仃艺术道路的特色。今天张仃同志设计的美术片和首都国际机场的壁画《哪吒闹海》都问世了，我想补充华君武同志的"数学"公式：毕加索＋城隍庙＝哪吒闹海。

油画民族化包含着油画与民族形式两个方面。民族形式丰富多样，不是一种僵化固定了的形式。西方的油画呢，它的气质和形式更是在不断地发展着，似乎，一般认为我们学油画主要只是学其写实功夫，这种看法是十分片面的。西方现代油画的主流早已从摹拟自然形态进入创造艺术形象了。毕加索加城隍庙，西方现代绘画与中国民间艺术的结合，也正是油画民族化的大道之一。毕加索画的人面往往正面与侧面结合成一整体，我们对此可能还看不惯，但千手观音却早已是妇孺皆愿瞻仰的造型艺术了。守卫古代亚述王宫的石刻巨牛有五条腿，因为体积庞大，必须用五条腿才能在正面和侧面都令观众感到是四条腿，否则只看到三条腿。这不符合常理吧，但它却符合艺术规律，是艺术的科学，因为在实践检验中它获得了好的艺术效果。如果我们拒不接受毕加索，当然各有自由；但由于西方观众的欢迎，中国的龙、凤、辟邪、麒麟……却飞去西方了！

我曾经找到过一件立体派大师勃拉克画的静物的印刷品：半圆不方的桌面上两尾黑鱼，背景饰以窗花。我将之与潘天寿的一幅水墨画对照，潘画是两只乌黑的水鸟栖憩在半圆不方的石头上，石头在画面所占的容量正与勃拉克画中的桌面相仿，他题款的位置及其在构图中的分量同勃拉克的窗花又几乎是相等的。我曾将这何其相似乃尔的两幅画给同学们作过课堂教学，用以阐明东西方形式美感的共同性。在油画民族化问题中，不应只是两个不同素质的对立面的转化，同时也包含着如何发挥其本质一致的因素。

　　油画的民族化与国画的现代化其实是孪生兄弟，当我在油画中遇到解决不了的问题时，将它移植到水墨中去，有时倒相对地解决了。同样，在水墨中无法解决时，就用油画来试试。如以婚嫁来比方，我如今是男家女家两边住，还不肯就只定居在画布上或落户到水墨之乡去！

载《文艺研究》1980 年第 1 期

绘画的形式美

美与漂亮

    我曾在山西见过一件不大的木雕佛像，半躺着，姿态生动，结构严谨，节奏感强，设色华丽而沉着，实在美极了！我无能考证这是哪一朝的作品，当然是件相当古老的文物，拿到眼前细看，满身都是虫蛀的小孔，肉麻可怕。我说这件作品美，但不漂亮。没有必要咬文嚼字来区别美与漂亮，但美与漂亮在造型艺术领域里确是两个完全不同的概念。漂亮一般是缘于渲染得细腻、柔和、光挺，或质地材料的贵重如金银、珠宝、翡翠、象牙等等；而美感之产生多半缘于形象结构或色彩组织的艺术效果。

    你总不愿意穿极不合身的漂亮丝绸衣服吧，宁可穿粗布的大方合身的朴素服装，这说明美比漂亮的价值高。泥巴不漂亮，但塑成《收租院》或《农奴愤》是美的。不值钱的石头凿成了云岗、龙门的千古杰作。我见过一件石雕工艺品，是雕的大盆瓜果什物，大瓜小果、瓜叶瓜柄，材料本身是漂亮的，雕工也精细，但猛一看，像是开膛后见到的一堆肝肠心肺，丑极了！我当学生时，拿作品给老师看，如老师说："哼！漂亮啊！"我立即感到难受，那是贬词啊！当然既美又漂亮的作品不少，那很好，不漂亮而美的作品也丝毫不损其伟大，只是漂亮而不美的庸俗作品倒往往依旧是"四人帮"流毒中的宠儿。

美术中的悲剧作品一般是美而不漂亮的，如珂勒惠支的版画，如梵·高的《轮转中的囚徒们》……鲁迅说悲剧是将有价值的东西毁灭给人看。为什么美术创作就不能冲破悲剧这禁区呢？

创作与习作

解放以来，我们将创作与习作分得很清楚、很机械，甚至很对立。我刚回国时，听到这种区分很反感，认为毫无道理，是不符合美术创作规律的，是错误的。艺术劳动是一个整体，创作或习作无非是两个概念，可作为一事之两面来理解。而我们的实际情况呢，凡是写生、描写或刻画具体对象的都被称为习作（正因为是习作，你可以无动于衷地抄摹对象）。只有描摹一个事件，一个什么情节、故事，这才算"创作"。造型艺术除了"表现什么"之外，"如何表现"的问题实在是千千万万艺术家们在苦心探索的重大课题，亦是美术史中的明确标杆。印象派在色彩上的推进作用是任何人否认不了的，你能说他们这些写生画只是习作吗？那些装腔作势的蹩脚故事情节画称它为习作倒也已是善意的鼓励了。

当然我们盼望看到艺术性强的表现重大题材的杰作。但《阿Q正传》或贾宝玉故事又何尝不是我们的国宝。在造型艺术的形象思维中，说得更具体一点是形式思维。形式美是美术创作中关键的一环，是我们为人民服务的独特手法。我有一回在绍兴田野写生，遇到一个小小的池塘，其间红萍绿藻，被一夜东风吹卷成极有韵律感的纹样，撒上厚薄不匀的油菜花，衬以深色的倒影，优美意境令我神往，久久不肯离去。但这种"无标题美术"我画了岂不被批个狗血喷头！归途中一路沉思，忽然想到一个窍门：设法在倒影远处一角画入劳动的人群和红旗，点题"岸上东风吹遍"不就能对付批判了吗！翌晨，我急急忙忙背着画箱赶到那池塘边。天哪！一夜西风，摧毁了水面文章。还是那些红萍、绿藻、黄花……内容未改，但组织关系改变了，形式变了，失去了韵律感，失去了美感，我再也不想画了。

我并不认为外国的月亮比中国的圆，但介绍一点他们创作方法之一作为参考总也允许吧。那是五十年代我在巴黎学习时，我们工作室接受巴黎音乐学院的四幅壁画：古典音乐、中世纪音乐、浪漫主义音乐和现代音乐。创作草图时，是先起草这四种音乐特色的形线抽象构图，比方以均衡和谐的布局来表现古典的典雅，以奔放动荡的线组来歌颂浪漫的热情……然后组织人物形象：舞蹈的姑娘、弄琴的乐师、诗人荷马……而这些人物形象的组合，其高、低、横、斜、曲、直的相互关系必须紧密适应形式在先的抽象形线构图，以保证突出各幅作品的节奏特点。

个人感受与风格

儿童作画主要凭感受与感觉。

感觉中有一个极可贵的因素，就是错觉。大眼睛、黑辫子、苍松与小鸟，这些具特色的对象在儿童的心目中形象分外鲜明，他们所感受到与表现出来的往往超过了客观的尺度，因此也可说是"错觉"。但它却经常被某些拿着所谓客观真实棍棒的美术教师打击、扼杀。

我常喜欢画鳞次栉比密密麻麻的城市房屋或参差错落的稠密山村，美就美在鳞次栉比和参差错落。有时碰上时间富裕，呵！这次我要严格准确地画个精确，但结果反而不如凭感觉表现出来的效果更显得丰富而多变化，因为后者某些部位是强调了参差，重复了层次，如用摄影和透视法来比较检查，那是远远出格的了。

情与理不仅是相对的，往往是对立的。我属科班出身，初学素描时也曾用目测、量比、垂线检查等等方法要求严格地描画对象。画家当然起码要具备描画物象的能力，但关键问题是能否敏锐地捕捉住对象的美。理，要求客观，纯客观；情，偏于自我感受，孕育着错觉。严格要求描写客观的训练并不就是通往艺术的道路，有时反而是歧途、迷途，甚至与艺术背道而驰。

我当学生时有一次画女裸体，那是个身躯硕大的中年妇女，坐着显得特别稳重，头较小。老师说他从这个对象上感到的是巴黎圣母院。他指的是中世纪哥特式建筑的造型感。这一句话，却启示了学生们的感觉与错觉。个人感受之差异，也是个人风格形成的因素之一。毕沙罗与塞尚有一回肩碰肩画同一对象，两个过路的法国农民停下来看了好久，临走给了一句评语："一个在凿（指毕沙罗），另一个在切（指塞尚）。"而我们几十个学生的课堂作业就不许出现半点不同的手法，这已是长期的现象了吧！

风格之形成绝非出于做作，是长期实践中忠实于自己感受的自然结果。个人感受、个人爱好，往往形成作者最拿手的题材。人们喜爱周信芳追、跑、打、杀的强烈表情，也喜欢凄凄惨惨戚戚的程腔。潘天寿的钢筋水泥构成与林风眠的宇宙一体都出于数十年的修道。

风格是可贵的，但它往往使作者成为荣誉的囚犯，为风格所束缚而不敢创造新境。

古代和现代，东方和西方

原始时代人类的绘画，东方和西方是没有多大区别的。表现手法的差异主要缘于西方科技的兴起。解剖、透视、立体感等等技法的发现使绘画能充分表现对象的客观真实性，接近摄影。照相机发明之前，手工摄影实际上便是绘画的主要社会功能。我一向认为伦勃朗、委拉斯贵兹、哈尔斯等等西方古代大师们其实就是他们社会当时杰出的摄影师。这样说并非抹杀他们作品中除"像"以外的艺术价值。伟大的古代杰作除具备多种社会价值外，其中必有美之因素，也是最基本、最主要的因素。很"像"很"真实"，或很精致的古代作品不知有千千万万，如果不美，它们绝无美术价值。现代美术家明悟、理解、分析透了古代绘画作品中的美的因素及其条件，发展了这些因素和条件，扬弃了今天已不必要的被动地拘谨地对对象的描摹，从画"像"工作的桎梏中解放出来，尽情发挥和创造美的领域，这是绘画发展中的飞跃。如果说西方古代艺术的主体是客观真实，其中潜伏着一些美感，那么现代绘画则是在客观物象中扬弃不必要的物件叙说，集中精力捕捉潜伏其中的美，而将它奉为绘画的至尊者。毕加索从古希腊艺术中提炼出许多造型新意，他又从德拉克洛瓦的《阿尔及利亚妇女》一画翻新，改画成一组新作，好比将一篇古文译成各种文体的现代作品。这种例子在现代绘画史中并不少见，仿佛鲁迅的《故事新编》。

我国的绘画没有受到西方文艺复兴技法的洗礼，表现手法固有独到处，相对说又是较狭窄、贫乏的，但主流始终要表现对象的美感，这一条美感路线似乎倒被干扰得少些。现代西方画家重视、珍视我们的传统绘画，这是必然的。古代东方和现代西方并不遥远，已是近邻，他们之间不仅一见钟情，发生初恋，而必然要结成姻亲，育出一代新人。东山魁夷就属这一代新人。展开周昉的《簪花仕女图》和波堤切利的《春》，尤特利罗的《巴黎雪景》和杨柳青年画的《瑞雪丰年》，马蒂斯和蔚县剪纸，宋徽宗的《祥龙石》与抽象派……他们之间有着许多共同感受，像哑巴夫妻，即使语言隔阂，却默默地深深地相爱着。

美，形式美，已是科学，是可分析、解剖的。对具有独特成就的作者或作品造型手法的分析，在西方美术学院中早已成为平常的讲授内容，但在我国的美术院校中尚属禁区，青年学生对这一主要专业知识的无知程度是惊人的。法国十九世纪农村风景画的展出在美术界引起的不满足是值得重视的，为什么在卫星上天的今天还只能展出外国的蒸汽机呢？广大美术工作者希望开放欧洲现代绘画，要大谈特谈形式美的科学性，这是造型艺术的显微镜和解剖刀，要用它来总结我们的传统，丰富发展我们的传统。油画必须民族化，中国画必须现代化，似乎看了东山魁夷的探索之后我们对东方和西方结合的问题才开始有点清醒。

意境与无题

造型艺术成功地表现了动人心魄的重大题材或可歌可泣的史诗，如霍去病墓前的石雕《马踏匈奴》，罗丹的《加莱义民》，德拉克洛瓦的《希阿岛的屠杀》……中外美术史中不胜枚举。美术与政治、文学等直接地、紧密地配合，如宣传画、插图、连环画……成功的例子也比比皆是，它们起到了巨大的社会作用。同时我也希望看到更多独立的美术作品，它们有自己的造型美意境，而并不负有向你说教的额外任务。当我看到法国画家夏凡纳的一些壁画，被画中宁静的形象世界所吸引：其间有丛林、沉思的人们、羊群，或轻舟正缓缓驶过小河……我完全记不得每幅作品的题目，当时也就根本不想去了解是什么题目，只令我陶醉在作者的形象意境中了。我将这些作品名为无题。我国诗词中也有不少作品标为无题的。无题并非无思想性，只是意味深远的诗境难用简单的一个题目来概括而已。绘画品的无题当更易理解，因形象之美往往非语言所能代替，何必一定要用言语来干扰无言之美呢！

初学者之路

数十年来我作为一个美术教师确曾教过不少学生，但我担心的是又曾毒害过多少青年！美术教师主要是教美之术，讲授形式美的规律与法则。数十年来，在谈及形式便被批为形式主义的恶劣环境中谁又愿当普罗米修斯啊？！教学内容无非是比着对象描画的"画术"，堂而皇之所谓"写实主义"者也！好心的教师认为到高年级可谈点形式，这好比吃饱饭后才可尝杯咖啡或冰淇淋。但我不知道从抄袭对象的"写实"到以下无表达情绪的艺术美之间有没有吊桥？我认为形式美是美术教学的主要内容，描画对象的能力只是绘画手法之一，它始终是辅助捕捉对象美感的手段，居于从属地位。而如何认识、理解对象的美感，分析并掌握构成其美感的形式因素，应是美术教学的一个重要环节、美术院校学生的主食。

载《美术》1979 年第 5 期

关于抽象美

对于美术中的抽象美问题，我想谈一点自己的理解。

有人认为首都机场壁画中的《科学的春天》是抽象的。其实，它只能说是象征的，它用具体形象象征一个概念，犹如用太阳象征权力，用橄榄枝象征和平一样，这些都不能称抽象。抽象，那是无形象的，虽有形、光、色、线等形式组合，却不表现某一具体的客观实物形象。

无论东方和西方，无论在什么社会制度中，总有许多艺术工作者忠诚地表现了自己的真情实感，这永远是推进人类文化发展的主流。印象派画家们发现了色彩的新天地，野兽派强调了艺术创作中的个性解放，立体派开拓了造型艺术中形式结构的宽广领域……这些探索大大发展了造型艺术的天地。数学本来只是由于生活的需要而诞生的吧，因为人们要分配产品，要记账，听说源于实用的数学早已进入纯理论的研究了；疾病本来是附着在人身上的，实验室里研究细菌和病毒，这是为了彻底解决病源问题。美术，本来是起源于模仿客观对象吧，但除描写得像不像的问题之外，更重要的还有个美不美的问题。"像"了不一定美，并且对象本身就存在美与不美的差距。都是老松，不一定都美；同是花朵，也妍媸有别。这是什么原因？如用形式法则来分析、化验，就可找到其间有美与丑的"细菌"或"病毒"在起作用。要在客观物象中分析构成其美的因素，将这些形、色、虚、实、节奏等等因素抽出来进行科学的分析和研究，这就是抽象美的探

我负丹青·此情此景

索。这是与数学、细菌学及其他各种科学的研究同样需要不可缺少的老老实实的科学态度的。

"红间绿，花簇簇"，"万绿丛中一点红"，古人在绿叶红花或其他无数物象中发现了红与绿的色彩的抽象关系，寻找构成色彩美的规律。江南乡镇，人家密集，那白墙黑瓦参差错落的民居建筑往往比高楼大厦更吸引画家。为什么？我们曾斥责画家们不画新楼画旧房，简单地批评他们是资产阶级思想。其实这是有点冤枉的。我遇到过许多热爱祖国、热爱人民的老、中、青年画家，他们自己也都愿住清洁干爽、有卫生设备的新楼，但他们却都爱画江南民居，虽然那些民房大都破烂了，还是要画。这不是爱其破烂，是被一种魅力吸引了！什么魅力呢？除了那浓郁的生活气息之外，其中白墙、黑瓦、黑门窗之间的各式各样的、疏密相间的黑白几何形，构成了具有迷人魅力的形式美。将这些黑白多变的形式所构成的美的条件抽象出来研究，找出其中的规律，这也正是早期立体派所曾探索过的道路。

谁在倒洗澡水时将婴儿一起倒掉呢？我无意介绍西方抽象派中各种各样的派系，隔绝了近三十年，我自己也不了解了。我们耻于学舌，但不耻于研究。况且，是西方现代抽象派首先启示人们注意抽象美问题的吗？肯定不是的。最近我带学生到苏州写生，同学们观察到园林里的窗花样式至少有几百种，直线、折线、曲线及弧线等等的组合，雅致大方，变化莫测。这属抽象美。假山石有的玲珑剔透，有的气势磅礴，有平易近人之情，有光怪陆离之状。这也属抽象美。文徵明手植的紫藤，苍劲虬曲，穿插缠绵，仿佛书法之大草与狂草，即使排除紫藤实体，只剩下线的形式，其美感依然存在。我在野外写生，白纸落在草地上，阳光将各种形状的杂草的影子投射到白纸上，往往组成令人神往的画面，那是草的幽灵，它脱离了躯壳，是抽象的美的形式。中国水墨画中的兰、竹，其实也属于这类似投影的半抽象的形式美范畴。书法，依凭的是线组织的结构美，它往往背离象形文字的远祖，成为作者抒写情怀的手段，可说是抽象美的大本营。云南大理石，画面巧夺天工（本是天工），被装饰在人民大会堂里，被嵌在桌面上，被镶在红木镜框里悬挂于高级客厅；桂林、宜兴等地岩洞里钟乳石的彩色照片被放大为宣传广告画，这都属抽象美。在建筑中，抽象美更被大量而普遍地运用。我国古典建筑从形体到装饰处处离不开抽象美，如说斗拱掩护了立体派，则藻井和彩画便成了抽象派的温床。爬山虎的种植原是为了保护墙壁吧，同时成了极美好的装饰。苏州留园有布满三面墙壁的巨大爬山虎，当早春尚未发叶时，看那茎枝纵横伸展，线纹沉浮如游龙，野趣感人，真是大自然难得的艺术创造，如能将其移入现代大建筑物的壁画中，当引来客进入神奇之境！大量的属抽象范畴的自然美或艺术美，不仅被知识分子欣赏，也同样为劳动人民喜爱。而且它们多半来自民间，很多是被民间艺人发现及加工创造的，最明显的是工艺品，如陶瓷的窑变，花布的蜡染等。人们还利用竹根雕成烟斗，采来麦秆编织抽象图案，拾来贝壳或羽毛点缀成图画；串街走巷的捏面艺人，将几种彩色的面揉在一起，几经扭捏，便获得了绚丽的抽象色彩美，他在这基础上因势利导巧妙地赋予具象的人物和动物以生命。

　　抽象美是形式美的核心，人们对形式美和抽象美的喜爱是本能的。我小时候玩过一种万花筒，那千变万化的彩色结晶纯系抽象美。彩陶及钟鼎上杰出的纹样，更是人类童年创造抽象美才能的有力例证。若是收集一下全国各地区各民族妇女们发髻的样式，那将是一次出色的抽象美的大联展。

　　似与不似之间的关系其实就是具象与抽象之间的关系。我国传统绘画中的气韵生动是什么？同是表现山水或花鸟，有气韵生动与气韵不生动之别，因其间有具象和抽象的和谐或矛盾问题，美与丑的元素在作祟，这些元素是有可能抽象出来研究比较的。音乐属听觉，悦耳或呕哑嘲哳是关键，人们并不懂得空山鸟语的内容，却能分析出其所以好听的节奏规律。美术属视觉，赏心悦目和不能卒视是关键，其形式规律的分析正同于音乐。

324

将附着在物象本身的美抽出来，就是将构成其美的因素和条件抽出来，这些因素和条件脱离了物象，是抽象的了，虽然它们是来自物象的。我认为黄宾虹老先生晚年的作品进入半抽象的境界，相比之下，早期作品太拘泥于物象，过多受了物象的拖累，其中隐藏着的，或被物象掩盖着的美的因素没有被充分揭示出来，气韵不很生动，不及晚年作品入神。文人画作品优劣各异，不能一概而论，其中优秀者是把握了具象抽象的契合的。我认为八大山人是我国传统画家中进入抽象美领域最深远的探索者。凭黑白墨趣，凭线的动荡，透露了作者内心的不宁与哀思。他在具象中追求不定型，竭力表达"流逝"之感，他的石头往往头重脚轻，下部甚至是尖的，它是停留不住的，它在滚动，即将滚去。他笔下的瓜也放不稳，浅色椭圆的瓜上伏一只黑色椭圆的鸟，再凭瓜蒂与鸟眼的配合，构成了太极图案式的抽象美。一反常规和常理，他画松树到根部偏偏狭窄起来，大树无根基，欲腾空而去。一枝兰花，条条荷茎，都只在飘忽中略显身影，加之，作者多半用淡墨与简笔来抒写，更构成扑朔迷离的梦的境界。

苏州狮子林中有一块石头，似狮非狮，本来很有情趣，可任人联想玩赏。偏有人在上补了一条尾巴，他以为群众同他一样不知欣赏抽象美。抽象美在我国传统艺术中，在建筑、雕刻、绘画及工艺等各个造型艺术领域起着普遍的、巨大的和深远的作用，我们要继承和发扬抽象美，抽象美应是造型艺术中科学研究的对象。因为掌握了美的形式抽象规律，对各类造型艺术，无论是写实的或浪漫手法的，无论采用工笔或写意，都会起重大作用。宋徽宗画的祥龙石以及一些羽毛的纹样，是把握了某些抽象美的特色的。陈老莲水浒叶子的衣纹组织中更具有独特的抽象美感，那也正是西方抽象派画家保罗·克来所探寻的海外迷宫。科学工作者在实验工作中可能不被理解，但制出盘尼西林来便大大增强了医疗效果，引起人们重视。我们研究抽象美，当然同时应研究西方抽象派，它有糟粕，但并不全是糟粕。从塞尚对形体作出几何形式的分析后，立体派从此发展了造型艺术的

01   与朱德群夫妇等在上海鲁迅故居（2000年）

02   在学生刘巨德、钟蜀珩家中（2000年元旦）

结构新天地，逐步脱离物象外貌，转向反映其内在的构成因素，这便开了西方抽象派的先河。尽管西方抽象派派系繁多，无论想表现空间构成或时间速度，不管是半抽象、全抽象或自称是纯理的、绝对的抽象……它们都还是来自客观物象和客观生活的，不过这客观有隐有现，有近有远。即使是非常非常之遥远，也还是脱离不了作者的生活经历和生活感受的，正如谁也不可能提着自己的头发脱离地面而去。我并不喜欢追随西方现代艺术诸流派，洋之须眉不能长我之面目。但借鉴是必需的，如果逐步打开东西方的隔阂，了解人家不同的生活环境和生活趣味，则抽象派在一定社会条件中的诞生也是必然的，没有什么可怕的。就说抽象派的祖师爷康定斯基，他又是怎样的异类呢？我以前看北方昆曲剧团演出，在白云生演穷生时穿着的好看的百衲衣中，似乎感到了康定斯基的艺术感受！

载《美术》1980 年 10 期

内容决定形式?

　　有一条不成文的法律:"内容决定形式",数十年来我们美术工作者不敢越过这雷池一步。

　　实事求是,讲究实际,"内容决定形式"应是一般工作中的指导思想。内容是实质,形式是依附的,是由此派生的。造房子,要求实用、经济、美观,美观是形式问题,排行老三,在我们今天贫穷的条件下,我赞同这样的提法。形式之所以只能被内容决定,因为它被认为是次要的,是装点装点而已,甚至是可有可无的。事实上也确是如此,首先要办完年货,有余钱再买年画;如果布料有限,便不能随意剪裁多褶的衣裙。已经习惯了"形式主义"是贬词,是批评讲究次要的形式而影响或忽视了主要的内容,我也极讨厌那些虚张声势或装腔作势的形式主义作风。

　　然而造型艺术,是形式的科学,是运用形式这一唯一的手段来为人民服务的,要专门讲形式,要人讲特讲。美术家呕心沥血探索形式,仿佛向蜂房寻觅蜂蜜,还须时刻警惕着被蜂螫,这"形式主义"之一螫,也颇不轻呵!形式主义应到处被赶得像丧家之犬,唯在造型艺术之家是合法的,是咱家专利!空山鸟语人人爱听,也许鸟们是在谈恋爱吧,人们听不懂,但人们还是能欣赏。音乐是通过听觉为人民服务的,也可以说就是为听觉服务的。咱们美术是为视觉服务的,大楼盖起来了,有了墙面,画家们于是忙起来。音乐和美术是世界语,即使不懂内容,人们亦能欣赏。

328

很多情况下，被理解了的对象确乎能被更好地感受到，但也并不都是这样绝对的。有一回我进入贵州一个犀牛洞，在昏暗的灯光中，在匆匆一瞥中，我感到了类似哥特式建筑群的形式结构美，那是钟乳石在朦胧中形成的。后来，我念念不忘这一美感，特意又一次进洞去仔细描绘，我分析、刻画、弄清了构成那钟乳石的各个局部，然而我白白做了两个小时的努力，完全没有捕捉到我头一次的美感，远不如我头一次凭记忆感受用一刻钟所作的素描，那素描是建立在并未完全理解对象时的感受基础上的，其间有错觉吧，但那是可贵的错觉！另一次，在飞驰的汽车中看到远处盛开的白玉兰花极美，其实那是前景的枯枝与背景坡上的白色废纸片组成的假象，当我发现了无情的真实后，我并不嘲笑自己的错觉，只为失去了那美好的错觉而惆怅，应将这错觉永远冰冻到艺术形象中去！

　　问题的实质还在于内容与形式的关系。根据我们的习惯理解，内容是指故事与情节，多半是属于政治范畴或文学领域的。看图识字，图画为特定的思维概念服务，这是由来如此的，也是应该的。对连环画、宣传画、插图、科普美术……美术是做了大量的服务工作的，今后也还要在这方面发展下去。但正因如此，美术也就被认为只是永远听从"内容"指使的手段。美术为这些有现实需要的工作服务，当然是名正言顺，堂而皇之的。如果它只是为了被独立欣赏呢？在穷困的家庭里，欣赏曾被认为是一种奢侈。奢侈，那是属于资产阶级的。"情人眼里出西施"，"战地黄花分外香"，人们对美的认识和发展是往往与社会内容分不开的，这是一种情况。另一种情况呢？形式美又有独立性。我这回到大渔岛，看到许多新砌院落的照壁上都爱画老虎，在摆地摊卖的民间年画中也必定有老虎。可怕的老虎是美的，人们喜欢看，并不是因为今天发现了虎骨、虎胆都是宝。养猪是有利的，宣传画画猪的很多，但老乡家里不爱挂，张贴在公共食堂里，叫人瞧着这模样吃饭真有点不舒服。"四人帮"禁止别人欣赏山水花鸟，人们还要画牡丹、枸杞子……找到一个"内容决定形式"的借口：中草药。

我们这些美术手艺人，我们工作的主要方面是形式，我们的苦难也在形式之中。不是说不要思想，不要内容，不要意境；我们的思想、内容、意境……是结合在自己形式的骨髓之中的，是随着形式的诞生而诞生的，也随着形式的被破坏而消失，那不同于为之作注脚的文字的内容。文学、戏剧、电影、美术、音乐、舞蹈……文艺姊妹间有着很大的共同性，互相渗透是十分有益的。但，隔行如隔山，这是实践者的经验之谈。要体会某一行当的甘苦，若不认真钻进去，不作认真艰苦的实践，便只能停留在泛泛的理解上，而且往往由此得出错误的结论。左拉为印象派画家及其艺术写了不少介绍文章，他与塞尚从中学时代便是同学，保持着长久的友谊。可是左拉全不了解塞尚在艺术中的探索，他以塞尚作为无才能的失败画家的模特儿写了部小说，书一出版，两人永远断绝了关系。他俩的绝交已是故事，但文学和绘画间隔行如隔山的阻碍令人惆怅。内容不宜决定形式，它利用形式，要求形式，向形式求爱，但不能施行夫唱妇随的夫权主义。

在广阔无垠的视觉世界中，物象是错综复杂的，美好的形象、形式比矿藏更丰富，等待美术工作者去采选、利用。"随方就圆"是指做人处世之道吧，我对此不加褒贬，但对造型艺术讲，这却是极有价值的金玉之言。要尊重方与圆的形式的独立价值，要"随"着点，要"就"着点，不要乱砍乱伐。长江上的神女峰，黄山里的猴子望太平，幸而没有被审查掉，形式先存在，神女和猴子是形式的追随者。诗歌、音乐都经常要采风，我们要采形。我说采形，不同于物象资料的记录。具特征的人物形象，各类少数民族的服饰，品种繁多的杜鹃，各式各样的船只……固然要收集记录，但照片资料已一天比一天丰富，不必全都由个人自己去采集。我的意思是要采组成形式美的点、线、面、色等等的构成体或其条件。"苍山似海"，因那山与海之间存在着波涛起伏的、重重叠叠的或一色苍苍的构成同一类美感的相似条件，如将山脉、山峰及其地理位置的远近都画得正确无误时，山是不会似海的。对这种山海之间抽象的形式美条件的观察、发现与捕捉，并不相同于对泰山、黄山或华山的写真，当然并不等于说就排斥对泰山、黄山或华山的写真。有一次在海滨看退潮，潮退得特别远，遥远的海底的礁石群显露出来了，人们像发现了什么古代城池似的赶前去看。那黑沉沉的、湿漉漉的、圆通通的石头或卧或伏，像海龟，像海盗，流沙绕着它们转，那是静中流露着动的美，那是"奔流"与"冲击"的形象记录，它们突兀，然而和谐，因为浪的规律的运动拍击那群突兀的怪石，万万年来它们之间有了协调的节奏，这运动中的力与美雕凿了具象的痕迹，这是抽象美术品！然而这种节奏感、韵律感、丰富的抽象美并不是易于凭空想象和创造出来的，捕捉住其要素，可能为某一内容，某一构图要求起形象主角的大作用。画家要丰富形式积累，正如作家要丰富语言积累。画家和作家的构思方式是不同的，后者在时空中耕耘，前者在平面上推敲。如果画家只遵循内容决定形式的法则，他的形式从何而来？内容是工、农、兵，于是千篇一律的概念的工农兵图像泛滥全国！缺乏形式感的画家，一如没有武器的战士！

"栩栩如生"，几乎成为我们赞扬美术作品的至高标准了！我并不笼统地反对模仿客观外貌真实的栩栩如生的要求，但这不是造型艺术的最高标准，更不是唯一标准，艺术贵在无中生有。酒是粮食或果子酿的，但已不是粮食和果子，酒也可说是无中生有吧。画农民革命的作品很多，珂勒惠支的就特别动人，人们介绍她画中深刻的情节构思，但其作品打动人的决定性因素还是独特的形式感。三十六行，各行有各行关系到自身存亡的大问题。美术有无存在的必要，依赖于形式美能否独立存在的客观实际。在欣赏性范畴的美术作品中，我强调形式美的独立性，希望尽量发挥形式手段，不能安分于"内容决定形式"的窠臼里。但是我个人并不喜爱缺乏意境的形式，也不认为形式就是归宿。松抱槐是偶然的自然现象，而形式中蕴藏意境却是作者苦心孤诣着意经营的成果。四川大足露天石刻释迦牟尼之死，个儿小小的佛门弟子哀悼安详地躺卧着的巨大的佛，灌木杂树从坡上俯垂，半掩着佛的头部，涓涓流水从佛的身后绕到了身前。我立即被吸引、陶醉了！我不信基督教，也不信佛教，我去寻访达·芬奇的《最后的晚餐》和大足石刻，都并非为了对其内容感兴趣，二者相比，我更爱大足卧佛，其形式感强多了。刚离开大足，途中遇到对越反击战胜利归来的英雄们，我们鼓掌，激动得落泪。我立即联想到牺牲了的永不再归来的战士，眼前顿时出现了一幅画：在我们国境的大地上，一个偌大的牺牲了的青年战士安详地睡了，广西、云南边境是亚热带，边民们几乎是半裸体的，妇、幼、老、少趴满在战士身上哭泣，战士与边民们身躯大小比例之悬殊，正如卧佛与其弟子们的差距，从战士绿色戎装的身后吐出一条细细的鲜红血流是牺牲的标志。我已多年不画人物，因不愿总去碰"内容决定形式"的壁，所以平时也不去构思人物创作了。这回，首先是形式刺激了我，不由自己地复活了人物创作的欲念，但，为时太晚，我早改行搞风景画了。

我没有理论水平，不能阐明"内容"一词的含义和范畴，如果作者的情绪和感受、甚至形式本身也都就是造型艺术的内容，那么形式是不是内容决定的问题我是无意去探究的。但愿我们不再认为唯"故事""情节"之类才算内容，并以此来决定形式，命令形式为之图解，这对美术工作者是致命的灾难，它毁灭美！

载《美术》1981年第3期

风筝不断线
——创作笔记

　　没有去泰山之前，早就听说泰山有五大夫松。大夫和松都令我敬爱，想象中五棵大松该是多么雄伟壮观，它们傲踞在风风雨雨的山谷已两千余年！后来我登上泰山寻到五大夫松，只剩下三棵了，而且也已不是秦时的臣民，系后世补种的了。松虽也粗壮茂盛，但毕竟不同于我想象中的气概。我用大幅纸当场写生，轮转着从几个不同的角度写生综合，不肯放弃所有那些拳打脚踢式的苍劲干枝，这样，照猫画虎，画出了五棵老松，凑足了五大夫之数。此后，我依据这画稿又多次创作五大夫松，还曾在京西宾馆作过一幅丈二巨幅，但总不满意，苦未能吐出胸中块垒。隐约间，五大夫松却突然愤然地向我扑来，我惊异地发觉，它们不就是罗丹的《加莱义民》吗？我感到悚然了，虽然都只是幽灵！两千年不散的松魂是什么呢？如何从形象上体现出来呢？风里成长风里老，是倔强和斗争铸造了屈曲虬龙的身段。我想捕捉松魂，试着用粗犷的墨线表现斗争和虬曲，运动不停的线紧追着奋飞猛撞的魂。峭壁无情，层层下垂，其灰色的宁静的直线结构衬托了墨线的曲折奔腾，它们相撞、相咬、搏斗中激起了满山彩点斑斑，那是洪荒时代所遗留的彩点？以上是我从向往五大夫松，写生三松，几番再创作，最后作出了这幅《松魂》的经过，其间大约五年的光阴流逝了。画面已偏抽象，朋友和学生们来家看画时，似有所感，但也难说作者有何用心与含义，当我说是表现松魂，他们立即同意了。从生活中来的素材和感受，被作者用减法、除法或别的法，抽象成了某一艺术形式，但仍须有一线联系着作品与生活中的源头，风筝不断线，不断线才能把握观众与作品的交流。我担心《松魂》已濒于断线的边缘。

如果《松魂》将断线，《补网》则无断线之虑，观众一目了然，这是人们生产活动的场景。1982年秋天，在浙江渐岭县石塘渔村，我从高高的山崖鸟瞰渔港，见海岸明晃晃的水泥地晒场上伏卧着巨大的蛟龙，那是被拉扯开的渔网，渔网间镶嵌着补网者，衣衫的彩点紧咬着蛟龙。伸展的网的身段静中有动，其间穿织着网之细线，有的松离了，有的紧绷着，仿佛演奏中的琴弦，彩色的人物之点则疏疏密密地散落在琴弦上。我已画过不少渔港、渔船及渔家院子，但感到都不如这伏卧的渔网更使我激动。依据素描稿，我回家后追捕这一感受。我用墨绿色表现渔网的真实感，无疑是渔网了，但总感到不甚达意，与那只用黑线勾勒的素描稿一对照，还不如素描稿对劲！正因素描稿中舍弃了网之绿色的皮相，一味突出了网的身影体态及其运动感，因之更接近作者的感受，更接近于将作者从对象中的感受——其运动感和音乐感中抽出来。我于是改用黑墨表现渔网。爬在很亮底色上的黑，显得比绿沉着多了、狠多了，其运动感也分外强烈了，并且那些易于淹没在绿网丛中的人物之彩点，在黑网中闪烁得更鲜明了。由于背景那渔港的具象烘托吧，人们很快便明悟这抽象形式中补网的意象。这只风筝没有断线，倒是当我用绿色画渔网时，太拘泥于具象，抽不出具象中的某一方面的美感，扎了一只放不上天空的风筝！

一位英国评论家苏立文教授很热心介绍中国当代美术，也一直关心中国当代美术界在理论方面的讨论，最近他写信给我谈到他对抽象的意见。他说 abstract（抽象）与 non-figuratif（无形象）不是一回事。"抽象"是指从自然物象中抽出某些形式，八大山人的作品、赵无极的油画以及我的《根》，他认为都可归入这一范畴；而"无形象"则与自然物象无任何联系，这是几何形，纯形式，如蒙德里安的作品。我觉得他作了较细致的分析。

因为在学生时代，我们将"抽象"与"无形象"常常当作同义语，并未意识到其间有区别。我于是又寻根搜索，感到一切形式及形象都无例外地源于生活，包括理想的和怪诞的，只不过是渊源有远有近，有直接和间接的区别而已。如果作者创作了谁也看不懂的作品，他自己以为是宇宙中从未有过的独特创造，也无非是由于他忘记了那已消逝在生活长河里的灵感之母体。作品虽能体现出抽象与无形象的区别，但其间主要是量的变化，由量变而达质变。如果从这个概念看问题，我认为"无形象"是断线风筝，那条与生活联系的生命攸关之线断了,联系人民感情的千里姻缘之线断了。作为探索与研究，蒙德里安是有贡献的，但艺术作品应不失与广大人民的感情交流，我更喜爱不断线的风筝！

载《文艺研究》1983 年第 3 期

评选日记

今年 8 月 24 日至 31 日，在沈阳评选参加全国美展的油画，白天评画，夜晚记些杂感，这日记其实是夜记。

8 月 24 日

飞抵沈阳，安顿下来，已将晚饭时候，当天已进不了展览馆。听说全国共送来作品七百五十件，作者们的努力和辛劳都令人十分感动，但按规定及具体条件，只能入选四百件，评委们感到仿佛不得不执行被咒骂的"刽子手"任务，诚惶诚恐！

25 日

一早进入展览馆，真是琳琅满目，高、低、横、直的作品都已按地区排列得井井有条，评委们兴奋地在彩色画面构成的胡同里一路看进去。左顾右盼，应接不暇。今天先是看个全貌，得个粗略的印象。我注意到不少大脑袋、大臂膀上突出的汗珠、皱纹和裂纹，有些汗珠和皱裂被描写得很刺眼，很丑，予人肉麻的感觉。大家立即想起罗中立的成功作品《父亲》，父亲的汗珠和皱纹是感人的，很美。我可不喜欢故意生造的汗珠和皱纹，如果演员用辣椒面之类催泪，大概还需很高明的演技吧。罗中立自己的《金秋》（吹喇叭）等几幅作品也远远不如《父亲》。不要忘记鲁迅说过的捧杀，西方有抱负的作家们也决不肯做自己荣誉的囚犯，今天的我不抄袭昨天的我。

下功夫将客观对象描写得细致，刻画得真实，这似乎也是目前油画创作的倾向之一。评委们一致认为，我国油画水平确乎大大提高了，尤其在技法和表现能力方面，进步更为明显。茂密的草地、逼真的木纹、浩浩的沙土、凹凸的岩石……在许多画里都被刻画得很充分，有人说这是法国农村画展带来的好处。对这样细密的写实手法我不置褒贬，也不认为是创新或复古的标志，手段嘛，不择手段其实是择一切手段，主要还是看画面的效果。在同样倾向的不同画面中，有的显得丰富充实，如《我的爷爷》（成都军区贺德华作）；而有的却只予人累赘啰唆的反感，其间明显地反映出作者对审美的理解与情趣的高低。美术美术，掌握"术"容易，创造"美"困难。突然，一幅画特别吸引了我，画面中央是一个儿童的背影，手里握着红蓝两支铅笔，专注于用按钉钉在墙上的自己的多幅图画，他在画未来世界。这幅《未来世界》平易、自然、清新、谐调、亲切，生活在艺术中，艺术在生活中。逼真，逼真不一定美，但这画予人逼真之美，而且寓谐趣手法于逼真的表现中，何苦让观众来分担作者创作时的吃力呢！有不少作品似乎想以吃力来博取欣赏，但观众只能回报以同情。我先以为那些画着儿童画的纸片是真纸片被按上画面的，禁不住伸手去轻轻拭摸，才发现也是画出来的，评委们都被迷惑了，纸片是真的还是画的？居然引起一阵小小的纷扰，但一致认为，不管是真的还是画的，都不妨碍作品艺术处理的完整和巧妙，倒是担心展出时观众们无数的手将会来抚摸，该提前设法保护画面。我喜爱这幅作品，还有另一偏见吧，因我的小孙孙即将进入这未来世界，未来世界里有多少小孙孙啊！最近报载蚯蚓的故事，谁经营蚯蚓赚了钱，群起仿效，蚯蚓的经营于是泛滥，众多单位和个人蒙受巨大损失。谁的什么题材什么画法得了奖，群起而仿之、效之、抄袭之，虚假的艺术"风格"于是泛滥。我想这幅《未来世界》应该得奖，至少我是要投票的。但我立即又有了新的估计，如真获奖后又将有一阵模仿风气的泛滥！作者王晓明是吉林省的，我并不认识，后浪推前浪，不断涌现出新人来是多么值得庆贺啊，但又令人担心，为什么不少新人在作出了一二件令人瞩目的好作品后往往便下降，昙花一现，江郎才尽何其早也！开花并不等于结果，结果未必结成硕果，人们总盼着年年能结累累硕果的大树的成长，经得起风霜的果树！

有些作品已见过刊物发表，但原作却不如印刷品。评委们有一个共同的体会：出色的作品总印得不如原作，较次的作品印出来后往往倒比原作效果好。这是的确的，因除题材内容及构图外，油画之美在色彩变化的微妙或丰富，在运笔用刀的婉转或痛快，如切割、如裂帛，似蜻蜓点水……梵·高说当手指握住了笔便如弓触上了琴弦。但珍贵的色的变异及敏锐的手的波动感是不容易在印刷品中反映出来的。相反，作品中那些疙疙瘩瘩、黏黏糊糊的油彩之病，经印刷工序给抹得含混不清后，倒起了遮丑的作用。上海的作品是慢件托运，尚未到达。大家真着急，上海方面预备先寄照片来评选，我们认为无法根据照片评选，正如无法根据扩音喇叭来评选钢琴比赛。

有一幅画斯诺重访陕北保安，斯诺自然会触景生情，事事物物令他怀念吧，但他却拉长身躯一味细观墙上那张当年他自己照的毛主席像。这幅戴着八角帽的像久已被各种刊物发表，印刷品到处可见，早已是备受赞扬的名作了，似乎斯诺自己倒感到是一个什么新发现！另一幅，一个壮实的士兵在战斗的坑道里用受了点伤的手在写着什么，这幅作品画得极好，很感人，充分发挥了绘画的独特语言，题目是"亲爱的妈妈"（四川汪建伟作）。那么他是在给妈妈写信，其实无论他给谁写信，或者是在写日记，都不影响作品的本质美，即使遗漏了标题，作品仍同样感人。这样的作品，只能是先由感人的形象激励作者进入创作的，如果只是由于想念妈妈才画出了这幅具有造型特色的作品，那么，哪一位战士不想念妈妈呢？随便画谁吧，美术创作又有什么困难呢？有几幅小景，画的是石隙里生长的小草之类，画得比较一般，作者可能是竭力护卫花草吧，用了这样一个题目："要有这样的精神"。我们决不反对花花草草，但要求出色的花草。情节的曲折、文学的构思、戏剧的冲突……我喜欢情节、文学和戏剧，但有多少展品负荷着情节、文学和戏剧的枷锁来夺美术的金牌啊！

前些时在评选送法国展出的中国儿童画时，有一幅画着飞机穿过巴黎凯旋门，引起街头行人的惊恐和骚扰，画得很活泼有趣，本已入选，但有人提出善意的看法，说飞机闯进凯旋门是一个事故，法国政府已明令禁止，因之此画不宜送去展出。我想法国人看到这画后定会感到高兴：啊！遥远的中国儿童也居然知道飞机穿入凯旋门的新闻，地球是小的，朋友何其近！难道法国的飞行员会因为此画的展出而以合法为理由再次强行穿过凯旋门吗？我当时想，在这次全国美展中如有表现"渤海二号"题材的，那比席里柯的《梅杜萨之筏》将更深刻深远得多吧，然而展品中竟没有，倒是有十数幅画中都突出描写儿童的小光屁股！

夜深两点了，该服安眠药睡了。

26 日

今天是星期日，东北工学院的招待所只开两顿饭，早上八点吃完饭便进入展览馆，可一直工作到下午。评委们先座谈，交换昨天的印象，大家认为这次展品中辽宁、山东、内蒙古、新疆等省、自治区的迈进最为明显，北京的风格较为多样。

北京画院的二位国画家，周思聪和聂鸥送来了油画，而且都画得很有特色。她们的作品中都蕴含着水墨的韵味，色彩的和谐情趣。她们恰当地利用油彩色阶的细腻层次来表现在水墨中尚未能完全吐露的自己的内在感受。真有感受时，工具便是顺从的奴才。并无心声，一味耍弄工具花招的画看得太多了，我喜爱她们二位这次参展的油画。飞进来，中国画家飞进油画来！飞出去，油画家飞入别的画种去！艺术田园里飞来飞去的不是蝙蝠，是蝴蝶！但有些作品只是用油画颜料费劲地在描龙绣凤，在雕琢工艺，赶鸭子上架！

有一幅《拭》，画一工人在擦拭火车头的轮子，画得不错，据说曾有人反映说是抄的照片，后来查年月，倒是画在先，照片在后，可能是照片抄了画。24 日起飞前，我在北京美术馆里看了陈复礼的摄影近作，他所摄取的也正是画家所攫取的，几乎在瞄准同一猎获物，谁抄谁呢？从这方面看，摄影师理解画家容易，画家摹拟摄影却费劲多了，手指的动作毕竟无法与感光比速度。于是画家的眼睛不肯依顺摄影机镜头，随着昆虫、燕子、天鹅、卫星……遨游天堂地狱去了，摄影师就不能飞吗？智慧的阿波罗啊，请指示画家的道路吧！

27 日

继续看作品。

有的作者送了两幅作品，其中一幅像是仿东欧某画家的，画面效果很好，似乎也有点风格化了，另一幅却是很平平的写生式作品，送两件完全不像一个人的作品，也许是为了让评委们依自己的爱好去选择吧。像这样的情况并非个别，也不限于这次送展作品中才有，而具有相当的普遍性。我们的青年画家功底大都不差，而且反应敏锐，吸收能力强，学哪种风格都很易学像。但自己的风格无借处，只能在自己长期的艰苦实践中逐步形成。

再细看一遍，更感到功夫未必创造美感，甚至有的以功夫创造丑感，关键问题：功力与美感间的桥梁！

28 日

今天开始写选票，于是评委们分散到各个展厅里去仔细选择，推敲每一幅作品，谁都理解每一票的分量。

我负丹青·此情此景

美感，往往像触电一般立即予人以反应，看画本来是一目了然的，当人们未及细辨画里情节，很快便能直觉地区别作品的美丑。但作为评委，却必须一遍又一遍地看，细心体会作者的意图和苦心。有一幅形象并不引人注意的作品，画一个正在放下行包的男子，一只狗来亲他，他也许是刚回家，也许刚到了亲友或熟人家，谁知道！读画题才知是《走南闯北的丈夫》，那么可能是一位女画家表现她个人的喜悦。如欲感染别人，我想作者（她或他）还不如用文学来叙述丈夫走南闯北的动人经历，画前的观众是无论如何也无法向画里的丈夫发问的。类似这样枉费努力的美术创作公式曾经泛滥于我国美术界，现在毕竟少多了。这次展出的作品大都着力于依据形象，着眼审美的情操去表现人的精神面貌和山河乡土的魂魄。魁梧的汉子、壮实的耕牛、巨大的石块、粗厚的钢架管道……不少画面都在努力表现这些形象的庞大感。从造型规律的角度看，作者们有意无意间都在追求量感（volume）美，量感美是形式美的一个极重要的因素。埃及、米开朗琪罗、马约尔、毕加索、西盖罗斯、霍去病墓的雕刻、惠山泥阿福、宜兴茶壶……古今中外的美术家都曾经并依然在量感美中探索、耕耘，我们为什么不进一步作形式的科学专题分析呢？从作品看，聪明的青年作者们是有所领悟的，但大都处于偶然一得或知其然而不知其所以然的阶段。人的舞蹈、浪的奔腾、石纹的脉络、缆索的交错、枝叶的掩映、光影的闪烁……同样出现在许多画面中，显然作者们在追求绘画形式美中的另一个重要因素：运动感和节奏感。他们是从物象中感受了形式美呢，还是有感有爱于形式美而发现了这些物象呢？由人们去追寻前因后果吧！肯定的是作者们都有同感，都从事同样的工作，其中有个"教唆犯"吧？岂非就是那个形式美规律！

笑，也曾经泛滥于我们的美术作品中：劳动中的年轻姑娘们在哈哈笑，难得休息一阵的炼钢工人在嘻嘻笑，满面皱纹的老太太在眯眯笑，阿姨牵着的幼儿个个都在笑……希腊古风期雕刻的人像开始有表情的第一个标志便是笑，那些雕刻一味用笑来装饰，睁大着眼睛在努力地笑，甚至在死人脸上也表现笑。大概"笑"最易表明人之有情，是最简明最原始的艺术的表情手法吧。但笑其实是极难表现的，那种发自内心的喜悦像闪电一般掠过脸面的瞬间太难捕捉了。二十世纪八十年代的高级摄影师们也不易捕获那笑的真情，故人们永远在赞叹蒙娜丽莎的微笑。虚伪的笑，那恶心的媚态渐渐被观众厌弃了，于是作品中也敢于表现苦和怒了。表情也有传染性吧，一经出现了一些表现苦的较好的作品，"苦"便又成了作品中的时髦表情。这次展品中当然也有不少表现笑和苦的，我并不反对笑，也不偏爱苦，但不喜欢那些久已相识的太老调的处理笑和苦的场面。临离京时随手带了一份8月23日的《光明日报》，旅途中读了其中张贤亮的《关于时代与文学的思考》，录下几句："我们作家今后如果不能拿出具有更高的美学价值和更深刻、更丰富的思想内容的文学作品，以适应已经发展了的人民的美育要求和使他们得到精神享受，那么社会主义精神文明的一个非常重要的环节就会脱落而难以维系整个的社会精神……我只想呼吁非文学领域和整个社会重视我们文学，关心我们文学在四项基本原则的范围内以更宽容的精神，鼓励文学要表现人的全面性而从内容到形式上所作的探索，以促进我们文学和社会同时健康发展和持续繁荣……"（着重号是我加的）我也确实认为展品中的技法水平是有了较大的普遍提高，但我想偏重选适应已经发展了的人民的美育要求和使他们得到精神享受的作品。但这样的作品还是太少太少，楼上楼下三个展厅来回跑，我分内的票数还是填不满。工作人员来催促，说下班了，汽车已在门口等着，只好明天再来挑选。

29日

　　我从远处看画面的造型性，看造型设计的效果；我走近画面抚摸作者心脏的跳动，探其心律，但请不要向我解释，我是聋子，我眼睛不瞎，

342

只通绘画的语言。我分内的票数填不满，必须放宽尺度，我宁肯放宽技巧的尺度，寻找真诚的情意，排斥装腔作势，排斥伪造。

第一天进馆似乎进入了崇山峻岭，画那么多，画面都那么大，真有些咄咄逼人呢。进山五天了，感到真的苍松、真的山花、真的流泉少，引人入胜的境界少！堆砌的山、塑料的花留不住游人，排场和客套留不住好友。一年来我也跑过一些省、市，看到、听到作者们为赶全国美展的辛劳，甚至可歌可泣的故事。然而艺术作品的诞生有其怀孕和分娩的自然规律，它既不听长官意志，也不服从搞运动来催生，它太顽固了。送来沈阳候选的七百五十件油画作品的背后，谁统计过先已落选了多少幅作品吗？

今天要投票，要揭晓了，大家格外认真核对每幅作品。评委们有个共同感觉：第一天看画时，觉得作品都不错，不忍淘汰，想建议能否扩大展厅或分两批展，打破四百件的界限（评委均无决定权）。但经过无数遍的反复推敲，耐看的作品一天比一天少下去，似乎要选够四百件都不太容易了。评选的日子久了，正好更严格地考验了作品是否耐看。我自己每作了新画，一定挂上墙，天天看，看它能挂多久。大都挂不住，挂不久，家里画成堆，可都不能长久占领我的墙面。

30 日

你爱吃辣吗？苦瓜呢？我知道你不吃鳝鱼，我可特别喜爱。烹调的技法多极了，但远远不如艺术作品的口味复杂多样。愈有独特口味（也可提高为风格）的艺术作品，其欣赏者便愈有局限性，这是正常现象。今天投票揭晓了，基本上好作品的票数多，但有特色的作品却不易得满票，得满票的倒属于四平八稳的多。还有一种无可奈何的情况，就是有的作品不好不坏，不酸不辣，居于不上不下的地位，当大家选到最后因自己的票数尚不足，须补一些票时，便都补上了这些中间状态的作品，它们倒得了满票，真是受宠若惊！

另外，要在已入选作品中再投票，精选一百五十件优秀作品进京展出，这回候选数大大多于入选数，谅来不至于再出现作品优劣和票数太不相称的情况，但口味不同总是客观存在，评委们将竭力竭诚地选出风格不同的高质量作品，以完成众目睽睽的重任。

31 日

评选工作接近结束，上海的作品今天才到达，大家怀着迫切的心情下楼看刚开箱的作品，也许是师生的关系吧，我特别留心吴大羽先生的《色草》，色与色的跳跃，花与叶的拥抱，虚与实的穿插，小小画图间岂容苍茫宇宙，作者云游何处？尊敬的老师八十岁了吧？多年不见，身体更衰老了吧？然而心脏和脉搏的跳动依然如此强劲，我深深感到欣喜，似乎又返回了四十年前的西湖艺苑。

载《美术》1984 年第 11 期

美盲要比文盲多

　　行路长见闻。一路名胜之多，令人目不暇接，而"美盲"之多，亦是见闻之一。

　　我乘船去长江支流大宁河的小三峡游览，发现同舟的几对青年男女，每人手里一本小人书，撇开两岸的大好风光，看书度光阴。另见一胜地，陈列了许多老树根，神态突兀，确是极好的欣赏对象，然而也许正是为了"欣赏"的缘故吧，它们分别被涂上了各种颜色。

　　我赶到山西芮城看元代永乐宫的壁画，交通十分不便，一路打听时，常常听到一些熟悉当地的好心人的劝告：那里没有什么可玩的，很苦，你们那么大年纪，何必赶去？确实，看壁画的人并不多，显得冷冷清清。

　　我见过的寺庙不算少，近几年来又都香烟缭绕，拥挤的人群在顶礼膜拜菩萨。菩萨大都是被作为紧急任务赶塑起来的，因原先的早在"文革"中被革掉了命。新菩萨与老菩萨之间，实在已没有丝毫的血缘关系了，艺术的血缘啊！

　　一月奔波，最大的收获是饱看了南阳的汉画像石。南阳是刘秀的家乡，虽说帝皇本无种，南阳却因此布满了无数皇亲国戚的巨大陵墓。单就汉画馆里陈列的部分画像石看，其艺术的气概与魅力，已够令人惊心动魄了。那粗犷的手法，准确扼要的表现，把繁杂的生活情景与现实形态概括、升华成艺术形象，精微的细节被统一在大胆的几何形与强烈的节奏感中。其中许多关键的、基本的艺术法则与规律，正是西方后期印象派开始所探寻的瑰宝。谁是汉画的作者？作者巨匠们很有可能是不识字的文盲，但通过实践与借鉴，却创造了伟大的艺术。文盲与美盲不是一回事，二者间不能画等号，识字的非文盲中倒往往有不少不分美丑的美盲！

那天正是清明节，成群的小学生到烈士陵园扫墓后又打着红旗顺路来参观汉画馆，熙熙攘攘而来，嘈嘈杂杂而去，扬起了满馆飞尘。孩子们见到了什么呢？我沉湎于回忆中：青年时代在法国留学，我的法语很差，听学院的美术史课只能听懂一半，很苦恼。有一回在鲁弗尔博物馆，遇到一位小学教师正在给孩子们讲希腊雕刻，她讲得慢，吐字清晰，不仅讲史，更着重谈艺术，分析造型，深入浅出，很有水平。我一直跟着听，完全听懂了，很佩服这位青年女教师的艺术修养。比之自己的童年教育，我多羡慕这些孩子们啊！

最近几年，美育终于开始被重视。我希望，若干年后，那些难看的日用品和费了劲制造出来的丑工艺品将无人问津！

载《北京晚报》1984年5月8日

水墨行程十年

从艺以来，陶醉于西方近五十年，同时依恋于传统近三十年，曾久居于油画布上，近十年来又颇有落户于水墨之乡的意愿。感谢四川美术出版社分期编印了我这十年中的水墨画创作，每辑并由我自己写前言，简述各期段探索的心情。回顾行程，聆听评头品足。生命未终止，前途难卜，走着瞧！

《那人却在灯火阑珊处》

在艺术中，我是一个混血儿。

我青年时期被强烈的求知欲驱使着，学西画，学国画，又学西画，在早期国立杭州艺术专科学校的绘画系兼学中、西画，但主要是西画，国画课时少，近乎副科。同时喜爱国画而又认真学的学生是少数，我属少数派。白天画西画，夜晚画国画。我之爱上国画，是与潘天寿老师的熏陶分不开的，我一向崇敬他的艺术风格。潘师个人重独创性，但他教学中主张临摹入手。我们大量临摹石涛、石谿、弘仁、八大、板桥及元代四大山水画家的作品，就是四王的东西，也经常要临临。

我曾经短期尝试过放弃西画专搞国画，但感情似野马的青年时期，终于未能安居于水墨雅淡之乡，我狂热地追求色彩，后来反而是抛弃了国画到巴黎留学，专攻洋人的洋画去了。虽然如此，国画的因素却不断在我思想感情的深处发酵，并且随着岁月的推移和学习的积累，我愈来愈体会到国画和西画虽工具不同，但在艺术本质上是基本一致的，也正如石涛所说的：吾道一以贯之。

近五六年来我又同时用水墨作画了。临摹国画时向古人求遗产，油画写生时向西方探宝。但艺术并不存在于表现方法之中，表现方法的丰富只是锻炼脚力的强劲，根本问题是往哪里跑。路是人走出来的，为捕捉自己的感受而寻路，"生活的美感"才是我数十年来上下求索的对象——"蓦然回首，那人却在灯火阑珊处。"

《新村何处》

根不着泥土的水仙也开花，那是依靠去年储备的营养，并且翌年也就萎谢了。山桃、野杏离不开土壤，根着土壤年年成长、年年开花，随着岁月的推移，躯干枝条逐年苍劲多姿。画家们愿获得桃杏那种顽强的生命力吧，我是这样向往着的。

过了这村便没有这店，画家们在漫长的探索行程中永远遇到新境界，旧的技法捕捉不住新的美感，今天的我往往要否定昨天的我，至少是在发展昨天的我。在原地踏步无聊，悲哀！

有心人，四川美术出版社的美编像一个知心的朋友，注意着我探索的方向，记录着我前进的踪迹，建议每隔几年便选印一次我的作品，我铭感这样真诚的关怀。几年？时间不是标志，也许一两年便有较明显的发现，也许七八年还只在原地打转转，无可奉告。这一集选的是最近两三年内的新作，包括从具象到半抽象，从外师造化到中得心源之间的往返探索。探索中总是险境多、失败多，我全不怕险境与失败，但也永远有一个宽大的约束：十亿人民。

《忆与梦》

回忆中的形象往往是最具特征的形象，梦中的情景往往是生活情景的升华。实质上都是生活中具体形象的高度提炼、概括与夸张。我在风风雨雨中写生三十余年，积累了大量素材，许多素材当时不成材，经过两三年或八九年的酝酿发酵，却偶然启示了我的追求，令我陶醉于回忆与梦幻中。这辑所选的作品，就是我近两年来朝朝暮暮恋念着的忆与梦。

回顾二辑所选作品，画面大都是浓密动荡的墨线与灰色的线的协奏，长缨在手，竭力想缚住飞逝中的美感。有些画面近似密不通风，迷惘中闪耀着斑斑点点的光亮之漏窗。如果说二辑里加法多，则三辑显然偏于减法了。最近约了几个知无不言的朋友来家看这批新作，听他们一针见血的批评，张仃说：这是吴冠中的淡墨时期。

"搜尽奇峰打草稿"，石涛的创作道路是宽广的。搜尽奇峰后，我总想在"奇峰"中抽出构成其美感之精灵，你说是大写意，他说是抽象，抽象与大写意之间，默契存焉！如作品中绝无抽象，不写意，那便成了放不上天空的风筝。但当作品完全断绝了物象与人情的联系，风筝便断了线。我探求不断线的风筝！

《窄宽》

四川乐山临江的崖壁上修复了一条古栈道，其间题有二字：窄宽。"窄宽"点明了滨江栈道的境界，也启示了从生活到艺术的途程。

数十年来，我喜欢画小景、近景，因其形象具体而生动，其美感似乎可触摸。但确乎又欠缺什么——气势！艺术处理中的矛盾："玲珑"的不"磅礴"；"浩渺"中欠"曲折"；或具体而微，或概括而空！窄：集中、多变、具象而不单调，但不宽。宽：开阔、单纯、一统天下，抽象而往往流于空泛，不易满足视觉对形象的要求。窄里寻宽，似乎是我这一阶段探索的中心了。手段与点线的扩散与奔腾；黑与白的穿流；虚与实的相辅；红与绿的对歌。

夕阳无限好，人间重晚晴。晚年了，天晴了，艺术的情思更感宽畅起来，且在紧迫的时间感中也有宽慰感：我发现自己画面上经常出现红日，是夕阳，也是晨曦。

1987 年

350

说"变形"

　　"变形"一词含义是明确的，指对象被变了形，在哈哈镜里看到的自己或别人，就都已变了形。我们已习惯在造型艺术中沿用"变形"一词，指并非完全模仿对象而有意变其形的表现手法。但"变形"一词其实是曲解了艺术创造的本质，甚至是"伪造艺术"的教唆犯。

　　骨科医生熟悉人体骨骼的精确构成；内科医生掌握人体消化系统及循环系统等等规律；经络似乎看不见，针灸大夫体会其间确凿存在着隐蔽的通渠。一副人体骨骼架或一幅剥了皮的血管运行图往往触目惊心，但它们是真实的，比平常所见的人之外表更真实地表现了人之各个方面。艺术家表现人，活人。活人的样式和特点多：有重量、有力量，活动、宁静……当作者为了充分抒写人的执着、敏感、狂想、迷惘等等不同情怀时，笔底自然流露出某一时空或瞬间中受到的人的独特形象：无锡泥人阿福的圆脸团团、亨利·摩尔弧状与块状构成的永恒、马踏匈奴的厚重、杰克梅蒂的干瘦、周昉的丰腴、老莲的狂怪、莫迪良尼的舒展……都着意于充分表达特定的情意与情趣，于是作品中的形象与客观对象的外貌便有了较大或很大的差距，"变形"了，但却更真切地、淋漓尽致地表露了感受中的对象。我一向不同意将这种表现手法中的真实性与深刻性名之曰"变形"。有人初次见到这样的艺术形象也许会惊讶，正像起先也许怀疑人体骨骼或血管图就是自己生理的真实。

正因为许多杰出的造型艺术作品是属于"变形"范畴的，当对这些成功的作品并未理解与体会或一知半解时，人们也就会先模仿，仿其"变形"，似乎"变形"是"成功"的标志或捷径。

　　"形"是创造的结果，而"变"包含着构思、探索与提炼的艰苦历程。并未理解便先模仿也无妨，在模仿中逐步加深认识。不怕幼稚，幼稚必然会走向成熟，但艺术创作最忌虚伪、装腔作势。分娩，只能是怀孕的结果。各科医生在自己的专业里精益求精，竭力探索生命之奥秘，不过他们都必须有一个共同的知识基础：彻底研究过人体的整体机能。在造型艺术中，如对人的具象规律不掌握，对形式美无体会，就想哗众取宠耍变形，是自欺，但欺不了人，欺人也欺不久！

1987 年

是非得失文人画

美术界，包括外国人和海外的华裔美术家，大都有共同的看法，认为宋代是我国绘画的高峰，此后似乎便是一代不如一代的衰颓史了。当我在法国结束留学生活临返国前，我尊敬的老师苏弗尔皮教授也劝告我："回去，从你们十七世纪以前的基础上发展自己的传统。"我对这一观点并无反感，因我们确有值得骄傲的古代（其实只是祖先的骄傲）。我曾较系统地学习、临摹过传统中国画，其间自己最偏爱石涛和八大山人，他们的作品使我感到更亲切，扣心弦。范宽的《溪山行旅图》令我震慑，五体投地，但决不因此而影响我对石涛、八大的一往情深。如果将范宽的代表作与石涛的代表作并列，或者将徐熙与八大山人的代表作并列，其间差异十分明显，这差异标志了绘画的衰颓迹象？石涛与八大当被归入文人画的范畴，文人画的范畴有多大，我说不清，似乎是"诗中有画，画中有诗"这一观点促使了文人画的大发展。作者是画师兼诗人或诗人兼画师，他们重在自我感情的抒发，"自我"在作品中逐渐成为唯一的主角，而宋代画家们则以表达客观世界的丰富形象及其磅礴之气概为主。接近客观形象或造型性强的作品被接受的面必然较广，而表达自我感受强的作品则有知音面宽窄的问题，因较多地受到时代性、民族性等等的暂时局限。从徐熙到八大山人的差异，一如从伦勃朗到马蒂斯的差异。不是说伦勃朗作品中没有自我，但马蒂斯大大强化了自我之感。中国人欣赏伦勃朗的多，体会马蒂斯的少，不过马蒂斯东来与八大山人西去也只是时间问题，我们学生时代就曾戏称仿马蒂斯的同学为"洋八大"。如果马蒂斯并不标志了伦勃朗衣钵的失传，则石涛更不是范宽的不肖子孙。

难于笼统评价文人画作品，因情况正如西方现代绘画，其间鱼龙混杂。优秀的文人画作品意境深远，启迪了人们的审美情致，在我国国民的美育教育中起了普遍的潜移默化作用。当我在鲁弗尔博物馆细心揣摩米勒和柯尔贝描写的农民和工人，体味作者对劳动人民的情感，突然郑板桥也闯了进来："衙斋卧听萧萧竹，疑是民间疾苦声；细小吾侪州县吏，一枝一叶总关情。"坦率地说，比之米勒或柯尔贝，我更爱郑板桥，更爱他那种高放风筝不断线的艺术境界，不过我当时是尽全力在钻研油画，那关联着我的手艺与职业。

从某个角度看，西方现代派绘画对性灵的探索与中国文人画对意境的追求正是异曲同工。表达自我的作品不易理解，倒往往易于被误解和曲解，"逸笔草草"引来"潦潦草草"，谬种流传，赝品泛滥，厕所里的庸俗涂抹也往往冒充马蒂斯的风格。西方现代绘画强调造型特色，强调视觉形象，一度排斥绘画中的文学因素，"文学性绘画"是贬词，是对绘画中追求文学情趣的讥讽。但实质上，只能是排斥那种肤浅的、表面的文学语言对绘画特性的干扰，而绘画自身，毕竟是作者性灵的表露，其间不仅蕴含着文学，更牵连着哲理。大象无形啊，老子庄子啊，禅啊，早已成了东西方现代画家们时髦的口语。文人画窥探了脱俗的艺术领域，其发现之功不可磨灭，在这同一领域中如今倒是住满了西方现代派艺术，他们财大气粗，热闹得很！

从总的方面看，宋以后的中国绘画确乎倾向文人笔墨情趣的单一方向发展，路愈走愈窄，形式日趋雷同，陈陈相因。顾恺之、吴道子、李公麟、贯休等大师们的造型观和艺术表现的力度与深度没有得到足够的科学分析，只是被归纳为有多少多少种描法。同样，山水画中也归纳为多少种

354

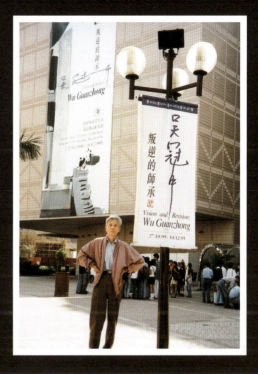

01

01　香港艺术馆举办吴冠中画展
　　（1995年）

皴法，舍本求末，既定法，法就有限，表现能力于是愈来愈薄弱，僵死、干瘪。"搜尽奇峰打草稿"，石涛面对自然独立思考，独立观察，倡导无法之法，真是鹤立鸡群。而西方近代画家们大都在大自然中声东击西，并挖尽了形、光、色、线、点、面等等所有造型艺术的手段，充分发挥各种因素的威力，相比之下，他们百花齐放，我们贫乏、单调。自然其间有政治与经济的社会基础问题，但直接的原因还是由于对西方的隔膜，故步自封，创作题材与审美领域因之也愈来愈狭窄。由于技法不多，要求不严，文人画逐渐成为文人及非文人的墨戏、玩票。梅兰竹菊、岁朝清贡、孤舟垂钓……无休止互相抄袭和抄袭自己。像林风眠、潘天寿、李可染、石鲁等为探索绘画真谛奉献自己并作出开拓性贡献的作者毕竟为数寥寥，我们需要塞尚的执着、梵·高的狂热、高更的强毅……

面临着八十年代开放的多彩时代，许多文人画显得分外暗淡，感情苍白，艺术样式单调，使年轻人感到失望和压抑，于是想彻底同文人画的传统决裂，连婴儿同洗澡水一齐泼掉。文人画必须吸取西方的营养，改良品种，从单一偏文学思维的倾向扩展到雕塑、建筑等现代造型空间去。事实上，年轻一代的画家大都已兼学东方与西方，在东西方的比较中寻找自己的路，但文人画的人文精髓及其对艺术高格调的探求决不会就此告终，相反，还将不断被发扬，并将是世界性的发扬。工具材料影响着艺术样式，但不是决定性的因素，相同的工具材料可以创造出不同素质和样式的作品来。宣纸、水墨是否已山穷水尽，这只能由后来的实践勇士们做出答案。新材料的引进是必须也是必然的，美国画家劳森柏前年到泾县宣纸厂采用宣纸，明年将来采用中国漆，这是他的最新材料。担心中国绘画在世界艺坛竞争中被淘汰，好心人幻想将中国画作为保留画种。画种只能在发展中得到保留，如不发展，便只能淘汰，任何主观的甚至政治的力量都不能保留自身不发展的画种。

　　最近，有些从艺的中、青年们，尤其是昔日的学生，常想找我谈谈，因他们感到彷徨，似乎已无路可走或不知路在何方。真的处在断裂阶层之中了吗？我老而麻木了，并未意识到断裂。回顾传统，太陈腐，弃之；遥望西方，眼花缭乱，不知所从，自身处境于是落空，此之谓断裂！艺术发展中只有渐变、蜕变，摇身一变的魔术不是艺术，揠苗助长是自欺欺人，缺乏艺术修养与表现力而标榜自我的劣作并不少见。西方现代艺术进入了造型世界的新领域，与一味依凭客观物象的旧写实主义有了质的变异，但其间有一座重要的桥梁——印象主义，作为新旧艺术桥梁的印象主义的功绩永放光彩。我们正处于古、今、中、外的立交桥头，脚踏实地，便通向东南西北的广阔天地，这是一个幸运的起点，有什么理由自馁！

1986 年

我负丹青·此情此景

扑朔迷离意境美

　　我带小孙孙上街，他要买一把大刀，木制的，买了，一路耍弄，耀武扬威，得意非凡。快到家时，路边蜻蜓乱飞，他挥刀斩蜻蜓，累出一身汗，但一只也劈不着，几乎要哭了。我在路边树丛中仔细寻找，发现偶有停息在叶端的蜻蜓，轻手轻脚，不费劲捏住了蜻蜓的翅翼，小孙孙破涕为笑，连大刀也不要了。每到公园，他总要捡根枯枝作长枪，似乎总有他要追逐打击的对象，但水里的鱼儿不怕他打，他慢慢观察人家钓鱼，又闹着要买鱼钩了。

　　中学时代，我爱好文学，莫泊桑的出人意外的情节、古典诗词的优美韵律、鲁迅杂文的凝练深刻……都曾使我陶醉，但未有机缘专学文学，倒投身绘画了。每当我用丹青追捕客观世界之美，有时得意，有时丧气，丧气时就仿佛小孙孙用大刀劈不着蜻蜓，怨刀无用。文学与绘画是知心朋友吧，谈情说爱时心心相印，但彼此性格不同，生活习惯大异，做不得柴米夫妻，同住一室是要吵架的。

　　立足于文学的构思，只借助绘画的技法手段来阐说其构思，这样的绘画作品往往是不成功的，被讥为文学的或文学性绘画，因未能充分发挥绘画自身的魅力。虽然人的美感很难作孤立的分析，但视觉美与听觉美毕竟有很大的独立性，绘画和音乐不隶属于文学。"孤松矮屋板桥西""十亩桑荫接稻畦""桃花流水鳜鱼肥"……许多佳句寓形象美于语言美，诗中有画，脍炙人口。但仔细分析，其中主要还是偏文学的意境美。如从绘画的角度来看，连片的桑园接稻田可能很单调；孤松、矮屋与板桥间的形象结构是否美还须具体环境具体分析；桃花流水的画面有时抒情，有时腻人，通俗与庸俗之间时乖千里，时决一绳，文学修养不等于审美眼力。

旅游文学涉及风俗、人情、史迹、地理、地质、宗教及科技等多方面的挖掘与开拓，文章的道路广阔，但其间写景确也是一个重要部分。触景抒情主要靠的是文学的吸引力，如用文字一味描写景色，往往不易成功，正犹如用木刀斩蜻蜓或枯枝击游鱼。各地旅游的讲解员除作导游介绍外还该讲什么呢？"美"确乎很难讲，于是拉扯些故事、传说或笑话。山崖上、溶洞中别致的抽象性形象美便总被戴上多余的面具：猪八戒背亲、吕洞宾理鞋、三姐妹……没听清故事或看不真猪八戒的游人还真着急，似乎白来一趟了。当我读游记文章，总感到这些风马牛的故事搭配没意思。我也不爱读那些不厌其烦地用了许多形容词的写景段落，强迫语词来表达视觉美感，弄巧成拙，甚至只暴露了作者审美观的平庸。丹青写景都忌描摹的繁琐，文学写景似乎更宜用概括手法发挥景中之美感因素，我国传统绘画中重写意、大写意，这是绘画的特色与精华，这个"意"的表达，倒更是文学之所长吧。

你要我画下客观景象的面貌吗，可以的，并可保证画得像，而且还并不太吃力。但"像"不一定"美"。要抓住对象的美，表现那倏忽即逝的美感，很困难，极费劲，我漫山遍野地跑，鹰似的翱翔窥视，呕尽心血地思索，就是为了捕获美感。那么多画家画过桂林，已有那么多精彩的桂林摄影，人们头脑里都早已熟悉桂林了，但作家、画家、摄影师仍将世世代代不断地表现桂林的美感，见仁见智，作者个人的敏感永远在更新，青罗带与碧玉簪不会是绝唱。犹如猎人，我经常入深山老林，走江湖，猎取美感。美感即像白骨精一般幻变无穷，我寻找各样捕获的方法和工具，她入湖变了游鱼，我撒网；她仿效白鹭冲霄，我射箭；她伪装成一堆顽石，我绕石观察又观察……往往我用尽了绘事的十八般武艺依然抓不到她的踪影。每遇这种情况，夜静深思，明悟不宜以丹青来诱捕，而力求剥其画皮，用语言扣其心弦，应针对的是文学美而不是绘画美。我每次外出写生，总是白天作画，夜间才偶或写文，有人说诗是文之余，我的文是画之余，是画之补，是画道穷时的美感变种。

绘画和文学都各有其意境美，但其境界并不相同。就说朦胧吧，印象派绘画画面的形象朦胧美与文学意境的朦胧含蕴不是同一性质的美感。识别文学与绘画扑朔迷离的意境美是写游记的基础，也同时体现作者的修养与偏爱吧。六十年代初，一位海外知心的老同窗写信告诉我，说他看到了我的一套海南岛风光小画片，认为那只是风光，是旅行写生，是游记。他的批评给了我极深刻的印象。数十年来我天南地北到处写生，吃尽苦头，就不甘心只作游记式的作品。"游记式"成了我心目中的贬词，是客观记录的同义语吧，我追求表达内心的感受与意境，画与文都只是表达这种感受与意境的不同手段。我画得多，写得少。作为专业画家，不得不大量画，有情时奋力画，无情时努力练，不少作品缺乏深刻的感受。正因不是作家，没有写作任务，写不出的时候决不硬写，但来约稿写文的居然也愈来愈多，真怕写言之无物的文章，自己就不喜欢导游的讲解，怎愿写令人生厌的乏味游记呢！

1985 年

邂逅江湖
——油画风景与中国山水画合影

我曾寄养于东、西两家，吃过东家的茶、饭，喝过西家的咖啡、红酒，今思昔，岂肯忘恩负义，先冷静比较两家的得失。

我开始接受的西洋画，从写生入手，观察入手，追求新颖手法，表现真情实感，鄙视程式化的固定技法。刻画人物是主要功课、学艺的必经之途，那是古希腊、罗马、文艺复兴以来的西方传统。历代审美观的递变与发展也都体现在人体表现的递变与发展中。看哪，提香与马蒂斯的人体无从同日而语，但均臻峰巅，各时期辉煌的业绩皆缘于革新精神。是人、是树、是花，在画家眼里都是造型对象，是体现形与色构成的原料或素材，因而很少只局限画风景、肖像或静物的画家，当然这里指的是近代情况。古代的风景画不是从写生中得来，是概念的图像，不感人，真正感人的风景画从印象派开始。

我临摹过大量中国山水画，临摹其程式，讲究所谓笔墨，画面效果永远局限于皴、擦、点、染的规范之内。听老师的话，也硬着头皮临四王山水，如果没有石涛、八大、石谿、弘仁等表露真性情的作品，我就不愿学中国山水画了。中国传统山水画以立幅为多，画面由下往上伸展以表现层峦叠嶂，并总结出构图的规律，曰：起、承、转、合。老师说以"起"为最难。"起"是前景，如何设计这第一步，要考虑到文章的全局组合。而这前景总离不开树、石，易于雷同。石涛冲出樊笼，往往突出中景，以最吸引视觉的生动形象组成画面的主体，可说都是写生的形象，是山水的肖像。他公开自己创作的经验与实质：搜尽奇峰打草稿。在油画风景写生中，构图时最难处理的也是前景。因透视现象，前景所占面积最大，但其形象却往往大而空，不如远景重叠多层次，形象丰富而多样。我发现这样一个规律：画面上面积愈大的部分，在整体效果中其作用愈大。因此，如引人入胜的是中景或远景，就要设法挪动占着大面积的前景，或反透视之道而压缩其面积，或移花接木另觅配偶。山水画的"起"由作者精心设计，在油画风景的前景中作者同样煞费心机。这是油画风景与水墨山水邂逅的第一个回合。通过这个回合，我不再局限于一个视点或一个地点写生一幅油画，而移动画架作组合写生，无视印象派的家规。

印象派属最忠实的写实主义，忠实于阴、晴、晨、暮的不同感受。据记载，莫奈画巨幅睡莲时，因要保持其视点不移位，地面挖了沟可让画幅下降入沟以便于挥写画面上部。也重视外师造化的中国山水画家对此当大不以为然，他们行万里路为了开辟胸中丘壑。偏爱写家乡小景的倪云林，其竹、石、茅亭，疏疏淡淡，则是通向文学意境的小桥流水。

世界是彩色的，印象派再现了彩色世界的斑斓，在流派纷呈的今日艺坛，获得全世界最多观众的恐怕还是印象派作品。印象派认为黑与白不是色彩，由于阳光的作用不可能存在纯黑与纯白。中国山水画主要依靠黑与白，以黑白创造世界，是墨镜中看到的世界？最早的照相是黑白的，彩色世界摄入了黑白照片，人们惊叹其真实。经过了彩色摄影阶段，不少高明的摄影师仍偏爱用黑白，黑白，倒表现了彩色现象的本质。油画风景与水墨山水在彩色与黑白间遭遇了又一个回合。

王国维说，一切写景皆是写情。这适合于油画风景和水墨山水两方面作座右铭。塞尚的风景刀劈斧凿，用色彩建筑坚实的形象，铿锵有声；尤特利罗利用疏密相间的手法表现哀艳的巴黎，冷冷清清凄凄惨惨戚戚，具东方诗词的情调；梵·高的风景地动山摇，强烈的感情震撼了宇宙，鬼哭狼嚎。黄宾虹说西方最上乘的作品只相当于我们的能品，他那一代画家大都对西方绘画一无所知，缘于民族的悲哀。中国优秀的山水画无不重情，但偏向的是文学之情意。自从苏东坡评说王维画中有诗，诗中有画后，诗画间的内在因缘日渐被庸俗化为诗画的互相替代，阻塞了绘画向造型方面的独立拓展。西方是反对绘画隶属于文学的，"文学性绘画"（peinture, litteiaire）是贬词。我从诗画之乡走出去，对此特别警惕，切忌以文学削弱绘画。这是油画风景与中国山水画遭遇的又一个回合。

情的载体是画面，画面的效果离不开技，没有技，空口说白话。特定的技巧，诞生于特定的创作需要。如不甘心于重复老调，技法永远在更新。黏糊糊的油彩如何表达线的奔放缠绵，它拖泥带水，追不上水墨画及书法的纵横驰骋，它如何利用自身的条件来引进流动的线之表情？水墨画像写字一样，长缨在手，挥毫自如，但却也手法有限，对繁花似锦、变化多端的现实世界往往束手无策。因此，懒惰的办法是各自在家吃祖上的老本。但年轻一代不甘寂寞，他们闯出家门，闯入世界，油画风景和水墨山水两家的家底被他们翻出来示众了。在西方学习了绘画中的结构规律、平面分割的法则，回头再看自己祖先的杰作，我惊讶地发现：范宽的《溪山行旅图》立足于"方"的基本构成，其效果端庄而厚重；郭熙的《早春图》以"弧"为主调，从树木干枝到群山体态，均一统在曲线的颂歌中，构成恢宏的春之曲；弘仁着墨无多，全凭平面分割之独特手法，表现大自然的宽阔与开合……我曾将中西方杰出的绘画作品比做哑巴夫妻，虽语言有阻，却深深相爱。若真能达到艺术的至境，油画风景和水墨山水其实是嫡亲姊妹，均系大自然的嫡传。如果说东西方不同的生活习惯和历史背景是中西文化比较中的复杂课题，则邂逅于同一大自然之前，江河湖海之前，风景画和山水画当一见如故，易于心心相印。中国油画学会倡导举办油画风景和中国山水画的联展，选这个最佳切入口来深入比较中西画的得失，必将大大推动绘画的民族性与世界性问题的探讨，影响深远。

地球在"缩小",文化在交融,没有必要,也没有可能固执自己的"纯种"传统,何况传统其实是一连串杂种的继续与发展。印象派认为黑与白不是色彩的论点早被抛弃了,黑、白往往已成了油画的宠儿。莫奈那样固守同一视点的写生方法也只是历史的故事。中国山水画没有西方写生的框框,往往自诩为散点透视。生造"散点透视"这个名称无妨,但实质是臣服于"透视"威望的心态。西方风景从描摹客观物象进入写情、写意,就逐步接近山水画的创作心态,但这绝不意味着他们追上来,我们比他们高明。我们必须深刻认识到山水画在表现手法中的贫乏,面对繁荣、多样、色彩缤纷的现实世界,只靠传统现成的手法来反映人们感受的时代性,必然是一筹莫展。

视觉艺术只靠造型效果,形式美永远是绘画的主要语言,唯一语言,于是大批绘画成了只是形式的游戏,甚至是丑的游戏,形式中的美与丑有点混淆不清了。美感既是可感知的,必具备感情内涵,作者的欢乐、抑郁、孤独、愤世嫉俗的心态必然流露在作品中。在油画风景或中国山水画中都可识别其画中诗、画中情,只是在油画中作者大都专注于美感创造,而山水作者不少是文人,有意寓诗情于画意,所以蔡元培归纳说西洋画近建筑,中国画近文学。我上面提到警惕文学性绘画有损绘画的独立造型美。近几年在世界范围内看多了大量无情无意任性泼洒发泄或不知所云描头画脚的油画,感到很乏味,令人怀念被抛弃或遗忘了的文化底蕴。绘画首先是文化,人看风景,人看山水,各人的视角千变万化,其深层的原因是文化差异。

高居翰先生是研究中国绘画的专家,他看到美国大都会博物馆展出的中国画,整体效果很弱,与西方油画比,吸引不了观众,他站在维护中国画的立场上,感到很怅然。确乎,中国传统绘画除极少数杰作外,挂上墙后显得散漫无力,而表现大自然的山水画却应远看,不只是平铺在案上让人细读细寻去作画中之游。中国画论中虽说"近山取其质,远山取其势",但当其质其势千篇一律时,画面也就失去了魅力。所以有些西方评论认为中国水墨画已没前途,我不认为这是恶意的当头棒,倒促使我们清醒:我们面临着彻底改革的历史时代。周恩来赞美昆曲《十五贯》，说一个剧本救了一个剧种。我相信今日中国将出现一批有实力的大胆作者和崭新作品来挽救古老而日见衰败的中国画。

在大自然前油画风景和中国山水画一律平等，这里是起跑点，比赛着跑吧，并不划分跑道，路是共有的，路线由各人自由选择，人们只注视谁家的旗帜插上了高峰，关于这旗帜来自东方或西方，则不是问题的关键。

1988 年

01

01　在挪威维格朗雕塑公园（1994年）

三方净土转轮来：黑、白、灰

　　青年时代，崇强烈：马蒂斯的色、梵·高的热，求之不得。五十年代回到祖国，不愿学舌，不学西洋人的舌，也不学自家人的舌，哪怕你皇亲国戚。于是孤独，寂寞，茫茫！孤独者岂无钟情，爱我乡土。江南多春荫，色素淡，平林漠漠，小桥流水人家，一派浅灰色调。苏联专家说江南不适宜作油画。我自己的油画从江南的灰调起步，游子眼底，故乡浸透着明亮的银灰。艺途中跋涉了长长的灰色时期，也许人生总是灰暗苦涩，也许摸透灰调非数十年不入门。

　　不知不觉，有意无意，由灰调进入白色时期。依依恋情：白墙、雪峰、羊群、云海、海底浪花。白，白的虚无⋯⋯白色的孝服，哭坟的寡妇扣人心弦，但画不得。"若要俏，常戴三分孝"，民间的审美观令人赞叹。在宣纸厂看造纸，一大张湿漉漉的素纸拓上墙面烘干，渐渐转化成一大幅净白的画面，真是最美最美的图画，一尘不染。此时我渴望奋力泼上一块乌黑乌黑的浓墨，则石破天惊，艺术效应必达于极点。世界上新潮展览层出不穷，如代表中国新潮参展，我希望展出一方素白的无光宣纸与一块墨黑的光亮漆板。

　　行年七十后，我终于跌入、投入了黑色时期。银灰或素白，谦逊而退让，与人民大众的审美观矛盾不大。求同存异，我之选择银亮与素净也许潜伏着探求与父老乡亲们相通语言的愿望，属于"风筝不断线"范畴内的努力吧。意识形态在变异，五十年换了人间，中国人民心眼渐开，审美观不断提高，我先前担心他们能否接受抽象的考虑已是迂腐之见了。任性抒写胸怀吧，人们的口味已进入多种多样的高品位，信任他们的品评吧！我爱黑，强劲的黑，黑得强劲，经历了批黑画的遭遇，丝毫也割不断对黑之恋。黑被象征死亡，做丧事的标志，正因这是视觉刺激之顶点。当我从具象趋向抽象时，似乎与从斑斓彩色进入黑白交错是同步的。

　　暮年，人间的诱惑、顾虑统统消退了，青年时代的赤裸与狂妄倒又复苏了。吐露真诚的心声，是莫大的慰藉，我感到佛的解脱。回头是岸，回头遥望，走过了三方净土：灰、白、黑。

1994 年

比翼连理
——探听艺术与科学的呼应

    科学揭示宇宙物质之一切奥秘，艺术揭示情感的深层奥秘。揭秘工作，其艰苦、欢乐当相似。

    我中学时代在浙江大学高工学电机科，后改行学艺，觉得拐了一百八十度的弯，从此分道扬镳，与科学永不相干了。近几年听李政道教授多次谈论科学与艺术的相互影响，促使我反思在艺术实践中的甘苦，感情的甘苦，而这些甘苦正是剖析艺术中科学性的原始资料。有关这方面的探索和感受，我曾发表过一些短文，引起不少争议，在此我将之归纳为三个方面的问题，求教于科学家和艺术家。

一、错觉

    法国浪漫派大师热里柯（Gricault，1791—1824）的《赛马》早已成为世界名画，人们赞扬那奔腾的马的英姿。然而照相发达后，摄影师拍摄了奔跑的马的连续镜头，发现热里柯的奔跑的马的姿势不符合真实。画家笔底的马的两条前腿合力冲向前方或一同缩回，而拍摄出来的真实情况却是一伸一缩的。画家错了，但其作品予人的感受之魅力并不因此而消失。当看到桂林山水重重叠叠，其倒影连绵不绝，我淹没在山与影联袂挥写的线之波浪中了。拿出相机连续拍摄数十张，冲洗出来，张张一目了然，却都只记录了有限的山石与倒影，或近大远小的乏味图像，比之我的感受中的迷人胜影，可说面目全非了。我所见的前山后山、近山远山、山高山低，彼此间俯仰招呼，秋波往返，早就超越了透视学的规律。往往，小小远山，其体形神态分外活跃，它毫不谦逊地奔向眼前来，而近处傻乎乎的山石不得不让步。这"活跃"，这"让步"，显然是作者眼里、作者情怀中的活跃与让步，于是不同作者的所见及其不同的情怀营造了不同的画面。绘画与摄影分道扬镳了。其后，摄影也进入了艺术领域，作者竭力将主观意识输入机器，命令机器，虐待机器，机器成了作者的奴才。也可以说，摄影师想引诱机器出错觉。

画家写生时的激情往往由错觉引发，同时，也由于敏感与激情才引发错觉。并非人人都放任错觉，有人所见，一是一，十是十。同照相机镜头反映的真实感很接近，而与艺术的升华无缘。从艺六十余年，写生六十余年，我深深感到"错觉"是绘画之母，"错觉"唤醒了作者的情窦，透露了作者品位的倾向及其素质，儿童画的动人之处正是淋漓尽致地表达了天真的直觉感知。直觉包含了错觉。所谓视而不见，因一味着眼于自己偏爱的形象，陶醉了，便不及其余。"情人眼里出西施""六宫粉黛无颜色"，别人看来是带偏见，但艺术中的偏见与偏爱，却是创作的酒曲。陈老莲的人物倔傲、周昉的侍女丰满、杰克梅蒂骨瘦如柴的结构、莫迪良尼倾斜脖子的惑人韵致……统统都是作者的自我感受，源于直觉中的错觉。

据说现在学画的年轻人大多不爱写生了，方便的照相机替代了写生的艰苦。我欣羡时代的前进，也用相机辅助过写生，但在拍回的一大堆照片素材中，往往选不出有用的资料，甚至全部作废，反不如寥寥数笔的速写对创作有助。因高质量的速写之诞生是通过了错觉、综合、扬弃等等创作历程，其实已是作品的胚胎了。我期望绘画工作者仍用大量工夫写生，只有身处大自然中，才能发生千变万化的错觉，面对已定型的照片，感受已很少回旋余地。错觉，是被感情驱使而呈现之真形，是艺术之神灵。但别忘了打假，由于缺乏基本功，根本掌握不准形象，自诩变形，错觉被利用作假冒伪劣的幌子。

"对称"被公认为是美的一种因素，我国传统艺术处理中更大量运用对称手法。但对称中却隐藏着错觉，即对称而并非绝对对称才能体现美。弘仁（1610—1664）一幅名作山水基本运用了几何对称手法，李政道教授将这幅作品劈为左右各半，将右半边的正、反面合拼成一幅镜像组合，这回绝对地对称了，但证实这样便失去了艺术魅力。李政道教授大概是揭开了科学中对称含不对称的秘密而联系到艺术中的共性原理。

错觉的科学性，应是艺术中感情的科学因素。

二、艺与技

石涛（1641—约1718）十分重视自己的感受，竭力主张每次依据不同的感受创造相适应的绘画技法，这就是他所谓"一画之法"的基本观点。别人批评他的画没有古人笔墨，他拒绝将古人的须眉长到自己的脸面上，凡主张创新的人们都引用他的名言：笔墨当随时代。他珍视艺术的整体效果，画面的局部绝对服从全局的需求，他大胆用拖泥带水皴、邋遢透明点，有意将自己的作品命名为"万点恶墨图"。艺术规律没有国界，不分古今，只是人们认识规律有早晚，有过程，有深浅。威尼斯画家弗洛内兹（Veronese，1528—1588）以色彩绚丽闻名，有一次面对着雨后泥泞的人行道，他说：我可以用这泥浆色调表现一个金发少女。他阐明了一个真理：绘画中色彩之美诞生于色与色的相互关系中。某一块色彩孤立看，也许是脏的，但它被组建在一幅杰作中时，则任何艳丽的色彩都无法替代其功能。同样，点、线、面、笔墨、笔触等等技法优劣的标准，都不能脱离具体作品来作孤立的品评。缘此，多年前我写过一篇短文《笔墨等于零》，强调脱离了具体画面的孤立的笔墨，其价值等于零。

01   01　在英国写生（1992年）

02   02　20世纪九十年代在大英博物馆

笔墨、宣纸或绢、国画颜料，其材质具独特的优点，同时有极大的局限，难于铺覆巨大面积。我自己长期探索用点、线、面，黑、白、灰及红、黄、绿有限数种元素来构成千变万化的画面，拓展画幅，在点、线的疏密组合中体现空间效应。我有不少作品题名"春如线""点、线迎春"，都缘于想凭这些有限元素的错综组合来抒写无限情怀。不意，物理学中复杂性对简单性正是一个新课题，自然中许多极复杂的现象却由最简单的因素构成。就因那次复杂性对简单性的国际学术研讨会，李政道教授选了我这方面的一幅作品用作招贴画，令我听到科学与艺术之间的呼应。

最近在清华大学生物研究所看微观世界，那些细菌、病毒、蛋白等等各类原始生命状貌被放大后映在屏幕上，千姿百态，繁杂而具结构规律，仿佛是出人意外的现代抽象艺术大展，大多很美，远胜于装腔作势的蹩脚美展。讲解的生物学教授们也感到很美，他们发现了深藏于科学内核的艺术世界，引起他们捕捉、分析科学中艺术身影的欲望。看完细菌、病毒等形，大家有同感：美诞生于生命，诞生于生长，诞生于运动，诞生于发展。舞蹈和体育之美主要体现在运动。艺术创作之激情就因身心都已处于运动之中，"醉后挥毫"早就是中国传统中的经验之谈。激情中创作的作品必然铭记了作者心跳的烙印，所以从笔触、笔墨之中能够按到作者的脉搏，从其人的书法或绘画中可感受到此人的品位，这躲不过心电图的测试。

我们看到的病毒包括癌症、艾滋病等诸多恶症，单看它们活跃之美，并不能认识其恶毒的本质。真、善、美是人类社会的理想，我们为之提倡，但实际上，这三位一体的典型并不多，美的并不一定是善的，剧恶的艳花岂止罂粟，这当是美学家和社会学家们的课题了。

新的艺术情思催生出新的艺术样式、新的艺术技法。但材质、科技等等的迅速发展却又启示了新的艺术技法，甚至促进了艺术大革新，这个严酷的现实冲击不是死抱着祖宗的家传秘方者们所能抵挡的。技、艺之间，

372

03

03　与李政道共同
主持第二届艺术与
科学国际作品展暨
学术研讨会（2006
年11月）

相互促进，但此艺此技必然是随着时代的发展而发展的。

　　我写过一篇短文《夕阳与晨曦》，谈到夕阳与晨曦的氛围易混淆，然而人生的晨曦与夕阳却是那么分明，会有人错认青春与迟暮吗？由这感受我作了一幅画，画面乌黑的天空中有月亮的各种身影：满月、月半、月如钩——想暗示时间流逝之轨迹。处处闪烁着星星，但画面最下边却显露出半轮红日，谁也无法确认她是夕阳或晨曦。李政道教授见此画后，谈到屈原在《天问》中已发现地球是圆的，这促使我将此画改作成《天问》，以参加艺术与科学国际作品展，自己并写了画外话：

　　月亮嬗变脸，多姿多态。千里共婵娟，千里外的月亮倒都是同一面貌。夕阳矣晨曦，今天的晨曦本是昨天的夕阳，原来只有一个太阳。夜郎自大，我们先以为太阳绕着地球转，其实地球一向绕着太阳转。

李政道教授发现屈原在《天问》中已感知地球是圆的，椭圆的。屈原推理：九天之际，安放安属？隔限多有，谁知其数——就是说假定天空的形状是半球，若地是平的，天地交接处必将充满奇怪的边边角角。因此，地和天必不能互相交接，两者必须都是圆的，天像蛋壳，地像蛋黄（其间没有蛋白），各自都能独立地转动，这天地的转动间当构成无尽美妙的图画。

三、诗画恩怨

"大漠孤烟直"，表现大漠空无所有，只须一线横跨画面；无风，孤烟上升，形成一道纵直线。"长河落日圆"，长河是一道弯弯的长曲线，落日是一个圆圈。王维这两句诗书写大漠的苍茫、浩瀚且华丽，发挥了形式美中直与曲的对照魅力。苏东坡品味出王维的诗中画和画中诗，但王维的画上却从不题诗，诗不是画的注脚，画不是诗的插图。后世在画面上直接题诗了，所谓诗画相得益彰，但，从何处相得？他们难得彼此知己，相逢对饮千杯少？遗憾多数情况却是同床异梦，话不投机半句多。画上题诗绝不等于画中有诗，甚至是诗画相悖，媒妁婚姻，彼此缺乏了解，谈不上水乳交融的爱情。贾岛以苦吟闻名，他的诗中潜藏着形式美感，他之苦吟也许苦于极难找到诗与画的交汇点。他的推敲之苦成了后人钻研艺术的一盏明灯。"鸟宿池边树"，鸟宿，是收缩的形象，近似一个圆圈；"僧推月下门"，推开门是一道线状的展开，展开的线状与收缩的圈状是形象对比，是绘画之美。"僧敲月下门"，敲门出声响，则联想到鸟宿悄无声，是动与静的对照，属音乐之美的范畴了。故推之敲之的问题是采用绘画美还是音乐美的选择，贾岛自己当时也许并未意识到这种区别，因而为之彷徨，推敲。

诗、书、画三绝是传统中追求的目标，三绝结合在同一幅画中更属综合型的艺术珍品，但这样的珍品实属凤毛麟角。其反面，倒是画上乱题

374

诗，诗情非画意，或误导了画境。画面题跋中也是精辟之论不多，废话不少。绘画是分割和利用平面的科学，画中任何一块面积都价值连城，不可轻易浪费。马蒂斯说画面上没有可有可无的部分，如不起积极作用，必起破坏作用。故传统绘画中的空白部分亦系整体构成中的组成因素，所谓计白当黑。如果要题诗，这诗和题诗的面积都早设计在整体布局中，而习惯性的为补白而题诗、题款，都缘于画面已铸成缺陷。

不依赖文字的阐释，造型本身的诗和意境如何表达，这是美术家的专业，这个专业里的科学性须待更深的挖掘。德国的莱辛（Lessing，1729—1781）通过对雕刻《拉奥孔》和诗歌《拉奥孔》的比较，明确前者属空间构成，后者系时间节律。我感到这亦是对画与诗血淋淋的解剖。

四、结语

人类生活在科学与艺术中，对这两者的关系本来是和谐一体的，典型的例子是达·芬奇。徐霞客是文学家？科学家？都是。隋代李春建造的赵州桥是科学创举，更是艺术杰作。梁思成先生讲中国建筑史时，曾猜测河底里可能还有另一半拱形建筑，与水上的拱形合成一个"鸡蛋"，因而这个椭圆结构特别坚固。梁先生的这一思考本身就十分引人入胜。据科学家们说，当他们掌握大量客观素材后，往往会突然觉察其间的特殊规律，一朝明悟，因而发明新的科学论据，这情况正如艺术家一时灵感的喷发，其实都源于长期积累，一朝呈现，证明了真理的普遍性。

不知从什么时候起，艺术与科学逐步远离，对峙，尤其在中国，两者间几乎河水不犯井水，老死不相往来。错了，变了，新世纪的门前科学和艺术将发现谁也离不开谁。印象派在美术史上创造了划时代的辉煌业绩，正缘于发现了色彩中的科学性；塞尚奠定了近代造型艺术的基石，当获益于几何学的普及。模仿不是创造，而创造离不开科学，其实创造本身便属于科学范畴。中国几百年来科学落后，影响到艺术停滞不前，甚至不进则退。传统画家中像石涛、八大山人、虚谷等等，才华和悟性极高，但缺乏社会生活中的科学温床，其创造性未能获得更翻天覆地的发挥。这次艺术与科学的国际作品展及研讨会是盛大的联姻佳节，新生代将远比父母辈更壮健，智商更上层楼。

2001 年

笔墨等于零

脱离了具体画面的孤立的笔墨，其价值等于零。

我国传统绘画大都用笔、墨绘在纸或绢上，笔与墨是表现手法中的主体，因之评画必然涉及笔墨。逐渐，舍本求末，人们往往孤立地评论笔墨。喧宾夺主，笔墨倒反成了作品优劣的标准。

构成画面，其道多矣。点、线、块、面都是造型手段，黑、白、五彩，渲染无穷气氛。为求表达视觉美感及独特情思，作者可用任何手段：不择手段，即择一切手段。果真贴切地表达了作者的内心感受，成为杰作，其画面所使用的任何手段，或曰线、面，或曰笔、墨，或曰××，便都具有点石成金的作用与价值。价值源于手法运用中之整体效益。威尼斯画家弗洛内兹指着泥泞的人行道说：我可以用这泥浆色调表现一个金发少女。他道出了画面色彩运用之相对性，色彩效果诞生于色与色之间的相互作用。因之，就绘画中的色彩而言，孤立的颜色，赤、橙、黄、绿、青、蓝、紫，无所谓优劣，往往一块孤立的色看来是脏的，但在特定的画面中它却起了无以替代的效果。孤立的色无所谓优劣，则品评孤立的笔墨同样是没有意义的。

屋漏痕因缓慢前进中不断遇到阻力，其线之轨迹显得苍劲坚挺，用这种线表现老梅干枝、悬崖石壁、孤松矮屋之类别有风格，但它替代不了米家云山湿漉漉的点或倪云林的细瘦俏巧的轻盈之线。若优若劣？对这些早有定评的手法大概大家都承认是好笔墨。但笔墨只是奴才，它绝对奴役于作者思想情绪的表达。情思在发展，作为奴才的笔墨的手法永远跟着变换形态，无从考虑将呈现何种体态面貌。也许将被咒骂失去了笔墨，其实失去的只是笔墨的旧时形式，真正该反思的应是作品的整体形态及其内涵是否反映了新的时代风貌。

岂止笔墨，各种绘画材料媒体都在演变。但也未必变了就一定新，新就一定好。旧的媒体也往往具备不可被替代的优点，如粗陶、宣纸及笔墨仍永葆青春，但其青春只长驻于它们为之服役的作品的演进中，脱离了具体画面的孤立的笔墨，其价值等于零，正如未塑造形象的泥巴，其价值等于零。

载九十年代香港《明报月刊》及《中国文化报》

一画之法与万点恶墨
——关于《石涛画语录》

如梦中惊醒，我发现了《石涛画语录》的现代造型意识，相知恨晚！一个杰出画家的成就绝不限于画面，感人的画面孕育于丰厚的修养与独特的感悟中。山间石隙中一棵极小极小的松，我曾想拔回来盆栽，岂知其根深深扎入大石底层，谁也拔不出来，除非拔断。小松如此，何论巨松。

贯穿"画语录"的基本精神是"一画之法"。何谓一画之法，众说纷纭，见仁智，越说越糊涂。首先须分析石涛对艺术的整体观念，其创作意图及创作心态。他强调了三个方面，第一是感受，第四章"尊受章"是专谈感受的。开宗明义，他说："受与识，先受而后识也。识然后受，非受也。"就是说面对自然是先有感受而后认知。是感性在前而理性在后；如有了先入为主的理性认识再去感受，这感受就不是纯感受了。这情况似乎是专对艺术创作而言，是艺术实践的珍贵体验。我有一次驱车去贵州布依族的石寨，途经犀牛洞，匆匆一瞥，颇感其神秘画境，中午在安顺午餐时念念不忘洞中所见，便凭记忆与感受抒写情怀，落笔不多，意象甚美。心魂不定，于是决定返回犀牛洞，在洞中细细画了两三个小时，轮廓正确，细琐无遗，然而，天哪，丑态毕露，美感尽失。有一位颇有传统功力的国画家到西双版纳写生，他大失所望，认为西双版纳完全不入画。确乎，几乎全部由层次清晰的线构成的亚热带植物世界，进入不了他早已认知、认可的水墨天地。他丧失了感受的本能。感受中包含着极重要的因素：直觉与错觉。直觉与错觉往往是艺术创作中的酒曲。石涛所说的受与识，实质上是开了十九世纪意大利美学家克罗齐（Croce）"直觉说"的先河。尊重自己的感受，石涛同时强调古人之须眉不能长我之面目，他反对因袭泥古，必须自己创造画法，故而大胆宣言："所以一画之法，乃自我立。"显然他对大自然的感受不同于前人笔底的画图。石涛之前古代画法已有千万，而一画之法却自他才立，够狂妄了！他进一步说，他这一法能贯众法。问题实质已很清楚，他强调了自己的感受、自己的立法及此法能贯众法，这三个方面便共同诠释了他的所谓一画之法：务必从自己的独特感受出发，创造能表达这种独特感受的画法。简言之，一画之法即表达自己感受的画法。正因每次不同的感受，每次便须不同的表现方法，于是画法千变万化，"盖以无法生有法，以有法贯众法也"。故所谓一画之法，并非指某一具体画法，实质是谈对画法的观点。

石涛进而谈"无法而法，乃为至法"。这早已成为普遍流传的至理名言。这观点必须联系到笔墨，因笔墨几乎占领过中国绘画技法的全部，甚至颠倒因果，将作品的优劣决定于笔墨之优劣。为此，我曾发表过一文《笔墨等于零》，认为脱离了具体画面孤立谈笔墨，这笔墨的价值等于零。文艺复兴时期威尼斯画家弗洛内兹以色彩绚丽著称，有一天他面对着雨后泥泞的人行道说："我可以用这泥浆色调表现一个金发少女。"就是说绘画中色彩的效果产生于色与色的关系中，而不决定孤立色块的鲜艳或肮脏。有时一块色孤立看也许是脏的，但被适用在一幅杰作中则其价值却又非任何色彩所替代。笔墨的功能，道理与之完全相同。石涛将自己的作品名为"万点恶墨图"，实际他完全明了创造的是艺术极品。他之创造极品也，可用恶墨、丑墨、宿墨、邋遢墨……关键不在墨之香、臭，而在调度之神妙。石涛有一段题跋，是议论"点"的问题，精妙绝伦，虽说的是"点"，实际上指出了画法中应不择手段，亦即择一切手段，根本目的是为了效果。这段题跋应是我们美术工作者的座右铭："古人写树叶苔色，有深墨浓墨，成分字、个字、一字、品字、厶字，以至攒三聚五，梧叶、松叶、柏叶、柳叶等垂头、斜头诸叶，而形容树木、山色、风神态度，吾则不然。点有风雪雨晴四时得宜点，有反正阴阳衬贴点，有夹水夹墨一气混杂点，有含苞藻丝缨络连牵点，有空空阔阔干燥没末点，有有墨无墨飞白如烟点，有如焦似漆邋遢透明点。更有两点，未肯向学人道破：有没天没地当头劈面点，有千岩万壑明净无一点。噫！法无定相，气概成章耳。"

石涛谈山，说山脉纵横有动势，有时又静静地潜伏着，山像拱揖有礼，山亦缓慢温和地转弯。山之环聚中彼此守着严谨，山之虚灵中表现出智慧，山之纯净秀色中有文气，山之蹲跳中显出勇武，山之峻厉中见惊险，山之高直逼霄汉，山之浑厚表现其宽宏，山之浅陋也不遗忘于巧小。利用山的多种状貌与特性，石涛谈的全是人格：仁、礼、和、谨、智、文、武、险、高、洪、小……其绘画表现中的意境与人情，为十九世纪德国美学家立普斯（Lipps）的"移情说"提供了例证。

石涛对大自然不仅所见皆人情，而且从形式感升华进入抽象美领域。在第十三章"海涛章"中，谈山与海的比较，苍山似海，实质是觉察了二者间类同的抽象形式因素。海之汪洋、海之含泓、海之澎湃、海之鲸跃龙腾、海潮如峰、海汐如岭与山之重重叠叠、高低起伏，加之烟云缭绕，山群中的景观就仿佛是海的洪流与吞吐。石涛归结说：如认识了海而未联系到山，或认识了山而忽略了海，均是由于感受的失误。他自己的感受中，山即是海，海即是山，而他的感受仍能交代是山是海，那就是凭一笔一墨表现手法的风流了。

在第七章"纲缊章"中谈到从一可以发展成万，从万可以归纳为一。不久前李政道博士论及科学与艺术的比较，他说最新物理学说中认为最复杂的现象可分析为最简单的构成因素，最简单的构成因素可扩展为最复杂的现象。他并希望我作一幅透露这一观点倾向的作品，我看石涛这几句语录倒恰恰吻合了这观念。现代荷兰画家蒙德里安（Mondrian）的某些作品也体现了这简与繁之间的通途。石涛更有两句妙语，一是"墨海中立定精神"，可用来规范在墨黑色调中探寻构架的当代法国画家苏拉日（Soulages）的作品；另一句妙语是"混沌里放出光明"，则适合于评价在纠葛缠绵中找寻秩序的现代美国画家波洛克（Pollock）的作品。

第三章"变化章"中石涛说只从自己的肺腑抒发，显示自己的须眉，即使有时碰上某家，只是某家吻合了我，并不是我迁就了某家。是同一自然对作者启迪了相似的灵感，绝非师古人而不化的结果。这里引出两个问题，一是美术教学应从写生入手还是从临摹入手。从临摹入手多半坠入泥古不化的歧途，必须从写生入手才能一开始便培养学生对自然独立观察的能力，由此引发出丰富多样的表现方法。毋庸讳言，中国绘画正因对自然的写实能力先天不足，画面流于空洞、虚弱，故其成就与悠久的历史相比是不相称的。另一问题是对"某家就我，非我就某家"的分析。也曾有人说我的某些作品像美国现代画家波洛克（已故），而我以前没有见过他的画，四五十年代之际在巴黎不知波洛克其人其画，我根本不可能受他的影响，是"他就我，非我就他"了。当然，他也并非就我。面对大自然，人有智慧，无论古代现代、西方东方，都会获得相似的启迪。大写意与印象派，东方书法与西方构成，狂草与抽象画……我曾经选潘天寿与勃拉克的各一幅作品作过比较，发现他们画面中对平面分割的偶合。若能从这方面深入探讨，将大大促进中西美术的比较研究。

十九世纪法国诗人波德莱尔（Baudelaire，1821—1867）察觉德拉克洛瓦（Delacroix，1798—1863）的画中有诗，似乎是一个新发现，因在西方，诗与画是不同的艺术领域。雨果（Hugo，1802—1885）也作画，但绝不因此就将文学与绘画的功能混淆起来。荆浩、关仝、董源、巨然、李成、范宽都是杰出的画家，但他们从未以诗人姿态出现。自苏东坡等诗人涉足绘画，并提出了诗画一家的观点，于是中国绘画与诗结姻亲成了风尚。这种姻亲啊，多半同床异梦，甚至成了锁链，束缚了彼此的手脚。当然我绝非

01

01　在香港艺术馆
（2002年）

反对画本身的诗境及诗中升华了的画境（见拙作《贾岛画中诗》）。石涛是
典型的文人画家，诗、书、画的修养均极高，但他绘画上的造诣并非隶属
于诗，或只是诗的图解。他作品中诗、书、画的融会极其自然，相得益彰，
属于以三者共建的综合艺术中的杰出典范。语录第十四章"四时章"的实
质问题是谈诗与画的关系，石涛的观点还是着眼于诗与画的相通，并没有
剖析两者的差异及不可相互替代的各自特性。他那时代，"画中诗"或"诗
中画"虽尚未有精辟的科学分析，但诗与画也还未泛滥成为彼此相欺蒙的
灾难。直至十八世纪，德国的莱辛才对诗与画作出科学的界限，他通过雕
刻《拉奥孔》和诗歌《拉奥孔》的比较，明确前者属空间构成，后者系时

间节律。而我们诗画之邦似乎无人肯作出这样有些血淋淋的解剖。石涛重视的并非寓情于景的一般诗作，而是情景违背了时节的例子，如写冬："雪悭天欠冷，年近日添长"，"残年日易晓，夹雪雨天晴"。冬天少雪，欠冷，白天反而添长，天反而亮得早。石涛以这两首诗论画，更推而广之，说不仅冬季，其余三季也各有其时令变异。艺术家贵于有想象，构思新颖，出人意外，呈现给观众一个独特、神异的伊甸园，这该是超现实主义的契机吧。中国古代诗人与超现实主义无缘邂逅，但也不肯人云亦云歌讴平庸，偏爱在精神世界中令年光倒流，其实与超现实主义已只一步之遥。石涛常撷取异地之景令其寓于同一画面，他的艺术天地不局限于季节的一般规律。根据其作品分析，他对画与诗的融会着力于意境及禅境方面的沟通，而绝不影响到绘画形象、形式中的独立思考与发挥。

我终生从事绘画，生命多半消耗在双手中，算半个手艺人吧，识字无多，读书太少。今细读石涛画语录，感触至深，决心翻译成今日语言，并作必要的解释与评析，交荣宝斋出版社出版《我读〈石涛画语录〉》。既是我读，读误了是自己的责任，当可引起同行们更深入的研究，扩大这十八章字数不多、薄薄一小本却分量千钧的著作的世界影响。

1995 年

风格

风格是作者的背影，自己看不见。

黄山以松为眼目，这些瘦骨嶙峋的松，虬曲多姿，是自幼饿成了这般模样，因长在石隙中，靠些许泥土活命；是生命的挣扎绘就了画家和摄影师们的杰作，显示了独特的风格。颐和园后山的许多松粗壮硕大，有的直直地冲向云霄，沃土培育了躯体的丰盈与姿势的舒坦。艺术的成长有如松柏，作者的心路历程决定作品的定位。园林里，技工将盆栽的松弯曲变形，仿虬松姿势，制造假风格。满足于欣赏假风格的观众还是不少。至于艺术创作者，不少人想一夜成名，缘此，制造、标榜风格者比比皆是。

人爱美，美人难得。"御宇多年求不得"，但杨贵妃真的美吗？我不敢相信李隆基的审美品位。白居易也未见过杨玉环，又无相片，他说六宫粉黛无颜色只是文学的夸张。今天的审美标准向明星倾斜，许多年轻女性去动手术做人造美女，追逐星们的外貌。有一对夫妇因女方沉湎于做美女手术而离婚了。女的本来并不丑，却一次次，从脸、胸、腹到臀部不断地改造，花掉了家里的所有积蓄。离婚的原因不仅仅由于钱，夫君说：同一个处处是人造的女人睡在同床，实在难于承受。我住的小区里，常见一位五十多岁的妇女，头发黑中间白，黑白交错，呈深灰色，具沧桑感，很美。但有一天见她的头发全染成了乌黑乌黑，像戴了一顶过于浓黑的帽，不协调，丑了！我并非有意反对染发及适度的整容，只是看到美丑不辨，美盲

01   01   "风格是作者的背影，自己看不见。"（2004年）

02   02   香港中文大学授予吴冠中荣誉文学博士称号，
刘遵义校长亲自到京授衔（2006年12月）

要比文盲多，不无怅然。人之美，外貌与内在气质不可分，美，体现于风格。

古典派与浪漫派之形成，有其时代背景，在艺术观念与表现手法上，彼此相异，且敌对，完全属两类风格。而各类风格中却淡化了个人风格。印象派和立体派，都源于发现了新视觉，形成新观念，于是创造了全新的绘画样式。因各派中的成员彼此所见略同，画面效果大致接近，各自的风格也就被笼罩在"派"的风格面貌中。印象派画家除个别人外，当时都很穷，并无拉帮结派之初衷。更何况，画根本卖不掉，"印象主义"是被嘲笑的贬词。这些画家确是一群醉心于绘画创造的善男信女。

随着时代的进展，人们更重视个性，个人风格，"派"已退隐于历史的深处。其实，许多派，或以地域为划分，如威尼斯派、佛罗伦萨派、巴比松派，中国的南宗、北派、吴派、浙派，或以其地位识别的如学院派、在野派等等，大都系后人为之归纳的。当某派辉煌时，自然不少人投其麾下，沾其光。因之，当单独力量掀不起波涛，也便有合力相聚，人造出一种标志式的"派"来张扬，以便打开一条生路。要生存，为生存而发展，无可厚非。只是，既要以派标榜，则个人风格便受到制约，矛盾了。

人重人品，首先须真诚。艺术作品的价值寓于真情实感。创作出真正有价值的作品固然须具备才华、功力、经历、素养等等诸多因素，但其出发点，必然是：真情。具备这些复杂而艰难条件的作者不多，故真正杰出的作品稀有，古、今、中、外，均不例外。正如外貌之美丑联系着内在的品位，风格之诞生缘于情感之赤诚。虚情假意与装腔作势，绝对伪造不出风格来。

中国国家大剧院的设计者安德鲁说："艺术创造不是追寻源头，而是探索未知。"我很同意他这一观点。毕加索也说："创作时如同从高处往下跳，头先着地或脚先着地，事先并无把握。"所以自己无从事先设计自己的风格。

风格是作者的背影，自己看不见。

2004 年 2 月 16 日

风格

387

03 吴冠中在上海"我负丹青——吴冠中捐赠作品展"
新闻发布会上接受记者采访（2009年1月）

我负丹青·此情此景

叁

吴冠中年表

———那是生命支付的账单，备查支付的误差。

| 1919 年 | | 8 月 29 日（阴历闰七月初五），生于江苏宜兴县闸口乡北渠村。父吴爌北，在北渠村吴氏宗祠设立的小学任教，祖父及母亲在家务农、养蚕。 |

1919 年 — 8 月 29 日（阴历闰七月初五），生于江苏宜兴县闸口乡北渠村。父吴爌北，在北渠村吴氏宗祠设立的小学任教，祖父及母亲在家务农、养蚕。

1926 年　7 岁　入吴氏小学一年级就读，从缪祖尧先生学画。

1930 年　11 岁　在吴氏小学初小（一至四年级）结业，考入和桥镇县立鹅山高小，在学校寄宿。

1932 年　13 岁　以第一名成绩毕业于鹅山高小，投考中学时被宜兴中学和江苏省立无锡师范学校同时录取，由父亲决定，入无锡师范学习，在校三年，每学年均获"江苏省清寒学生甲等奖学金"。

1934 年　15 岁　毕业于无锡师范初师，以第二名成绩考入浙江大学附设工业学校电机科。

1935 年　16 岁　是年夏，在全省大中学生暑期军训中与杭州艺专预科学生朱德群相识，受其影响，决心学画，投考国立杭州艺术专科学校。

1936 年　17 岁　违父命考入杭州艺专预科，在李超士、方干民、王子云等先生指导下学画。

1937 年　18 岁　11 月 13 日，杭州艺专师生在校长林风眠带领下，在南星桥码头乘船撤离杭州，吴冠中同船离杭。12 月初，随师生到诸暨县吴墅参加抗日宣传活动。12 月中旬，学校西迁至江西贵溪龙虎山。因该地盗匪出没，又迁回贵溪上课。

1938 年　19 岁　由国立艺专预科升入本科，从常书鸿、关良学习油画。绘画习作得到蔡威廉老师的赏识，提出愿与吴冠中交换作品。
因足部感染，就诊于江苏医学院附属医院。

1939 年　20 岁　取"吴荼茶"笔名，此后在画面单署"荼"。

1940 年　21 岁　　1 月, 国立艺专在云南安江村借用古庙为校舍上课。是年秋, 国立艺专迁往四川璧山。校长滕固因病辞职, 吕凤子接任校长。

由于战时环境限制, 缺乏油画材料, 转入国画科, 师从潘天寿学习国画。

1941 年　22 岁　　国立艺专迁往四川重庆松林岗青木关, 吕凤子任校长, 教育部部长陈立夫视察艺专教学, 对人体写生提出批评。前任校长滕固卒。

仍迷恋油画色彩, 转回西画科。

1942 年　23 岁　　7 月, 国立艺专校长吕凤子辞职, 陈之佛接任校长, 丰子恺任教务主任, 黄君璧任国画科主任, 秦宣夫任西画科主任。冬, 艺专由重庆青木关迁至沙坪坝磐溪龙脊山麓果家园。

自国立艺专毕业, 在重庆某小学做代课教师, 后在重庆大学建筑系任助教, 教素描和水彩。业余时间在中央大学旁听文、史课程, 以及法文。

12 月, 作品《静物》参加在重庆举办的第三次全国美术展览会。

1943 年　24 岁　　是年春, 吴冠中作品展在重庆沙坪坝青年宫举行, 第一次个人画展。

决心赴法国学画, 在戏剧家焦菊隐和附近天主教堂法国神父的辅导下认真学习法语。

与重庆女子师范学生朱碧琴由相识而相爱。

1945 年　26 岁　　1 月, 现代绘画联展在重庆举行, 参加者林风眠、丁衍庸、李仲生、方干民、汪日章、周多、郁风、关良、倪贻德、庞薰、赵无极、朱德群等, 提出"现代中国绘画艺术与现代世界艺术合流"的主张。

1946 年　27 岁　　7 月, 教育部办理本年度留学生考试, 以美术类各科总分第一成绩被录取(自费生录取绘画类三名：熊秉明、吴冠中、刘文清; 公费留学生考试"中法交换留学"录取二名：吴冠中、王熙民)。

是年冬, 与朱碧琴在南京励志社举行婚礼, 陈之佛为证婚人。陈之佛、林风眠在其结婚纪念册上题词作画。

1947 年　28 岁　　7 月, 从上海乘"海眼"号美国邮轮赴欧洲。8 月中旬到意大利那波

392

里港，转乘火车赴法国。8月25日抵达巴黎。作为"中法交换留学生"，留学期间的费用由两国政府分摊。

进入国立巴黎高等美术学校，进入丢巴（J.Dupas）教授的工作室研修绘画。上午在校内学习；下午去博物馆、画廊，或到卢浮宫美术史学校听课；晚间到大茅屋画室画人体速写。

晚秋，长子可雨在宜兴出生。

1948年　29岁　转入苏弗尔皮（J.M.Souverbie）教授工作室，并经常去洛特（A.Lhote）和佛里奇（O.Frlese）工作室学习。

是年夏，由巴黎去意大利和瑞士，参观两国博物馆和古代文化遗址。

作品在巴黎春季沙龙和秋季沙龙展出。

1949年　30岁　2月，致信吴大羽师谓"踏破铁鞋无觅处，艺术的学习不在欧洲，不在巴黎，不在大师们的画室；在祖国，在故乡，在家园，在自己的心底，赶快回去，从头做起"。

是年夏，去英国伦敦，入语言学校学习英语。

完成毕业创作《大地》。

1950年　31岁　是年夏，由马赛乘船回国，到北京住西单旧刑部街归国留学生招待所，等待分配工作。杭州艺专校长刘开渠曾来信表示欢迎回母校工作。

10月，在天安门广场观礼台观看国庆游行。

是年秋，经杭州艺专的同学董希文介绍，到中央美术学院预科教素描，任讲师。

妻、子由江苏宜兴迁京，在北京东城东四魏家胡同租房居住。

冬，被编入高校教师"土改"参观团，到湖南农村参加土地改革运动。

1951年　32岁　在中央美术学院的课堂上向学生介绍西方现代绘画，并表露个人艺术观，谓艺术是疯狂的感情事业。强调自我感受，感情独立，形式法则等观念。

是年夏，搬进北京东城大雅宝胡同宿舍。

次子有宏出生。

| 1952 年 | 33 岁 | 在文艺整风中受批评，被称之为"资产阶级形式主义堡垒"；所作人物画被批判为"丑化工农兵"。因不愿按照流行模式画人物，自此改画风景。 |
| | | 三子乙丁出生。 |

| 1953 年 | 34 岁 | 年初，接中央美术学院人事科长丁井文电话通知，调出中央美术学院，令其前往清华大学报到。清华大学建筑系李宗津对调到中央美术学院。任清华大学建筑系副教授，教素描和水彩画。迁居清华园北院六号。 |

| 1954 年 | 35 岁 | 在清华大学建筑系任教。去山西五台山、陕西华山写生。 |

| 1955 年 | 36 岁 | 在清华大学建筑系任教。 |
| | | 秋，应北京师范大学美术系主任卫天霖之邀，调往北师大美术系任教，并参与北京艺术师范学院的筹建工作。暂住和平门师大单身宿舍，周末骑自行车回清华园北院。 |

1956 年	37 岁	经张安治推荐，北京艺术师范学院副院长卫天霖邀请去该院工作，任副教授、油画教研室主任。搬入恭王府西侧院的学院临时教工宿舍。
		赴南京开会，到苏州写生，作油画《苏州水巷》等。
		到浙江绍兴写生，作品《鲁迅故乡》参加在莫斯科举行的"社会主义国家造型艺术展览"。
		加入中国民主同盟。

| 1957 年 | 38 岁 | 到山东大鱼岛、江西井冈山、瑞金等地写生。 |

| 1958 年 | 39 岁 | 搬入北京什刹海前海北沿 18 号会贤堂旧址大院西北角小屋，当时属北师大职工宿舍的居民大杂院。 |
| | | 到山西洪洞写生。 |

1959 年	40 岁	是年暑假，冒酷暑到海南岛写生。
		《美术》杂志发表井冈山写生作品及文章《井冈山写生散记》。
		人民美术出版社出版《吴冠中风景画小辑》。

394

1960 年　41 岁　北京艺术师范学院改制为北京艺术学院,油画系成立吴冠中工作室。
　　　　　　　　春,回故乡宜兴探望父母,创作油画《故乡之晨》。暑假期间,自
　　　　　　　　费到海南岛写生,创作油画《椰林与牛》《海南岛香茅加工厂》《海
　　　　　　　　南岛木棉林》等。
　　　　　　　　上海人民美术出版社出版《吴冠中作品小辑》。

1961 年　42 岁　由中国美协组织,与董希文、邵晶坤前往西藏写生,在西藏各地停
　　　　　　　　留五个月。秋末冬初先后在拉萨和北京举办了三人写生展。
　　　　　　　　作《扎什伦布寺》《西藏佛壁》等。

1962 年　43 岁　谋将父亲迁居北京未成,父亲在宜兴老家因饥荒患浮肿病去世。
　　　　　　　　《谈风景画》在《美术》杂志 2 月号发表。
　　　　　　　　作《妇人像》。

1963 年　44 岁　到浙江富春江、雁荡山写生,作画 60 余幅。
　　　　　　　　此时期的作品包括油画《桑园》《京郊山村》《富春江》《富春江
　　　　　　　　上打渔船》。

1964 年　45 岁　北京艺术学院建制撤销,调中央工艺美术学院任教。
　　　　　　　　年初,在北京人民大会堂作大幅油画风景《井冈山》以及《北国春晓》
　　　　　　　　《春雪》。
　　　　　　　　8 月,在北京戒台寺为人民大会堂作大幅油画《青松红日》。
　　　　　　　　假期,回故乡宜兴写生。

1965 年　46 岁　随中央工艺美术学院高年级师生去河北任县参加农村“四清”运动,
　　　　　　　　半年后患肝炎,在家疗养。

1966 年　47 岁　“文化大革命”开始,自毁作品以及所藏外国画册、书籍。
　　　　　　　　中央工艺美术学院红卫兵到家查抄,被禁止绘画、写作。

1967 年　48 岁　在中央工艺美术学院接受批判,学习“毛著”,劳动、检查。

1968年　49岁　在中央工艺美术学院接受批判，学习"毛著"，劳动、检查。

夏，长子可雨赴内蒙古草原插队。

冬，次子有宏赴山西农村插队。

1969年　50岁　在中央工艺美术学院接受批判，学习"毛著"，劳动、检查。

三子乙丁被分配到北京远郊区建筑工地工作。

1970年　51岁　随中央工艺美术学院师生前往河北获鹿县李村解放军驻地接受"再教育"，带病参加劳动。

妻朱碧琴随美术研究所下放到河北邯郸农村劳动。

1971年　52岁　在农村劳动，同时在军队干部管理下继续接受批判和"再教育"。

1972年　53岁　开始在劳动间隙作画，因没有足够画具，只好买农村写毛主席语录的小黑板制作画板，以农家柳条编成的粪筐作画架，被戏称为"粪筐画家"。作《房东家》《南瓜与鞋》《山花》《麻雀》《野菊》和以农作物为题材的《瓜藤》《高粱与棉花》《南瓜》《玉米》等。他当时对自己的艺术要求是"群众点头，专家鼓掌"，由此形成他后来提出的"风筝不断线"的目标。

3月，接受部队安排，到河北邢台某师油画学习班辅导美术创作。在邢台作《柏坡岭》等多幅风景画。

是年冬，获准探亲，与妻子经桂林去贵阳探望病中岳母。作《漓江新篁》《桂林山村》《阳朔渡口》《花溪树》《黔灵山》等。接着去重庆、万县等地写生，作油画《长江晨雾》《瀑布》等。

1973年　54岁　4月，接上级通知，返回北京为北京饭店作巨幅壁画《长江万里图》。为准备创作素材，与黄永玉、袁运甫、祝大年等人经上海到苏州、无锡、南京，溯江而上到重庆。

作《紫竹院早春》《水田》。

396

1974 年　55 岁　　在"批林（彪）批孔（子）"运动中，"宾馆画"成为批"黑画"的目标。
　　　　　　　　　　为宾馆绘画的任务中止。作《太湖鹅群》《山间春色》《七十年代上海》
　　　　　　　　　　《长江山城》《硕果》。为北京站创作巨幅油画《迎客松》。
　　　　　　　　　　是年春，开始作水墨画。

1975 年　56 岁　　6 月，受命赴青岛四方机车厂，为坦赞铁路总统车厢作风景画，与
　　　　　　　　　　邹德侬等人入崂山，作《青岛红楼》《崂山松石》《御花园》《北
　　　　　　　　　　京松》《向日葵》。

1976 年　57 岁　　是年春，与中央工艺美术学院学生在山东胶东"开门办学"，归途
　　　　　　　　　　登泰山。作《龙须岛》《渔家院》《滨海渔村》《苗圃与白鸡》《小
　　　　　　　　　　院春暖》《石岛山村》《松魂》。
　　　　　　　　　　夏，为中国历史博物馆作《松柏参天》、水墨《漓江新篁》。
　　　　　　　　　　10 月，为"四人帮"倒台，痛饮泸州特曲。
　　　　　　　　　　12 月，到中国历史博物馆，开始画巨幅油画《长江三峡》。

1977 年　58 岁　　2 月，为中国革命历史博物馆所画《长江三峡》完成，为其代表作之一。
　　　　　　　　　　3 月，为鲁迅博物馆画绍兴水乡，到绍兴写生，作油画写生 16 幅。
　　　　　　　　　　4 月，去桂林、南宁和云南，为中央工艺美术学院学生上课。
　　　　　　　　　　8 月，开始画油画《绍兴》。
　　　　　　　　　　10 月，到厦门、鼓浪屿、武夷山、井冈山、韶山等地写生，作《武
　　　　　　　　　　夷山林场》《鼓浪屿院落》《墙里春满》《苗圃》《漓江岸》《井
　　　　　　　　　　冈山主峰》。

1978 年　59 岁　　3 月，中央工艺美术学院举办"吴冠中作品展"，此次展览为回国
　　　　　　　　　　后首次个展。展览期间为师生作《在绘画实践中洋为中用、古为今
　　　　　　　　　　用的体会》学术演讲，听众近千人。
　　　　　　　　　　春，对来华展出的"法国十九世纪农村风景画展"提出批评："在
　　　　　　　　　　追求现代化的今天，给我们看蒸汽机时代的蹩脚货。"去昆明、丽江，
　　　　　　　　　　在玉龙雪山脚下等待雨雾散去之后画玉龙雪山，作《玉龙山下丛林》。
　　　　　　　　　　7 月，在给学生的信中提出"为打垮保守势力，创造新风格的美术
　　　　　　　　　　解放战争的光明前途感到信心百倍"。

夏，应鲁迅博物馆邀请，作巨幅油画《鲁迅故乡》。

秋，到广西桂林，四川嘉陵江、东山、峨眉山写生。

1979年　60岁　　3月，参加北京油画家自发组织的艺术社团"北京油画研究会"。

4月，"吴冠中绘画作品展"在中国美术馆举行，展出作品120幅。北京展出结束后被邀请到湖北、湖南、浙江、江苏、广东、广西、山西、辽宁等省巡回展出，并应邀随展前往各地讲座。为人民大会堂作《长江三峡》。为首都机场作《北国风光》。到四川大巴山区写生。

5月，在《美术》杂志上发表《绘画的形式美》，此文是对极"左"艺术教条的公开挑战。

是年秋，去湖南为人民大会堂湖南厅大幅湘绣《韶山》作画稿，顺道游张家界，在报刊撰文盛赞张家界之美，张家界由此名声大振。

11月，在中国美术家协会第三次代表大会上当选为常务理事。

作《乐山大佛》《笋林》。

山东省第一轻工业科学研究所出版《吴冠中彩画素描选》；北京人民美术出版社出版《吴冠中画选》；上海人民美术出版社出版《吴冠中油画写生》。

1980年　61岁　　是年春，与研究生钟蜀珩带领学生到苏州写生；为北京香山饭店作水墨画《长城》。夏，到山东曲阜、泰山和浙江舟山群岛及普陀山写生；秋，到贵州雷公山、锦屏、清水江写生。

3月，在《美术》杂志发表《造型艺术离不开人体美的研究》，强调指出人体美是造型艺术天经地义的基本功。

10月，在《美术》杂志发表《关于抽象美》，引发有关此问题的论战。

作《碾子》。

1981年　62岁　　是年春，北京市美协主办"吴冠中新作展"；由《宜兴报》记者俞静芬陪同在宜兴农村写生，作油画《故乡桥》《故乡小巷》《老墙》等。致友人书谓"关起大门独自造风的想法是过时了，迷信已破，再难见效矣"。

夏，到新疆讲学、写生；到北京十渡和宜兴写生。

冬，以中国美术家代表团团长的身份赴西非尼日利亚、塞拉利昂、马里访问，同行美术家詹建俊、刘焕章。

作《新疆农家》《交河故城》《高昌遗址》《白桦林》《大漠》《奔马》《松魂》《水乡》《桑园》《静巷》《双燕》《渔船》。

1982 年　63 岁　由副教授升为教授。

2 月，从非洲回国。途经巴黎时与老友朱德群、熊秉明、赵无极会晤。在浙江乌镇、石塘渔港和陕西等地写生。作品参加日本东京"现代中国画展"、法国春季沙龙的"人民中国的美术"展览。

秋，由前海北沿迁劲松小区居住。

《人民文学》杂志 10 月号发表《望尽天涯路——记我的艺术生涯》（原名《黄粱梦》）；四川美术出版社出版《吴冠中国画选》（第一辑）；四川人民出版社出版文集《东寻西找集》。

作水墨《春雪》系列、《补网》，为北京中国剧院作《井冈山》。

1983 年　64 岁　"吴冠中作品展"在江苏美术馆举行。

到江苏、浙江、安徽黄山写生，在四川大凉山彩谷参加火把节。

参加北京美协分会主办的"八十年代中国画展"。

作水墨《汉柏》《松魂》《荷塘》《苏州狮子林》。

1984 年　65 岁　任第六届全国美展评委，在沈阳参加评选油画作品。

到山西五台山、黄河壶口及河南龙门石窟写生；到长江三峡、四川大足、乐山和乌江等地写生。作水墨《咆哮》《奔流》《长河落日》《神女在望》《葛洲坝》《大江东去》《佛》《松魂》《白皮松》。

作品参加在日本福冈、名古屋等地举行的"现代中国洋画展"、美国旧金山、纽约等地举行的"现代中国画展"。

上海文艺出版社出版散文集《天南地北》；四川美术出版社出版《吴冠中中国画选》（第二辑）；河北美术出版社出版《吴冠中画集》。

1985 年　66 岁　2 月，参加香港艺术节"认识现代中国画展"及研讨会。

4 月，由中国美协主办的"吴冠中新作展"在中国美术馆举行，展出近年创作的具有抽象意味的作品。

4 月，参加中国艺术研究院美术研究所和安徽美协在安徽泾县举办的"油画艺术研讨会"，在发言中提出此次会议是中国油画家的"泾县起义"。

5月，在中国美术家协会第四次代表大会上当选为常务理事。

夏，到吉林长白山写生。

秋，到江苏昆山、四川九寨沟等地写生。

作品参加了在北京举行的"八十年代中国画展"和在深圳、日本冈山举行的画展。

四川美术出版社出版文集《风筝不断线》和《吴冠中中国画选》（第三、四辑）；天津人民美术出版社出版《吴冠中画册》。

由中央工艺美术学院退休。

作《白桦》《竹海》《鱼乐》。

1986年　67岁　　参加在香港举行的"现代中国画展"及研讨会；受聘为香港中文大学艺术系毕业考试校外评委；以中国东方美术交流代表团团长身份，赴日本京都参加"国际交流联合绘画展"。

到山西五台山、黄河壶口及吕梁地区写生。

作品参加北京"国际艺苑第二届油画展"。

为全国政协礼堂创作丈六幅水墨画《九寨沟》。

北京轻工业出版社出版《吴冠中画册》；河北美术出版社出版《吴冠中画集》。

作《朱墨春山》《山》《瀑布》《晨钟》《春秋》《阿尔泰山村》《树根》《山高水长》。

1987年　68岁　　3月，参加北京"国际艺苑第一届水墨画展"。

4月至5月，赴浙江天台山写生。

6月，赴印度参加"中国当代油画展"的开幕，并在印度写生。

9月，赴香港参加由香港艺术中心举行的"吴冠中回顾展"。

作品参加日本东京"亚洲美术展"。

四川美术出版社出版文集《谁家粉本》及《吴冠中中国画选》（第四辑）。

香港德艺艺术公司出版《吴冠中画集》。

作《高昌遗址（二）》《崂山松石》《旅途》。

1988 年　69 岁　2 月，赴新加坡参加新加坡国家博物馆及南洋美专举办的"吴冠中画展"开幕式，在新加坡写生。向新加坡国家博物馆捐赠大幅水墨画《松与瀑》。

5 月，在北京创作巨幅水墨画《鹦鹉天堂》。

6 月，为北京饭店作巨幅水墨画《清、奇、古、怪》。

10 月，赴日本参加东京西武百货店画廊与北京荣宝斋举办的"现代中国绘画巨匠——吴冠中画展"。

12 月，作为中国美术家代表团团长赴澳门举办"北京风光画展"，并作演讲。

四川美术出版社出版艺术论文集《吴冠中绘画形式分析》和《吴冠中速写集》；日本西武百货店画廊出版《吴冠中画集》。

作《秋瑾故居》《武夷山村》《长城》《是花是草》。

1989 年　70 岁　1 月，在北京饭店贵宾楼作巨幅油画《雪山》。

2 月，创作巨幅水墨画《小鸟天堂》，现藏于伦敦大英博物馆。

3 月至 4 月，应日本西武百货店社长山崎光雄的邀请，赴巴黎写生。

5 月，在北京完成以巴黎为题材的油画、水墨画四十余幅。

5 月，香港"万玉堂"画廊举办"吴冠中——万紫千红"画展，同时出版同名画集。被收藏的水墨画《高昌遗址》在苏富比春季拍卖中，以 187 万港币售出，开创了中国在世画家国际画价的最高纪录。

6 月，偕夫人到美国参加旧金山中华文化基金会举办的"一个当代中国艺术家画展"开幕式并在美国写生。此展在旧金山、伯明翰、堪萨斯、圣约翰、底特律等博物馆巡回展出。画展同时出版了大型画册《吴冠中画集》。

9 月，赴日本东京参加"吴冠中画巴黎画展"开幕式，同时出版画册《吴冠中巴黎叙情》。

10 月，赴山西河曲黄土高原写生，作《天际黄河》。

11 月，参加由中国艺术研究院美术研究所举办的"林风眠艺术研讨会"。

12 月，四川美术出版社出版自选文集《吴冠中文集》。

1990 年　71 岁　2 月至 3 月，应香港"敏求精舍"邀请，偕夫人到香港讲学。

3 月，油画《巴黎蒙马特》在佳士得春季拍卖中以 104 万港币售出，创此前中国油画画价的最高纪录。

4月至5月，香港万玉堂画廊在新加坡及台湾、香港举办
"吴冠中——行到水源处"巡回画展，同时出版同名大型画册。

4月，中央美术学院邀请为该校师生作学术报告，报告以《我们的路》
为题。《美术》杂志9月号发表了报告的第二、三两部分。

5月，赴新加坡参加"吴冠中水彩水粉画展"开幕式并讲学，同时
出版同名画集。在此期间，新加坡电视台以"风筝不断线"为题拍
摄介绍吴冠中艺术的专题片。

7月，作为中国美术家代表团副团长，赴泰国参加《中国当代美术
家画传》发行式，并参加"中国当代美术家联展"。在泰国写生。

8月至9月，在北京作人体油画、水墨及速写数十幅。

11月至12月，偕夫人至香港写生，为"吴冠中眼中的香港"专题
画展作准备。

12月，"吴冠中作品巡回展"在美国最后一站底特律博物馆展出结束。
韩国汉城玄画廊举办"吴冠中画展"并出版画册。

香港《名家翰墨》杂志出版《吴冠中专号》；北京外文出版社与四
川美术出版社联合出版《吴冠中画集》中、英文版；广西美术出版
社出版《吴冠中2002—2003年作品年鉴》；台北出版吴冠中文集《要
艺术不要命》（陈瑞献编）。台北艺术家出版社出版《吴冠中画集》。
作人体写生系列《伏》《浪》《夜》《梦》《山鬼》《梳妆》等，作《天
际黄河》《虎》《荷》等。

1991年　72岁　3月，妻患病住院，为此暂停作画。

5月，"吴冠中师生展"在中国历史博物馆举行，同时出版画册《吴
冠中师生作品选》。

7月，在法国驻华大使馆接受法国文化部颁发的"法国文化艺术最
高勋位"。法国文化部长杰克·郎在给吴冠中的贺信中说："法国
人民通过你的作品了解、喜爱中国，此项荣誉授予对文化做出创造
性贡献或对法国及世界文艺有光辉贡献者。"

8月，中国南方数省遭受洪涝灾害，吴冠中献出曾在国内外多次展
出的精品《老墙》（1986年作），委托新华社书画院投标义卖，所
得50万港币全部捐赠灾区人民。

402

8 月，林风眠病逝于香港，撰文痛悼先生。

9 月，整理家中所存画作，不满意者一律淘汰，共烧毁油画、水墨、水彩作品 200 余幅。

10 月，赴太行山写生，中央电视台派摄制组随行拍摄写生实况。

11 月，赴香港参加"吴冠中眼中的香港"画展开幕式，同时出版同名画集。

北京荣宝斋出版《吴冠中山水画谱》；香港繁荣出版社出版《吴冠中文集》。

作《昼梦 1》《苇塘》《紫藤》《乡音》《长白山下白桦林》。

1992 年　73 岁　　1 月，新加坡文物馆和斯民艺苑举办"夕照看人体——吴冠中人体画展"，同时出版同名大型画册。

3 月，赴香港参加中华文化促进中心、中华书局、斯民艺苑联合主办的"九十年代的吴冠中"开幕式，并进行学术演讲。

3 月 15 日—5 月 10 日，大英博物馆主办"吴冠中——一个二十世纪的中国画家"画展。赴英国伦敦参加画展开幕式，同时出版同名大型画册，英国 BBC 电视台拍摄同名专题片。在英国北部和南部地区写生。

5 月，在北京创作以英国风景为题材的油画。

7 月，台湾新光三越百货公司、斯民艺苑、隔山画馆联合主办"谁看白首起舞——吴冠中画展"，国风出版社同时推出同名画集。

8 月，"谁看白首起舞——吴冠中画展"移至高雄市继续展出。

9 月，应中央电视台之邀赴家乡江苏宜兴及吴县、用直、光福、周庄等地拍摄吴冠中专题片《生命的风景》。

11 月 17—23 日，新华社、新华书画院和日本东京三越百货店于东京举办"吴冠中画展"，同时出版《吴冠中作品集——东寻西找新航道》。赴东京参加开幕活动，并到九州等地写生。展览期间，日本 NHK 电视台拍摄、播放吴冠中专题片。

11 月 18—22 日，香港一画廊举办"吴冠中新作观摩展"，同时出版《吴冠中，92 新作选》册页。

12 月，捐出水墨画《峨嵋劲松》，由香港翰墨轩义卖，所得港币 30 万元购买《名家翰墨》1992 年全年杂志，无偿赠送 150 家中国高等院校图书馆。

中华书局（香港）有限公司出版吴冠中文集《望尽天涯路》；新加坡八方文化企业公司出版《艺途春秋——吴冠中文选》；北京东方出版社、香港建筑与城市出版公司联合出版大型画册《吴冠中自选画集》。

作《花》《松》《莎士比亚故里》《情结》《天书》《森林》《飘》《大树》《风吹草低见牛羊》《乡音》（鹅）《桥乡》《吴家作坊》《花花世界》《樱桃》《英国民居》《英国乡村旅店》等。

1993年　74岁　　5月，赴新加坡参加新加坡文物馆举办"吴冠中四十年速写展"。

11月，赴法国出席巴黎塞纽齐东方艺术博物馆举办的"走向世界的中国画家——吴冠中油画水墨速写展"开幕式。并以巴黎市市长希拉克先生的名义授予吴冠中"巴黎市金勋章"。

新加坡斯民艺苑和香港一画廊在亚洲艺术博览会香港展览中心举办"东方情思——吴冠中画展"，并出版同名画集。

11月30日，委托中央工艺美院向上海市中级人民法院递交起诉书，状告上海朵云轩和香港水成古玩拍卖公司拍卖假冒其名义的伪作《毛泽东炮打司令部》侵犯姓名权和名誉权。

北京东方出版社出版吴冠中文集《望尽天涯路》；斯民艺苑出版《吴冠中速写集》；中国国际文化出版公司出版《吴冠中散文选》；北京人民美术出版社、台湾锦绣出版社联合出版《中国近现代名家画集——吴冠中》。

作《黄河》《沉沦》《野草闲花》《中国城》《吴家庄》《林间》《昼梦2》《夜渔港》《花》《野菊》《春风吹又生》《春如线》《昼梦3》等。

1994年　75岁　　3月，被选为全国政协常委。

4月，上海市中级人民法院民事庭开庭审理吴冠中控告伪画案未结案，吴以侵犯著作权为由第二次起诉。根据法律程序，此次立案后撤去前一诉讼。

5月，随中国政协代表团访问北欧四国（芬兰、瑞典、挪威、丹麦）和比利时。

9月，访问印尼并写生。

404

新加坡斯民艺苑和香港一画廊出版画集《吴冠中——天南地北风情》。

12 月，上海市中级人民法院再次开庭审理假画侵犯吴冠中著作权案，未作出判决。

作《江山》《缤纷》《猫》《荒漠》《消失的巷》《印尼舟群》《印尼小市》《挪威山水》《黑屋顶》等。

1995 年　76 岁　1 月，《光明日报》刊出吴冠中文章《黄金万两付官司》。

6 月，获法国轩尼诗公司授予的"九五轩尼诗创意和成就奖"。

9 月 28 日，中国首例假画侵权案一审结案，吴冠中胜诉。被告不服判决，上诉。

10 月，赴香港出席由香港市政局和香港艺术馆主办的"虚白斋国际研讨会及二十世纪中国绘画展览"，该活动包括一个研讨会和三个展览。主题展为"二十世纪中国绘画——传统与创新"；专题展为"澄怀古道——黄宾虹"、"叛逆的师承——吴冠中"。向香港艺术馆捐赠巨幅水墨画《瀑布》。

11 月，中国油画学会在北京成立，被推选为学会名誉主席。

北京人民美术出版社出版《吴冠中谈艺集》；北京外文出版社出版《寰宇觅知音——吴冠中九十年代作品选》（中、英、法三种语文版本）。

作《江南屋》《忆故乡》《林鸟》《红蜻蜓》《青高粱》。

1996 年　77 岁　3 月，上海市高级人民法院对朵云轩及香港永成拍卖署名吴冠中的《毛泽东肖像——炮打司令部，我的一张大字报》伪作案，作出终审判决，原告吴冠中胜诉。

5 月，与李政道共同主持"科学与艺术"国际学术研讨会，并因之创作抽象画《简单·复杂》。

北京荣宝斋出版社出版《我读〈石涛画语录〉》；北京人民美术出版社出版《吴冠中绘画艺术与技法》。

作《瓜藤》《红莲》《围城》《新城》《忆江南》《野藤明珠》《荷塘春秋》《红蜻蜓》《走近荷塘》《书画缘》《江南人家》《忆故乡》《老树丛林》《点线迎春》。

1997 年　78 岁　5 月，赴台北出席台湾历史博物馆等单位主办的"吴冠中画展"开幕式，并捐赠巨幅水墨画《巫峡魂》。

9月，赴加拿大出席"中国二十世纪名家画展"开幕式。

11月，《笔墨等于零》在北京《中国文化报》发表，文章认为："旧的媒体也往往具备不可被替代的优点，如粗陶、宣纸及笔墨仍永葆青春，但其青春只长驻于它们为之服役的作品的演进中。脱离了具体画面的孤立的笔墨，其价值等于零，正如未塑造形象的泥巴，其价值等于零。"

天津百花文艺出版社出版文集《美丑缘》；上海学林出版社出版文集《沧桑入画》；人民文学出版社出版翟墨著《圆了彩虹——吴冠中传》；安徽美术出版社出版《吴冠中线描》。

作《雪山》《遗忘的雪》《海风》《渔港》《夕照华山》《水巷》《嘉陵江上》《老重庆》《故宅》《都市之夜》。

1998年　79岁　3月，赴巴黎参加巴黎国际艺术城举办的"中央工艺美术学院教师作品展"，并访问西班牙和荷兰。

8月，率学生赴河北坝上采风。

11月，参加中国油画学会等单位主办的"当代中国山水·油画风景展"。北京十月文艺出版社出版文集《生命的风景》；上海文汇出版社出版三卷本《吴冠中文集》。

作《苦瓜家园》《黄河》《咆哮》《山花》《沉浮》《恶之花》《蚱蜢舟》《月如钩》《扎根南国》《羊圈》《白桦》《怀乡》《落户草原》。

1999年　80岁　2月，人民文学出版社出版《画外话·吴冠中卷》。

4月，"吴冠中师生坝上采风摄影展"在北京举行。

11月，由中华人民共和国文化部主办的"1999吴冠中艺术展"在中国美术馆举行，展出作品84幅，同时举行了吴冠中向国家捐赠作品仪式。国内外学者和美术家出席了在王府井饭店举行的"吴冠中艺术学术研讨会"。

广西美术出版社出版《1999吴冠中艺术展作品集》《论吴冠中——吴冠中研究文集》；上海文汇出版社出版三卷本《吴冠中文集》（艺术散论、散文随笔、生平自述）；吉林摄影出版社出版吴冠中散文集《温馨何处》；中国友谊出版公司出版文集《艺海沉浮》。

作《在天涯》《墙上姻缘》《邂逅》《春风桃柳》《四合院》《瀑》《夕阳兮晨曦》。

2000年　81岁　4月，赴江苏、浙江写生。

7月，《文艺报》发表了题为《我就这么想，这么说，这么做》的吴冠中访谈录，回答了该报记者的各种问题，大多涉及国内报刊近期的种种批评。

广东人民出版社出版文集《吴冠中画韵美文》；河北教育出版社出版《中国名画家精品集——吴冠中》；广东人民出版社出版《吴冠中谈美——新作本》。

作《帆与网》《窗》《长日无风》《夜航》《朱墨春山》《建楼曲》《都市之网》。

2001年　82岁　6月，由清华大学主办，吴冠中、李政道共同主持的"艺术与科学"大型展览及学术研讨会在中国美术馆和清华大学举行。

10月，赴安徽写生。

11月，访问海南。

中国旅游出版社出版文集《移步换形》；花山文艺出版社出版《吴冠中人生小品》；广西美术出版社出版《吴冠中2000年作品年鉴》；华夏出版社出版《亦文亦画书系·吴冠中集》；河北教育出版社出版画册《名家画北京·吴冠中》；上海古籍出版社出版《吴冠中词典》。

作《生命》《双喜》《红楼》《依附》《春风》。

2002年　83岁　3月，被选为法兰西学士院艺术院通讯院士。

3月，参加香港艺术馆举办的"无涯惟智——吴冠中艺术里程"画展及相关活动。向香港艺术馆捐赠十幅精选作品。

4月，在北京同仁医院做眼睛白内障治疗手术。

9月，赴陕西考察天然林保护工程。

10月，访问云南边境地区。

北京解放军文艺出版社出版《画里画外吴冠中》。台湾脸谱出版社出版《吴冠中速写意境》；台湾未来书城出版画论集《吴冠中画中心情》；广东人民出版社出版《吴冠中速写意境》。

2003 年　84 岁　　12 月，接受中国文化部颁发的"终身成就奖"。
广西美术出版社出版《吴冠中 2001 年作品年鉴》《吴冠中美文美画系列》（4 卷）；生活·读书·新知三联书店出版 4 卷本《生命的风景——吴冠中艺术专集》。
作《朱墨春山》《山水屐痕》《又见巴黎》《望尽天涯路》。

2004 年　85 岁　　1 月，完成自传《我负丹青》。6 月，人民文学出版社出版。
6 月，联合国教科文在巴黎总部举办"情感·创新——吴冠中水墨里程"世界巡回展首展。
6 月，吴冠中油画"1974 年·长江"油画长卷特展在中华世纪坛展出。
7 月，中国美术馆举办"情感·创新——吴冠中水墨里程"世界巡回展北京展，并出版画册。
广西美术出版社出版《吴冠中 2002—2003 年作品年鉴》；山东画报出版社出版文集《画外音》；新世界出版社出版文集《短笛无腔》；世界知识出版社出版《中国油画十家——吴冠中》。

2005 年　86 岁　　6 月，湖南美术出版社启动《吴冠中全集》编纂工程。
9 月，上海美术馆主办"吴冠中艺术回顾展"，展出 96 幅精品，并出版大型画册。亲赴上海参加开幕式，同时无偿捐献 6 幅作品。
二联书店（香港）出版自传《找负丹青》；人民文学出版社出版吴冠中文集《画外文思》；广西美术出版社出版《吴冠中 2005 年作品年鉴》。
作《晚香》《自家江山》《遗忘之花》《孤峰夕照》《脂粉世家》《黑蜻蜓》《忆杭州》《鲁迅故乡》等。

2006 年　87 岁　　1 月，中国美术馆举办"吴冠中 2005 年新作展"。
8 月，长卷《1974 年·长江》、彩墨《石榴》《江村》无偿捐献文化部，由故宫博物院收藏。同时在故宫博物院午门举办"奉献——吴冠中历年捐赠国家作品会展"。出席在太和门广场举行的开幕式。
9 月，中央电视台播放专题片《奉献——故宫午门专访吴冠中》。
11 月，与李政道共同主持第二届艺术与科学国际作品展暨学术研讨会。

408

12 月，香港中文大学授予吴冠中荣誉文学博士称号。刘遵义校长亲自到北京举行授衔仪式。

12 月，清华大学美术学院主办"吴冠中 2006 年新作展"及研讨会。上海文汇出版社出版吴冠中文集《横站生涯五十年》；山东画报出版社出版吴冠中文集《画里阴晴》《文心独白》；河北教育出版社出版《吴冠中——世界名画家全集》；紫禁城出版社出版《吴冠中2006 年作品年鉴》。

作《紫禁城》《奔驰》《都市》《渔港》《血色玉龙》《雨花江》《花系列之八》《春酣》《高桥》等。

2007 年　88 岁

2 月，凤凰卫视专访吴冠中《道是浓艳，却是平淡》。

4 月，法国拉·迪菲行斯出版集团出版《吴冠中画集》。

5 月 18 日，凤凰卫视专集《生命的光芒——吴冠中》。

7 月 18 日，上海《文汇报》发表《奖与罚》一文，这是其对文化体制改革的长期思考，引发强烈争议，被媒体高度关注。

8 月 31 日，历时两年的《吴冠中全集》共 9 卷由湖南美术出版社出版。绘画作品 8 卷 2048 幅，文集 1 卷。在北京举办发行暨研讨会。

10 月 15 日，"沧桑入画——吴冠中艺术展"暨吴冠中艺术研讨会在杭州中国美术学院举办。亲赴杭州参加开幕活动。同时出版大型画册《沧桑入画——吴冠中作品集》。

作《春节》《地火》《彩流》《欢乐的梦之二》《虎视眈眈》《恶之花》《老树年轮》《春风又绿江南岸》《木槿》《残荷系列之三》等。

2008 年　89 岁

1 月 11 日，《南方周末》发表吴冠中访谈录《就是一个体制问题》引发强烈争议。

3 月，《吴冠中文丛》共 7 卷出版，约 170 万字。

3 月，"吴冠中走近 798" 2007 年新作展在北京 798 举办。随后在重庆、上海展出。

4 月 29 日，无偿捐献给上海美术馆 81 幅精品，其中包括 30 幅油画，36 幅彩墨，15 幅速写。

6月，赴苏州参加苏州博物馆举办"又回苏州——吴冠中2007年新作展"，并写生，同时出版画册。

9月，无偿捐献113幅代表作给新加坡美术馆，其中油画48幅，彩墨63幅，书法2幅。

9月，委托苏富比拍卖《万里长江图》，将个人所得1275万元港币全部捐献给清华大学，设立"吴冠中科学与艺术创新奖励基金"。

湖南美术出版社出版《吴冠中2007年作品年鉴》；人民文学出版社出版《吴冠中画作诞生记》；荣宝斋出版《吴冠中2008年作品年鉴》。

作《野草》《秋无限》《飞越戒台》《剑犹在》《江南旧梦》《横空》《遗忘的青春》《清奇古怪——速写》等。

2009年 90岁　1月16日—2月20日由上海美术馆主办，新加坡美术馆、中国美术馆、香港美术馆和江苏美术馆协办"我负丹青——吴冠中捐献作品展"作品160幅，在上海美术馆举办。吴冠中亲赴上海参加开幕活动，为其一生最后一次离京赴外地。同时出版吴冠中《我负丹青》大型画册。

2月，无偿捐献36幅代表作给中国美术馆，包括13幅油画，22幅彩墨，1幅水彩。作品创作年代涵盖1954年至2008年，全面反映各个年代的艺术风格。

2月25日，新加坡国家新闻通讯及艺术部长李文献专程到家中向吴冠中颁发"卓越艺术成就奖"。

2月26日，"耕耘与奉献——吴冠中捐赠作品展"在中国美术馆举办，作品180余幅，涵盖吴冠中不同时期的创作成果，是其艺术的全面体现。吴冠中参加开幕活动，为其一生最后一次在公开场合露面。

4月9日—8月16日，新加坡美术馆举办"风筝不断线——吴冠中捐赠作品展"，共114幅作品。同时出版"风筝不断线——吴冠中捐赠作品集"。

7月3日，中国文联副主席冯远到家中，为吴冠中庆祝90寿辰。

8月，国务委员刘延东在文化部部长蔡武陪同下在北京饭店会见吴冠中，送99朵玫瑰花祝贺吴冠中先生90寿辰。

8月，无偿捐献给香港艺术馆33幅代表作，包括12幅油画，21幅彩墨。作品为2005年至2009年新作。

12 月 3 日，向浙江美术馆和中国美术学院捐赠仪式在家中举行。浙江省省长吕祖善代表浙江省政府向吴冠中颁发收藏证书。共 56 幅代表作，包括 10 幅油画，39 幅彩墨和 7 幅素描；以及个人珍藏的师友作品 16 件，包括林风眠、陈之佛、朱德群、关良、石鲁、李可染、熊秉明等老友的艺术精品。

2010 年　91 岁　2 月 2 日，香港特别行政区政务司长唐英年专程到家中拜访，代表香港特区政府赠送纪念牌，以示无偿捐献作品的感谢。

3 月，香港艺术馆举办"独立风骨——吴冠中捐赠展"，同时出版大型画册《独立风骨》。

4 月 2 日，患病入住北京医院。

4 月，商务印书馆国际有限公司出版《艺海浮沉》。

5 月 21 日，全国政协主席贾庆林专程到北京医院看望。

6 月 22 日，在病床上签署捐赠书，最后一次向香港艺术馆无偿捐献 5 幅作品。

6 月 25 日 23 时 57 分，因医治无效，在北京医院安详辞世。生前遗言：身后事竭力从简，不举行遗体告别，不开追悼会，不留骨灰。

7 月 7 日，中国美术馆举办大型展览"不负丹青——吴冠中纪念特展"，展品全部为吴冠中生前历年无偿捐献给国家各美术馆、博物馆、艺术馆的精品。

7 月 20 日，党和国家领导人李长春和刘延东等参观"吴冠中纪念特展"并会见亲属，称赞吴冠中为"德艺双馨"的人民艺术家。

8 月 29 日，91 岁诞生日，清华大学举办"吴冠中先生追思会"。

9 月 3 日，清晨，丁香号快艇驶向渤海；10 点，在汽笛声中吴冠中的骨灰撒向大海。